全国学前教育专业
"十三五"规划教材

幼儿园
保教实习与指导

◎ 朱弋红 主编

◎ 张乐 刘懿 副主编

人民邮电出版社
北　京

图书在版编目（CIP）数据

幼儿园保教实习与指导 / 朱弋红主编. -- 北京：
人民邮电出版社，2018.2
全国学前教育专业"十三五"规划教材
ISBN 978-7-115-47032-4

Ⅰ．①幼… Ⅱ．①朱… Ⅲ．①学前教育—教学参考资
料 Ⅳ．①G613

中国版本图书馆CIP数据核字(2018)第016530号

内 容 提 要

本书由两个部分五个章节构成。第一部分是实习准备。这一部分除了强调《3—6岁儿童学习与发展指南》的意义外，主要介绍的是教育见习任务（看环境、看生活与教学、看教师与孩子）和要求（看活动内容、看活动形式、看活动材料、看教师引导、看活动设计、看幼儿表现、看师幼互动、看活动效果）。第二部分是教育实习，主要包括幼儿园的保育和教育两大内容。这一部分详尽展现了幼儿园一日流程中教师在每个环节的工作内容和方法，包括接待入园、幼儿盥洗、户外体育活动、饮水、如厕、进餐、午睡、特殊幼儿照料、离园交接，同时还详尽介绍了各种教学活动的组织，包括集体教学活动、区域活动、主题活动、游戏环节等。

本书适合作为普通高校、职业院校学前教育专业及幼儿师范学校的教材，也可作为幼儿园一线教师继续学习和进修的参考用书。

◆ 主　　编　朱弋红
　　副主编　张　乐　刘　懿
　　责任编辑　古显义
　　责任印制　马振武

◆ 人民邮电出版社出版发行　　北京市丰台区成寿寺路 11 号
　　邮编　100164　　电子邮件　315@ptpress.com.cn
　　网址　https://www.ptpress.com.cn
　　涿州市般润文化传播有限公司印刷

◆ 开本：787×1092　1/16
　　印张：11.75　　　　　　　　　　2018 年 2 月第 1 版
　　字数：246 千字　　　　　　　　2025 年 9 月河北第 12 次印刷

定价：39.80 元

读者服务热线：(010)81055256　印装质量热线：(010)81055316
反盗版热线：(010)81055315

P
前言
PREFACE

自2010年年底国务院颁布了《关于当前发展学前教育的若干意见》（简称"国十条"）以来，我国的学前教育获得了前所未有的快速发展。办学规模的迅速扩大，凸显了师资短缺的问题。尤为严重的是，不少学前教育专业的学生理论学习与教学实践能力不匹配，难以在短时间内胜任幼儿园的教学工作。本书就是从幼儿园的保育和教育两大工作内容的具体方法入手，对学前教育专业学生的教育实习进行有效指导。

本书由两大部分构成：实习准备与教育实习。

实习准备包括教育见习、幼儿园五大领域介绍、《3—6岁儿童学习与发展指南》的指导意义及实习计划的制订。

教育实习部分由一日流程、教学活动和实习教师应掌握的几种文体的写法构成。其中第二、第三章是本书的重点，这两章详尽介绍了幼儿教师日常工作的内容、要求和方法，具有很强的可操作性。

除幼儿园的常规工作外，本书还专立篇章指导实习教师写作、观察、记录等，为实习教师将来从事学前教育研究奠定基础。

在编写时，我们尽量弱化理论性，增强了实践性。为了帮助广大学生更好地掌握教材内容，提高学习效率，我们将全书内容以导图方式进行梳理，学生学习时可充分利用导图加深理解。

应当注意的是，本书介绍的工作流程、工作方法是普遍性的，但由于各地学前教育水平发展不均衡，各实习幼儿园的条件和要求也不尽相同，因此实习教师在使用本书时应当结合实习园所的具体情况灵活运用，切忌生搬硬套。

理论内容学时分配表

章节	课 程 内 容	学时
第一章	教育实习准备	4
第二章	幼儿园一日流程	10
第三章	幼儿园活动的开展与组织	10
第四章	学写观察记录和实习日志	8
第五章	实习工作总结	2
	课程考评	2
课时总计		36

本书由朱弋红主编，张乐、刘懿、倪连晶、杨静、江盼、程丽红、吴园园参与编写。此外，本书在编写过程中，得到了上饶臭宝宝幼儿园的大力支持和帮助，在此深表感谢。

由于编者水平和经验有限，书中难免有欠妥之处，恳请读者予以批评指正。

编者

2017年6月

目录
CONTENTS

3

第一章

教育实习准备

本章知识结构

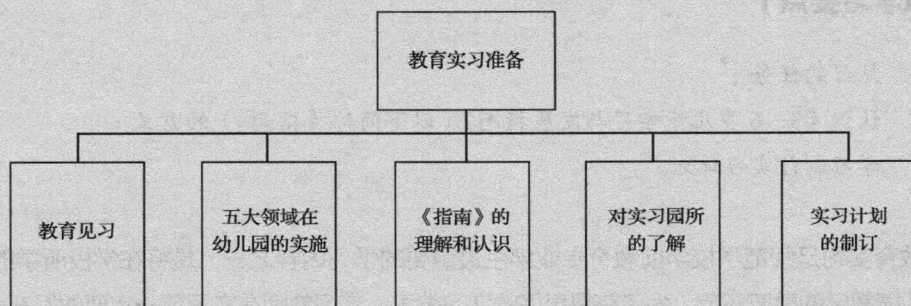

```
                          ┌─────────────┐
                          │  教育实习准备  │
                          └──────┬──────┘
        ┌──────────┬───────────┼───────────┬──────────┐
   ┌────┴────┐ ┌───┴────┐  ┌────┴────┐ ┌────┴────┐ ┌───┴────┐
   │         │ │五大领域在 │  │《指南》的  │ │对实习园所 │ │实习计划  │
   │ 教育见习  │ │幼儿园的实施│  │理解和认识  │ │的了解    │ │的制订   │
   └─────────┘ └────────┘  └─────────┘ └─────────┘ └────────┘
```

【导入案例】

王晓丽终于等来了期待已久的见习，一走进幼儿园真是有种别样的兴奋，看到这么多可爱的孩子，难以掩饰喜爱之情。面对可爱的孩子，她左抱抱右摸摸，这时带队的刘老师看到了，告诉晓丽说，这样做不好。

晓丽有些茫然，"在幼儿园里见习，我应该怎么做呢？"

问题：是啊，作为见习教师，需要做些什么？又应该怎样做呢？实习前，我们还需要做哪些准备呢？带着这些问题，让我们进入本章的学习。

【本章学习要点】

1. 见习的任务；
2. 认识《3—6 岁儿童学习与发展指南》（以下简称《指南》）的意义；
3. 学习制订实习计划。

教育实习是师范学校学前教育专业学生最重要的学习内容之一，是将在学校所学的知识运用于幼儿园教学的重要环节。为了获得更好的实习效果，实习教师在实习前一定要做好充分的准备。

第一节　教育见习

一、什么是见习

见习是实习的重要准备，因此对"实习"的了解和认识要从见习开始。

师范教育贯彻理论联系实际原则，其实现培养目标不可缺少的一个重要教学环节就是教育实习。所谓教育实习是指中等师范学校和高等师范院校高年级学生到幼儿园或学校进行教育和教学专业训练的一种实践形式。通过教育实习，学生可以把知识综合运用于教育和教学实践当中，以培养和锻炼学生从事教育和教学工作的能力，并加深和巩固学生的专业知识。

我国自创办师范学院开始，就重视教育实习。清光绪二十二年（1896 年）盛宣怀创办南洋公学，分为四院，先设"师范院"，继设"外院"，作为师范生进行教育实习的场所。1904年 1 月 13 日颁布的《奏定学堂章程》，把师范教育分为"初级"和"优级"两级。初级师范学堂培养高等小学堂和初等小学堂的教员，优级师范学堂造就初级师范学堂及中学堂的教员。初级师范学堂章程规定"教育"是一门重要课程，包括教育史、教育原理、教育法令、学校管理法和"实事授业"。所谓"实事授业"就是"师范学生于附属小学堂练习教育幼童之方法"，即教育实习。辛亥革命后，师范学校和高等师范院校都规定要有教育实习这个环节。

教育实习是师范教育培养合格中小学教师的综合实践环节，在实习前需要制订出一系列计划。计划包括实习的目的和要求、内容安排、指导教师配备、实习组的划分以及组织领导等项。其中教育实习的内容，应包括课堂上课实习、班主任工作实习和课外辅导工作实习，这些内容使学生受到全面锻炼，培养其教育和教学工作的能力。教育实习在中等师范学校和高等师范院校教师和实习学校教师共同配合下进行指导。教育实习成绩的评定，由双方指导教师按照标准，共同商议进行，并写出评语。为了使学生在实习中有章可循，学校应从实际出发，制订出"实习生守则"。

对于见习，我们一般理解为有关部门组织当地离校后未就业毕业生到单位实践训练的就业扶持措施。但本书中所提到的"幼儿园教育见习"是指"幼儿园教育实习"的前奏曲，是幼儿师范专业学生在校期间亲临幼儿园教育现场，在教师的指导下，通过有目的的观察，对幼儿园的具体现象和事件的分析来进行学习的活动。

二、幼儿园见习的任务要求

学前教育是一门实践性很强的学科，它基于儿童发展心理学的研究，把尊重儿童和理解儿童作为这门学科的本质；它同时基于教育学课程论，把影响和促进儿童发展作为自己的任务。没有亲临现场的见习、实习，没有充分的、有目的的观察，没有对具体现象和事件的分析，这个学科就没有实在的意义。所以，见习是专业学习中极为重要的一课，也是必不可少的一课。

见习与实习不同，见习教师一般不直接参加幼儿园的教学活动，而是以下园观察为主。下面来谈谈见习都需要观察些什么。

1. 认真观察班级的一日流程

一日流程是一所幼儿园的幼儿在园学习与游戏的一天的安排，它包括幼儿入园、晨检、教育活动、就餐、午休、自由活动等，直至离园。它可以集中体现园所的教育理念，时间安排是否符合幼儿的生理、心理需要，体现了办学者对幼儿发展的基本理解。所以见习教师要观察流程、先后顺序、每个时段的时长、教师的分工、孩子的反应等，很多幼儿所谓的吵闹、不守纪律，是跟幼儿园管理有关的，作为见习教师，需要对一日流程进行仔细观察、细心聆听、认真记录（好记性不如烂笔头）和思考，再加以总结，从中汲取经验。

2. 认真观察园所的环境

幼儿园里的每一棵草、每一块小石头都有教育者让它存在的意图，都是价值选择的结果。见习教师在见习中需要观察园所大环境如何、公共空间环境如何、班级环境如何、教师休息办公空间环境如何……在观察中发现和反思。

3. 认真观察集体教学中教师的表现

"教师如何接住孩子抛过来的球"，体现了师幼间的关系、幼儿教师的教育技巧，有人甚至认为这就是教育的全部。这里所谓的"球"，指的是幼儿的一些特殊表现，接住"球"，指的是教师的回应方式。蕴涵教育理论、保护幼儿身心健康的回应方式，是需要见习教师用心读懂并学会运用的。反之，则是见习教师应该鉴别和警惕的。

4. 认真观察幼儿园的其他人

这里的"其他人"指的是园长、教师和幼儿之外的其他人，包括食堂厨师、保健医生、保安大哥等，他们虽然不是教师，但也承担着对幼儿进行教育的责任，也是对幼儿有着重要影响的人。见习期间学会观察幼儿园的所有工作人员，不仅有利于提高见习效率，更有利于将来在工作中更好地了解他们的工作内容。

具体地说，见习教师应该注意观察以下对象。

（1）看孩子

见习教师对幼儿园的幼儿还不太熟悉，观察对象太多效果不明显，因此建议每天盯着 1 ～ 2 个幼儿看。当然，其他幼儿也要看，谁摔倒了，谁把谁打哭了，该帮手要帮手，在见习中可以提醒幼儿正确地使用教具、学具、玩具，注意安全等。教学活动结束后，见习教师要协助收拾教具、学具、玩具等物品，不能只等着主班教师指示，要积极主动。而这里说的观察，是见习教师要重点观察 1 ～ 2 个孩子，运用时间观察法或者事件观察法都可以。

（2）看课程

一个园所的课程设置受到办园者的教育观、儿童观影响，并且可以形成一个课程文化笼罩整个园所，这是很容易被看到的。见习教师需要观察而不是评价。课程也好，教学也好，那是无数选择的结果，是价值判断的总和。幼儿园选择这样一种课程模式，有它内在的、长远的、深邃的原因，见习教师要做的是分析这些原因，知道哪些是合理的，哪些是无奈的，哪些无奈是可以解决的，哪些无奈是只能等待时间来解决的。

（3）看教师

幼儿教师的作息几年甚至十几年如一日，早晨 7 点钟，很多人还赖在被窝里的时候，他们已经到了幼儿园，为一天的工作做准备。幼儿教师首先是一份职业，从业人员首先是要有职业道德，然后才是专业知识。因此，希望见习者能看到教师们的职业精神。作为见习生，我们应该从观察中学习到各方面的知识与能力。学习不是复制，而是发现问题，思考并尝试解决问题，在不断的学习中更加完善自己。

（4）看家长

作为一名见习教师，我们应该观察如何与这些家长打交道，不同的家长会有什么不同的表现，教师对待不同的家长有什么不同的方式等。

（5）看集体教学

看集体教学（看课）是见习教师凭借眼、耳、手等自身感官及辅助工具（笔记本、笔、录音与录像设备等），亲身体验活动过程，获取相关资料和经验的过程。这是一种从感性到理性的学习、评价和研究的方法，也是见习教师最直接、最有效、最便捷的一种学习方法。

集体教学是见习教师需要观察的重点之一。以下介绍的是集体教学中的"看点"。

① 看活动内容。看活动属于哪个领域的教育内容，是否符合幼儿的兴趣需要，活动主题来源于教师还是幼儿，是否适合幼儿的发展需要，是否能为幼儿提供有益的经验等。

② 看活动形式。看活动的组织形式是集体还是小组，是师生共同游戏，还是通过设置问题情景开展集体讨论等。

③ 看活动材料。看活动中教师所用的教具以及幼儿的操作材料是否有利于完成教育目标，是否有利于帮助幼儿突破难点，能否为幼儿提供较大的探索空间等。

④ 看教师引导。看教师是否在关注集体的同时，又能对不同层次的幼儿进行个性化引导；看教师的提问设计是否符合幼儿的年龄特点，难点突破时是否有相应的对策，是否给幼儿提供了较大的思考和操作的空间；是否能灵活回应幼儿的不同表现；是否能帮助幼儿提升经验、引导幼儿发展等。

⑤ 看活动设计。看活动设计是否新颖巧妙，是否具有挑战性，是否能让幼儿有自主表现表达的空间，活动层次是否清晰合理，重点难点是否突出等。

⑥ 看幼儿表现。看幼儿对活动是否感兴趣，在活动过程中是否积极主动，是否能专注于活动内容，幼儿的情感态度、能力知识等各个方面是否在原有的基础上有所提升等。

⑦ 看师幼互动。看师生关系是否和谐融洽，教师与幼儿互动是否高质有效，教师在引导过程中是否尊重幼儿的主体作用，教师能否敏锐发现活动中的问题，并适时回应与指导，帮助幼儿整理、提升经验等。

⑧ 看活动效果。看活动是否完成既定目标，完成的效果如何；看活动中的闪光点及存在的问题有哪些等。

总之，既要了解看什么，还要知道怎么看，而怎么看的问题则因人而异，因为每个人看问题的角度不同。但要记住的是，见习教师一定要抱着认真的态度去学习，认真听、认真看、认真记录、认真思考。见习教师还要边看边思考，思考教师为什么这样处理教材，有哪些利弊，如果自己来上活动课会有什么更巧妙的方法，为什么这种导入的方法很有效，哪个问题还不明确，见习中该如何配合主班教师进行教学，如何与幼儿相处、沟通等问题。

看课时容易出现以下几个问题，作为见习教师应当尽量避免。

① 只看表面。看课时看什么、怎样看是见习教师较难把握的部分。一些见习教师看活动时喜欢拿着手机不停拍照，拍环境、拍材料、拍可爱好看的孩子，却对教师引导未做任何记录。这样的看课对见习教师的帮助并不显著。

② 没有重点。有的见习教师看活动时没有重点，不会选择。例如，同时有几个活动，就几个活动室来回跑，来回看，不会选择；或者只观摩半日活动，时间比较紧张，常常是走马观花，或者从头到尾都在一个班看，失去了观摩其他班级的机会。

③ 缺少思考。生动有趣的活动、新颖的教具、丰富的操作材料，常常让见习教师目不暇接。有时尽管专注而认真，却缺少了最重要的两个字——思考。只看不思，看的效果会大打折扣，只有边看边思考，才能事半功倍。

三、教育见习的评价标准

作为见习教师，有必要了解见习生的评价标准。

学前教育见习成绩评定标准为优秀、良好、及格、不及格四个等级。评定参考标准如下。

1. 优秀

（1）见习认真，观察细致；能较快地了解幼儿园的作息制度，了解幼儿一日活动的常规，了解保育员工作的内容、程序和要求，对个别幼儿的护理做到心中有数。

（2）能按要求保质保量地做好各项保育工作。工作积极主动，不怕脏，不怕累，不拖拉，热爱幼儿，关心幼儿。

（3）认真按时制订保育工作计划，条理清楚，主动交给原任指导教师审阅。在原任教师的指导下，保育工作做得好。

（4）严格遵守幼儿园的各项规章制度，能自觉全面地遵守实习生守则。

（5）按时完成、上交各项作业，作业成绩优秀。

2. 良好

（1）见习认真，观察细致；能了解幼儿园的作息制度，了解幼儿一日活动的常规，了解保育员工作的内容、程序和要求。

（2）能按要求保质保量地做好各项保育工作。工作积极主动，不怕脏，不怕累，不拖拉，热爱幼儿，关心幼儿。

（3）认真按时制订保育工作计划，条理清楚，主动交给原任指导教师审阅。在原任教师的指导下，保育工作做得较好。

（4）严格遵守幼儿园的各项规章制度，能自觉全面地遵守实习生守则。

（5）按时完成、上交各项作业，作业成绩良好。

3. 及格

（1）见习较认真，比较明确幼儿园的作息制度，幼儿一日活动的常规，保育员工作的内容、程序和要求。

（2）能完成保育员工作，质量一般，主动性不够。

（3）能较认真地制订保育工作计划，交给原任指导教师审阅。在原任教师的指导、帮助下，基本上能按质完成保育员的工作，工作效果一般。

（4）能遵守幼儿园的各项规章制度，能基本遵守实习生守则。

（5）能完成和上交各项作业，作业质量较一般。

4. 不及格

有下列表现之一者，实习成绩不及格。

（1）旷工一天，请事假或病假超过二天。

（2）不服从指导教师安排，不接受指导教师教育。

（3）不完成作业。

（4）工作不负责任，造成严重事故。

（5）严重违反实习生守则。

此外，见习教师必须懂得，要成为一名合格的幼儿园教师，除了具备扎实的教育教学基本功，掌握现代教育知识，具有乐观向上的精神面貌外，还应该做到以下内容。

（1）**具有极高的热情**

热情是教育事业中不可缺少的条件，在幼儿教育工作中，没有热情就不可能把工作做好，更谈不上敬业。没有热情，任何工作都很难坚持和继续下去。

（2）**处理好学生与教师的双重身份**

作为一名幼儿见习教师，即将面对的是指导教师、原任教师，还有共同实习的同学。要想在见习的过程中学到更多的东西，见习者就要以谦虚的态度去学习，做一个教育教学的有心人，多看、多听、多试、多思考。

（3）**内外兼修**

教师的仪表能引起幼儿的注意，且能潜移默化地影响他们学习的积极性，这是一种无声的教育，直接影响教学的效果。因此，作为一名幼儿见习教师，在工作时要注意自己的形象，通过形象塑造、内练修养的方式提升自己的综合素养，成为幼儿学习的典范。

在见习中做好以上工作，就能为实习奠定良好的基础。

第二节 了解五大领域在幼儿园的实施

可以说，五大领域教学活动组织实习是学前教育专业实习的核心组成部分。五大领域教学活动可以培养实习生基本的教学能力，为其将来担任一线教师打下良好的基础。本节主要从实践的角度对各领域教育的内容、特点及实施过程进行分析。

一、健康教育活动的实习

幼儿正处于身体和心理发育与发展的最初阶段和重要时期，维护和促进幼儿健康是第一位的,也是最为重要的。教育部早在 2001 年颁布的《幼儿园教育指导纲要(试行)》(以下简称《纲要》)中就明确指出:"幼儿园必须把保护幼儿的生命和促进幼儿的健康放在工作的首位。"《纲要》还指出健康教育的四个目标:身体健康,在集体生活中情绪安定、愉快;生活、卫生习惯良好,有基本的生活自理能力;知道必要的安全保健常识,学习保护自己;喜欢参加体育活动,动作协调、灵活。以此为据,幼儿健康教育的基本内容可以概括为四个方面:生活卫生习惯、饮食与营养、人体认识与保护、保健与安全。

1. 生活卫生习惯

生活卫生习惯指幼儿良好生活卫生习惯的养成和幼儿独立生活能力的培养。主要内容有:养成良好的卫生习惯,如饭前便后会洗手,学会漱口、刷牙、洗脸、梳头等;养成良好的饮食习惯;养成保持环境整洁的习惯,如不随地乱扔纸屑和其他废物,玩具或其他物品用完后会及时放回原处。

幼儿良好生活习惯的养成,可减少疾病的感染率,并使人体的生命活动更富有节律,更均衡、协调,从而保障幼儿的身体健康。同时,良好的生活卫生习惯还有利于幼儿行为习惯和道德品质的培养,如幼儿独立性、组织性的养成,做事仔细认真,待人有礼貌等道德品质的培养。

2. 饮食与营养

饮食与营养指幼儿饮食习惯的培养和对幼儿进行初步的营养教育。主要内容有:学会正确使用餐具,保持地面、桌面的清洁;进餐时不挑食,不偏食,吃完属于自己的一份饭菜,饮食要定时定量;知道食物与人体健康的关系。食物使人的生命得以维持,使人身体健康;食物中含有各种营养素,不同的食物含有不同的营养素,教育幼儿爱吃各种食物;良好的饮食习惯涉及进餐时文明行为的养成,也涉及幼儿机体对食物中营养物质的消化与吸收。教师向幼儿进行营养教育是十分必要的。通过教育,幼儿初步知道食物与身体健康、大脑的发育有着密切关系,从小就养成良好的饮食习惯。

3. 人体认识与保护

教育幼儿对人的身体和人的生命活动有初步的认识,知道要关心自己的身体,并学习保护自己的身体。主要内容有:认识人的身体(内部、外部)中的一些主要器官及其功能,感受和体验人体的奇妙,学习保护身体的一些方法,逐步建立关心、保护身体健康的意识;知道防疾和治病是实现身体健康的重要方面,能愉快地接受身体健康检查和预防接种;懂得快乐有利于健康,学习积极愉快地参加各项活动。

4. 保健与安全

保健不仅是卫生和营养的问题,也是体育锻炼的问题。同时,在幼儿生活的环境中,存在着一些不安全的因素,因此要教育幼儿遵守有关规则,注意安全,学会保护自己。主要内容有:

喜欢参加体育活动，动作协调、灵活；知道要遵守规则，如交通规则、集体活动的规则等，注意自身安全；认识有关安全标志，知道它们的意思，学习自我保护；知道日常生活中应注意哪些安全问题，如不把异物放入五官中，不随便拨弄各种设备（电线、开关、按钮等），以防意外事故发生；不轻信陌生人，不跟陌生人走；遇到突发事故时，知道采取何种措施可以保护自己。

二、语言教育活动的实习

《纲要》提出了幼儿语言教育的五个目标：乐意与人交谈，讲话礼貌；注意倾听对方讲话，能理解日常用语；能清楚地说出自己想说的事；喜欢听故事、看图书；能听懂和会说普通话。幼儿语言教育的内容应该是幼儿园为幼儿提供的语言形式、语言内容和语言运用的基本知识、基本态度和基本行为方式的总和，是幼儿学习语言、获得语言经验的载体。幼儿园语言教育内容既包括教师通过有目的、有计划地组织的专门活动内容，也包括渗透在从幼儿入园的问候、晨间谈话，到幼儿离园时的道别等各个环节之中以及其他领域活动中的语言教育内容。

1. 从事幼儿语言教育应树立的观念

一是幼儿园语言教育活动无处不在的观念。从幼儿园语言教育活动的这一特点来看，幼儿园语言教育活动是无处不在的。我们可以把幼儿在园的全部活动看作语言教育的素材。语言教育活动包括幼儿园内的每一个活动，因为任何一个活动都需要使用语言。因此幼儿语言教育活动也是无处不在的，在这样的语言环境里有利于幼儿养成喜欢说话，喜欢自由的表达习惯。

二是完整语言观念。所谓完整语言，即听、说、读、写四方面的紧密结合和协调发展。听、说、读、写四者相互联系、缺一不可。因此，在幼儿语言教育活动中，教师应注意培养幼儿听、说、读、写四方面的全面协调发展，帮助幼儿完整学习语言，不断激发幼儿对语言的热爱和探究欲望，提高幼儿学习语言的兴趣和敏感性。

2. 幼儿语言教育的方式

（1）组织专门的语言教育活动。教师有目的、有计划地组织指导幼儿进行语言学习的活动，把语言作为幼儿学习的对象，有顺序、有步骤地训练幼儿的语言能力，这是专门的幼儿语言教育活动。专门的语言学习活动，让幼儿有集中学习语言知识和发展语言能力的机会。专门的语言教育活动，可以培养锻炼幼儿在集体面前说话的勇气和自信心，活动中某个幼儿的榜样作用也有助于提高其他幼儿学习语言的兴趣。

（2）在各领域教育活动中渗透语言教育。在各个领域的教育活动中渗透语言教育，是发展幼儿语言的重要途径。各领域教育活动为幼儿提供了语言活动的素材，也为幼儿言语表达和交际提供了条件。如在科学活动认识"沉和浮"时，教师可以先让幼儿说说"我看到了什么，你猜这是什么"，幼儿会越说越兴奋，在轻松愉快和自然的氛围中获得语言能力的发展。

（3）在游戏中进行语言教育。好动、好模仿，喜欢游戏是幼儿的天性。游戏符合幼儿生理、心理发展水平，是幼儿的主要活动。同时游戏也是幼儿学习和发展的途径。因此，教师在故事、诗歌、幼儿讲述等语言教育活动当中，应尽可能地设置游戏，提高幼儿学习的兴趣，集中注意力，使幼儿在轻松、愉快的活动中来学习语言。如听说游戏"山上有个木头人"，"山，山，山上有个木头人。三，三，三个好玩的木头人，不许说话不许动"，幼儿在游戏中既学习了一些重要的语音，又在游戏中体验到语言的乐趣。

（4）在日常生活中进行渗透的语言教育。幼儿对周围的生活充满了新鲜感，并时常伴有强烈的表达愿望。这使得日常生活中的一切内容都可成为语言教育活动的"素材"。因此，教师可以结合日常生活，让他们说说看到的、听到的、想到的，引导幼儿学习语言和发展语言能力。实习教师要做有心人，在幼儿园中随时开展语言教育活动，这对提高幼儿的语言能力是很有帮助的。

三、科学教育活动的实习

《纲要》在科学教育领域提出了这样的目标：对周围的事物、现象感兴趣，有好奇心和求知欲；能运用各种感官，动手动脑，探究问题；能用适当的方式表达、交流探索的过程和结果；能从生活和游戏中感受事物的数量关系并体验到数学的重要和有趣；爱护动植物，关心周围环境，亲近大自然，珍惜自然资源，有初步的环保意识。

这些目标定位可以使我们强烈地感受到科学教育的价值取向已经从过去的"以知识为中心"转向"以探究为中心"，幼儿科学教育强调的不再是知识的积累，而是突出培养幼儿的兴趣、情感和态度，发现问题、解决问题、表达意见等科学素养，以及与人合作、与自然和谐相处的基本意识。

我们通过科学教育要向幼儿传达什么呢？

实习教师在从事教育实践的起始阶段就应该在科学教育方面树立正确的观念。随着社会的发展，人们逐渐发现，仅仅把科学定义为知识体系是远远不够的，科学更是一种探究知识的活动。爱因斯坦曾把科学定义为一种"探究意义的经历"。这提示我们：科学不仅仅是已经获得的知识体系，它更是一种通过亲身经历去探究自然事物的意义，进而理解这个世界的过程。在实践中善于思考的幼儿园教师认识到了"科学教育"与传统的"常识教学"在本质上的差异，科学教育并不是常识教育的名词翻新，它有着与常识教育完全不同的性质内容。

科学教育可以从区域游戏、亲子作业、户外活动、集体教学等途径展开。下面以区域游戏和集体教学为例做简单说明。

1. 区域游戏

著名心理学家潘菽教授曾经指出:"教育是一种环境,是人类有组织、有计划地传递社会经验、发展技能的方式。"区域游戏是教师在日常教育中所创设的一种游戏环境,这个环境是幼儿可以进行发现、探究、寻找、表达、实践的平台。

如美术区域游戏"好朋友抱抱",让参与的幼儿手持装有不同颜色溶液的小瓶,"抱抱"即让幼儿两人一组,将手中不同颜色的溶液混入一个小瓶中,观察颜色变化:蓝 + 黄 = 绿,红 + 蓝 = 紫……幼儿在游戏中可以发现颜色配合变化规律。

作为实习教师,要学着尝试把科学活动目标从有形转化为无形,有机渗透到区域游戏之中,帮助幼儿在游戏中自主学习、探索发现、合作互动,使其爱科学、爱思考并充满自信。

2. 集体教学

集体教学中,教师可安排观察认识、实验操作、科学讨论、技术操作等类型的活动。

如大班语言活动"种子的旅行",教师在指导幼儿认识蒲公英等种子借助风力传播的同时,从问"你们还知道哪些种子是借助风力旅行的吗?"到提出发散性的问题"你还知道种子的其他旅行方式吗?"幼儿在经过观察、阅读、咨询、思考的基础上,可了解蚂蚁搬运种子、松鼠储粮、鸟和其他动物取食美味水果等都变相地起到传播种子的作用,从而对植物种子的传播方式的多样性产生兴趣。

四、社会教育活动的实习

《纲要》对幼儿教育的目标做了明确的规定:能主动地参与各项活动,有自信心;乐意与人交往,学会互助、合作和分享,有同情心;理解并遵守日常生活中基本的社会行为规则;能努力做好力所能及的事,不怕困难,有初步的责任感;爱父母长辈、教师和同伴,爱集体、爱家乡、爱祖国。

社会教育与幼儿的一日流程、生活实践、学习活动等有着密切的关联度。

1. 直接深入社会生活

让幼儿直接深入社会生活,扩大眼界,丰富感性经验;帮助幼儿理解事物之间的联系;培养幼儿热爱社会、热爱生活的情感;使幼儿理解相关的社会行为规范,实践有关的社会行为。如参观,教师可在参观前以简短的谈话激发幼儿参加活动的欲望,要先告知幼儿参观游览的地点、内容和注意事项;在参观过程中,教师给足幼儿观察、思考时间并引导其用适当的语言表达所见的人和事;当幼儿有疑问时,教师可给予解答或引导幼儿在观察中寻找问题的答案。幼儿在参观中进行操作练习,把所获得的知识加以运用,得到更真实的体验,从而培养其解决实际问题的能力。

2. 学习活动中的亲社会行为

教师通过创设情境，启发幼儿联想，使幼儿与现实中、情境表达中、表演中或作品中的人物心心相印、情情相通，产生强烈的情感共鸣，从而使幼儿在之后遇到相似的真实情境时，更容易产生移情，做出亲近社会的行为。如学习《大团团和小圆圆》，在主题活动进行中教师有意识强化绘本中的亲社会语言，注重引导幼儿从模仿到自发在日常生活中运用"别担心，我会保护你的""加油，你能行的""有你在一起，我就不怕了"等相关的亲社会语言，让幼儿发现助人除了可以通过具体的行动，还可以用语言进行安慰、鼓励、表扬，使被帮助的人在精神上得到支持，从而从语言上促进幼儿亲社会行为的发展。

此外，生活实践、亲子关系等幼儿生活的各个方面都可以成为社会教育活动的一个方面。

五、艺术教育活动的实习

《纲要》关于幼儿艺术教育的目标是这样定位的：能初步感受并喜爱环境、生活和艺术中的美；喜欢参加艺术活动，并能大胆地表现自己的情感和体验；能用自己喜欢的方式进行艺术表现活动。

艺术教育的核心价值是培养幼儿的创造意识与创造能力，培养幼儿的审美感知能力、想象能力及审美感受能力。

艺术教育的目标：一个是感受和欣赏，另一个就是表现和创造。以幼儿对艺术的积极态度（艺术兴趣）、幼儿艺术能力（感受能力、表现能力和创造能力）的发展为目标。

幼儿园艺术教育的途径十分多样，这里只做选择性介绍。

1. 艺术是幼儿的游戏

游戏是艺术的初级形式，是幼儿产生高级心理现象的重要源泉，是幼儿社会化的重要途径。爱玩游戏也是幼儿的天性，游戏是符合幼儿年龄特点的一种独特的活动形式。

游戏化的幼儿艺术教育活动是指教师通过设置或营造特定的氛围与情境，使幼儿能自愿依照一定的规则，在轻松愉快的游戏氛围中体验与表现艺术，从而形成一定艺术能力的艺术教育活动。

游戏中，幼儿可以在唱一唱、跳一跳、玩一玩、乐一乐的过程中去感知和体验音乐的魅力，从而获得相应的音乐知识和表演技能，即能唱、会跳、能欣赏、会创造，在客观接受和主动创造的音乐艺术活动中，促使幼儿去认识美、感觉美和表现美。同样，幼儿在画一画、涂一涂、折一折、剪一剪的游戏过程中可以获得色彩美感、形状美感、协调美感。

2. 大型活动中的自我展现

综合艺术教育强调幼儿自主发展、自主创造。幼儿园的各类大型活动，为幼儿提供了展现的机会和平台。如每年的"六一"儿童节，每个幼儿都有表现的机会。再如绘画活动，给幼儿营造宽松的活动气氛，让幼儿展开想象的翅膀，画自己想画的，做自己想做的，说自己想说的。

以上只列举了两个方面的内容，实习教师可举一反三，在游戏、一日流程等活动中渗透对幼儿的艺术教育，使幼儿在幼小的心灵里播种下"艺术"的种子，为幼儿塑造美好的人格情操打下很好的基础。

值得注意的是，幼儿艺术教育培养的是幼儿初步学习感知周围环境和艺术作品中的形式美和内容美，具有对美的敏感性，发展审美情感的体验和表达能力，促进人格的完善，而不是简单的表演能力和绘画能力。

第三节 了解《3—6岁儿童学习与发展指南》

一、《3—6岁儿童学习与发展指南》对幼儿园工作的指导意义

《3—6岁儿童学习与发展指南》（以下简称《指南》）以为幼儿后继学习和终身发展奠定良好素质基础为目标，以促进幼儿体、智、德、美各方面的协调发展为核心，通过提出3～6岁各年龄段儿童学习与发展目标和相应的教育建议，帮助幼儿园教师和家长了解3～6岁幼儿学习与发展的基本规律和特点，建立对幼儿发展的合理期望，实施科学的保育和教育，让幼儿度过快乐而有意义的童年。

《指南》的目标部分分别对3～4岁、4～5岁、5～6岁这3个年龄段末期幼儿应该知道什么、能做什么、大致可以达到什么发展水平提出了合理期望，指明了幼儿学习与发展的具体方向；教育建议部分列举了一些能够有效帮助和促进幼儿学习与发展的教育途径与方法。

《指南》第一次明确提出以下原则。

1. 关注幼儿学习与发展的整体性

幼儿的发展是一个整体，要注重领域之间、目标之间的相互渗透和整合，促进幼儿身心全面协调发展，而不应片面追求某一方面或几方面的发展。

2. 尊重幼儿发展的个体差异

幼儿的发展是一个持续、渐进的过程，同时也表现出一定的阶段性特征。每个幼儿在沿着相似进程发展的过程中，各自的发展速度和到达某一水平的时间不完全相同。要充分理解和尊重幼儿发展进程中的个体差异，支持和引导他们从原有水平向更高水平发展，按照自身的速度和方式到达《指南》所呈现的发展"阶梯"，切忌用一把"尺子"衡量所有幼儿。

3. 理解幼儿的学习方式和特点

幼儿的学习是以直接经验为基础，在游戏和日常生活中进行的。教师要珍视游戏和生活的独特价值，创设丰富的教育环境，合理安排一日生活，最大限度地支持和满足幼儿通过直接感知、实际操作和亲身体验获取经验的需要，严禁"拔苗助长"式的超前教育和强化训练。

4. 重视幼儿的学习品质

幼儿在活动过程中表现出的积极态度和良好行为倾向是终身学习与发展所必需的宝贵品质。教师要充分尊重和保护幼儿的好奇心和学习兴趣，帮助幼儿逐步养成积极主动、认真专注、不怕困难、敢于探究和尝试、乐于想象和创造等良好学习品质。忽视幼儿学习品质培养，单纯追求知识技能学习的做法是短视而有害的。

《指南》是幼儿园的教育理念、课程设置、教师教学、家园共育等的重要指导性文件，也是幼儿园实习教师必须了解的纲领性文件。因此，我们在实习前必须认真研读和领会。

二、运用《指南》教学和实习时应避免的误区

《指南》的相对具体、可操作性强的特点，对解决幼儿教育中，包括幼儿园集体教学中存在的许多问题可以有直接的帮助，但这些特点也恰恰容易造成一些实施时的误区。因此，在设计和组织教学和实习时要恰当运用《指南》，避免以下几个特别容易出现的误区。

（1）机械地针对每一条目标及其表现设计集体教学活动。

（2）刻板地从目标及表现中寻找"内容"。

（3）简单分领域地进行集体教学。

（4）机械、表面地组织综合活动。

总之，我们要以《指南》为推手，提高集体教育的适宜性和有效性，首先要熟悉《指南》，真正理解《指南》各领域的核心价值、基本目标和其中反映的幼儿学习特点和发展规律，掌握指导要点。同时，要将《纲要》和《指南》结合起来，以《纲要》的精神为指导，借助《指南》的帮助，科学地设计、组织和反思集体教育活动。

第四节　了解实习园所情况

"凡事预则立，不预则废"，实习教师要想在幼儿园教育实习中达到预期的目的，就必须做好相应的准备工作。一般来说，实习教师进入将要实习的幼儿园，应做好远期准备和近期准备。远期准备包含了实习教师在整个师范教育中所形成的德行修养、专业知识素养和专业能力三个方面。而本节内容是从近期准备方面进行探讨的，主要包括熟悉实习园、熟悉教师和熟悉幼儿三个方面。

一、熟悉实习园的情况

我们带着憧憬来到幼儿园实习，第一关就是要对实习园有所了解。

而实习园的哪些情况是实习教师需要了解的呢？

1. 实习幼儿园的办园特色

办园特色是一个幼儿园在发展过程中形成的具有标志性意义的教育个性，是幼儿园文化的重要部分。了解实习园的办园特色可以帮助实习教师快速融入幼儿园的文化体系，以确保实习任务的顺利完成。

2. 实习幼儿园的规章制度

幼儿园规章制度是实现幼儿园正常运转的保证，是对幼儿园各项工作和各类人员的要求加以条理化、系统化，制定出的必须遵守的行为准则和工作规程，这是幼儿园根据党和国家的有关方针、政策、法规，按照教育工作和园所实际情况，采用条文的形式，对全园教职工的工作、学习和生活等行为活动提出的具有约束力和一定强制性的准则和规范，即幼儿园的"法"。

3. 实习班级的基本情况

为了保证实习的顺利进行，实习教师应该全面了解实习班级的基本情况，包括班级原任教师的教学情况、幼儿的情况以及该班的保教特点。原任教师的情况可以通过和教师本人的交谈以及听课，了解该教师的性格特点和组织教学的特点。幼儿的情况是实习中最需要了解的，实习前可以向原任教师索取一份幼儿名单，先对幼儿建立一个感性印象；或借阅每个幼儿的成长档案，从而更加深入地了解幼儿的性格特点、兴趣爱好、家庭情况等；也可登录该园网站，通过班级论坛，获得更为丰富的动态信息。

4. 实习园的环境

实习园的环境包括教学环境和生活环境。实习教师在实习之前，应该到实习园进行实地参观，了解实习园有哪些教学空间和可用材料，如户外活动场地、自然角、科学发现室、艺体室、计算机操作室等。对这些教学环境的了解，有利于自己后期组织教学活动时合理有效地使用场地，真正做到因地制宜。实习教师在实习前还应对幼儿园的生活环境有一定的了解，知道在哪里用餐，是否自带餐具，用餐时间的安排，以及住宿的基本情况。

二、熟悉教师

实习教师与原任教师的交往是实习期间最重要的人际交往，其交往质量直接影响实习教师在幼儿园的实习质量。因此，实习教师在进入实习园时应及时熟悉原任教师，正确把握与原任教师交往的特点。

第一，明确的交往目的。实习教师与原任教师是两个特定的交往对象，彼此承担着既定的角色，其交往有着明确的目的性。作为实习教师，与原任教师交往是为了获得原任教师的支持与帮助，顺利完成实习任务，取得自己满意的实习成果，同时，也可就此结识今后走向工作岗位的同行导师，在之后的工作中仍可继续请教，扬长避短。此外，这样的交往也是走出校门即将走向社会的一次交往演练，有助于提高自己与他人的交往能力。实习教师明确了解与原任教师的交往目的，就会使之在实习交往过程中方向明确，并产生相应的效率。

第二，较短的交往时间。教育实习的时间是有限的，若想在较短的时间内与原任教师在心理上拉近距离，让原任教师愉悦地接纳你，彼此之间轻松顺畅地交往，默契地配合，不是一件容易的事情。所以越早达成这种交往距离，越能较早地掌握教育实践的主动。因此实习教师与原任教师交往要有时间上的紧迫感，同时要注意方式方法。

第三，主动的交往态度。原任教师相对于实习教师在校的大学教师还有一些身份上的微妙差别，所以实习教师在教育实习中要想获得原任教师的更大帮助，在交往中要发挥自己的积极性和主动性，抓住一切机会与原任教师交流，让其了解你的知识、经验储备状况和你的实践困惑与想法，从而取得原任教师的了解和信任，进而使之支持自己的工作，并得到应有的帮助。

三、熟悉幼儿

实习教师是幼儿眼中的新教师，与幼儿的有效互动是教育世界的一切使命。因此，实习教师应该尽快熟悉幼儿，尽早进入教师角色，运用教育机智化解与幼儿交往中的不适。对幼儿的初步熟悉和了解主要有两个环节。

其一，熟悉幼儿的名字。

首先，要尽快记住幼儿的名字，初次见面就能叫出名字在与幼儿交往中十分有益。记住幼儿的名字不难，也不需要特殊的天分，实习教师用心就能做到，只是这件事情最好在实习前就着手做。实习教师在确定自己的见习园和所在班级后，就可以去原任教师那里把幼儿的点名册复印过来。如果实习中本班有几名同学被分到同一个幼儿班，大家还可以互相帮助着记忆，也可以采月分析、重复、联想等方式增强记忆。每一个幼儿的名字都有一定的意义，所以不妨加以分析，方便记忆。

实习教师的目标是争取在自己带活动时能迅速地喊出幼儿的名字。幼儿人数多，在一日生活中每个幼儿都会发生各种各样的事情，如果教师能及时地对号喊出名字，可以增强与幼儿沟通的有效性，增强有针对性指导的效果，也会让幼儿认可你这个新的教师角色，从而收到好的交往效果。

其二，了解幼儿的性格。

了解幼儿的突出性格特点非常重要，可以让实习教师在面向全体幼儿的同时，更好地照顾到个别幼儿。幼儿的性格存在个体差异，有非常外向型的大胆幼儿，见到新教师就敢于上前表现自己，也有非常内向的胆小幼儿，见到新教师就向后躲，不说话，而且他们在活动中的表现也是如此。早些了解幼儿的性格差异，对于一日生活中各项活动的组织、开展、设计与指导非常必要。

第五节 制订实习计划

幼儿园实习工作方案的制订是指在幼儿园实习前预先拟订实习工作计划和方案，明确实习要达到的目标要求，确定实习的具体内容和完成任务的具体步骤、方法和措施。幼儿园实习工作计划的制订应该包括学校幼儿园实习计划的制订和个人幼儿园实习计划的制订。

一、学校幼儿园实习计划

1. 制订学校幼儿园实习计划的要求

（1）计划要精心设计，有明确的目的，做出科学的安排，体现出学校整体教学实习计划的总目标精神。

（2）分工要明确，措施要具体得当，学校各部门职责分明，积极配合，协调一致，共同努力为实习的顺利进行做好各项工作。

（3）制订计划既要强调统一，又要提倡灵活执行。计划必须强调统一，只有统一领导实习工作，才能完成实习任务，达到实习目标。在总计划的统领下，学校应允许各年级、各层次和个人灵活制订更适合自己实际情况的实习计划，使实习计划不仅解决了共性、普遍性的问题，也使不同水平的学生在实习中获取不同层次水平的个性化发展。

2. 学校幼儿园实习计划的制订

学校计划是属于全局性的长期计划。学校制订的计划内容如下。

（1）幼儿园实习的总目标和总要求。

（2）幼儿园各年级见习、实习的目标任务和要求。

（3）各年级见习、实习的时间和安排。

（4）幼儿园实习的实施过程安排。

（5）幼儿园实习的组织管理和规章纪律。

（6）实习生的实习成绩评定办法、标准和鉴定。

二、个人幼儿园实习计划

为了较好地完成实习任务，避免实习中出现仓促应战，顾此失彼的不利局面，实习教师非常需要认真地筹划一番，精心制订一份个人幼儿园实习计划，排好个人的工作时间表，列出承担任务的清单，帮助自己科学安排工作，合理分配时间，保证实习工作能有条不紊地开展，提高工作效率和实习质量。

1. 制订个人幼儿园实习计划的几点要求

（1）要有正确的指导思想，依据学校实习计划和幼儿园工作要求制订个人的实习目标。

（2）根据幼儿园和实习的年龄班的具体情况以及个人能力确定实习的步骤、方法和措施。

（3）根据幼儿园所在班级的教学活动和其他活动安排情况制订切合实际、便于操作的计划。

（4）计划要做到抓住关键、有所侧重，突出本次实习要完成的任务与内容。

（5）计划不但要明确任务内容，还要确定完成各项任务与内容的时间、保证质量的措施、每项实习内容参与的人员等，以便于执行，便于检查。

实习教师制订完个人实习计划后要自我监督，严格按照计划开展工作，定期定时检查执行计划的情况，以免计划变成一纸空文。

2. 制订个人幼儿园实习计划的内容

（1）本次幼儿园实习所在班级、实习班指导教师。

（2）本次幼儿园实习的起止时间。

（3）本次实习要达到的目标。

（4）本次实习要完成的主要任务。

（5）实习中每日（每周）要完成的幼儿园实习具体内容。

（6）完成实习任务的具体方法。

幼儿园实习计划制订后要交给学校实习指导（带队）教师进行审批，评定成绩；在执行计划前要交实习班级指导老师审阅，提出改进意见。

【本章小结】

本章阐述的内容是实习前的准备。实习前不仅要进一步熟悉《3—6岁儿童学习与发展指南》，还需要对实习园所、幼儿园指导教师进行了解，根据具体情况，制订切实可行的实习计划，确保实习任务的有效完成。

【本章思考与实训】

一、思考题

1. 为什么说教育部发布的《3—6岁儿童学习与发展指南》是幼儿园工作最重要的指导性文件？

2. 为什么实习教师要了解幼儿园的环境？

二、章节实训

请在下园见习后完成一份见习总结。

第二章

幼儿园一日流程

本章知识结构

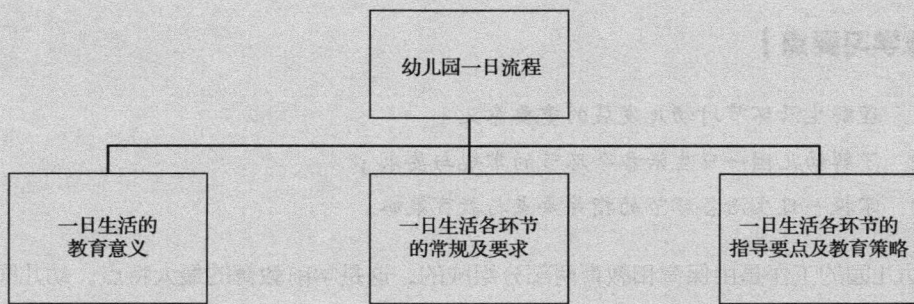

```
            ┌─────────────────┐
            │   幼儿园一日流程    │
            └─────────────────┘
        ┌───────────┼───────────┐
┌───────────┐ ┌───────────┐ ┌─────────────┐
│ 一日生活的   │ │ 一日生活各环节 │ │ 一日生活各环节的 │
│  教育意义   │ │  的常规及要求  │ │ 指导要点及教育策略 │
└───────────┘ └───────────┘ └─────────────┘
```

【导入案例】

午饭时间，甜甜坐在桌子前，用筷子一点一点挑着饭里的肉丝，将盘里的肉都吃完后，对着老师说："老师，我吃饱了。"老师："茄子也要吃光，蔬菜里有很多营养。"甜甜筷子里夹着一块茄子："可是我实在吃不下了，我就不喜欢吃茄子。"说着将茄子故意掉在地上，"老师，掉地上了，我没法吃了。"老师说："掉地上了老师再给你添上。"说着又给甜甜盛了一勺茄子。

问题：甜甜在进餐环节中存在哪些问题？教师的处理方式是否恰当？你还有什么解决方式和方法？在这一件小事中存在着什么样的教育契机？带着要回答的这些问题，让我们进入本章的学习。

【本章学习要点】

1. 理解生活环节对幼儿发展的重要意义；
2. 了解幼儿园一日生活各个环节的常规与要求；
3. 掌握一日生活各环节的指导要点与教育策略。

幼儿园的工作是由保育和教育两部分组成的，这是学前教育的最大特点。幼儿园孩子年龄偏小，对其日常的生活护理就成了幼儿园教师工作的重要内容。幼儿园教育不同于其他阶段的教育，要实现的活动目标必须贯穿在幼儿一日活动的各个环节，一日流程是幼儿在园生活和接受教育的一日全部内容。因此，了解幼儿的一日生活，做到保教结合，是每一位实习教师必须做到的。

第一节　接待入园

"一日之计在于晨"，清晨，家长将孩子送到幼儿园，并交给了教师，教师就接过了家长的希望与托负。接待入园是幼儿园一日活动中的第一个环节，也是幼儿园常规活动中的一个十分重要的组成部分。在这一环节，教师需要为幼儿营造一个轻松、愉快、温馨的活动环境，让幼儿能够带着积极的情绪开始一天的生活。这一过程，也是教师组织活动以发展幼儿的生活能力和社会交往能力的教育契机。如何为幼儿提供一个温馨适宜的学习与生活环境？如何获得家长的信任？我们将带着这些问题开始我们的学习。

一、入园环节的幼儿常规

（1）情绪稳定愉快，愿意并喜欢上幼儿园。

（2）积极配合保健医生和教师进行晨检工作。

（3）有礼貌地向教师和同伴问好，主动和家长说再见。

（4）换鞋、洗手、挂毛巾、温水漱口（三次）、放水杯。

（5）早饭前幼儿自由活动，如选择安静的活动——看书、照顾植物等。

二、入园环节教师工作要求

（一）入园前准备

在幼儿入园前，教师通常需要提前进入活动室进行入园前的准备，以为幼儿入园提供一个温馨舒适的物质环境及轻松愉快的精神环境。

1. 物质环境准备

（1）主班教师协助保育员教师进行开窗通风以及卫生清理工作，营造整洁的环境。

（2）检查活动室内的玩具、设备是否存在安全隐患，及时排查。

（3）保育员教师将已消毒的水杯、毛巾摆放在固定位置，方便幼儿取放。

（4）如果是大班幼儿，教师可以为幼儿提供签到表或者值日生计划表。

2. 精神环境准备

（1）播放轻松愉快的轻音乐，营造轻松愉快的氛围。

（2）教师头发（一般要求将头发扎起）、服装整齐，精神饱满，面带微笑，活力满满地投入到工作之中。

小贴士　幼儿入园环节音乐

在幼儿入园时播放音乐，既可以创造一个轻松愉悦的气氛，也有助于安抚幼儿的情绪，让幼儿开始快乐的一天。入园音乐可以是幼儿之前学习过的歌曲，也可以是一些轻松舒缓的音乐。

（1）播放幼儿学习过的歌曲，幼儿可以跟随歌唱或者进行游戏。

（2）播放曲调轻松舒缓的音乐，或不同乐器演奏的音乐，可以丰富幼儿的艺术感受能力，如钢琴曲、中国古典音乐等。

（二）入园环节活动组织

入园环节活动包括接待幼儿入园以及早饭前的活动组织两大内容，这段时间在 7:30—8:00 之间，其中幼儿入园基本会集中在 7:30—7:50 之间，而之后的 10 分钟，教师可以组织幼儿开展相应的活动。

1. 入园接待

（1）热情接待家长和幼儿，主动向幼儿及家长问好，与家长简单交流幼儿情况，安抚情绪不良的幼儿。

（2）一摸二看三查四问，做好晨检工作。

一摸，感知是否发烧，通常摸幼儿额头或者手心等部位，如果发现有体温异常，需要对其进行体温的测量。

二看，指的是一看幼儿面色和精神状态；二看幼儿咽喉、腮部有无异常。除此之外，还要看幼儿有没有带伤入园。

三问，即向家长或幼儿了解当日身体健康情况，询问近日有无外来人员接触史等。若有带药来园的幼儿，教师要问清楚药方，及时做好"三核对"工作：即核对姓名、药名剂量（一般精确到 ml 或者 mg）、用药时间及方法，并请家长做好委托吃药的签名记录（十分必要）。

四查，根据传染病流行季节，检查相应发病部位，查找传染病的早期表现及皮肤有无皮疹等症状（如口腔、前胸、后背以及手心脚心等）；检查幼儿指甲是否干净；检查幼儿痊愈后可返园的有关资料或者证明等；检查有无携带不安全的物品，可以从上到下摸一遍幼儿，如幼儿的手里或者兜里面有没有异物。危险品一般包括小珠子、带尖的玩具、玻璃片以及幼儿不宜食用的瓜子、果冻、口香糖等食品。同时，提醒家长购买幼儿的鞋子和衣服时尽量避免有鞋带或者帽衫，避免购买头部和颈部有任何绳带的衣服，其他绳带（如飘带等）不能有超过 7.5 厘米的自由端，且绳带末端不能打结或有装饰物，这样可以防止缠绕带给幼儿伤害。若家长送幼儿来园时携带了异物或危险品，穿戴了带绳、帽衣物，教师要对家长进行解释，而不是直接指出不要穿这种衣服，如"宝贝的衣服很精神，但是在孩子游戏的时候，帽衫如果挂在某些地方可能会造成危险"。

（3）引导幼儿插入自己的健康牌，关注自身的身体情况，请需要服药的幼儿家长填写"服药单"并与药品进行核对。

（4）引导幼儿进行自我收整，小班幼儿可以由保育员教师协助。

（5）幼儿入园后要清点幼儿人数，对于未来园的幼儿，需要与家长联系确认幼儿情况及未来园的原因，并在交接班记录本上详细记录。

📄 **小贴士　幼儿园健康牌**

现在很多幼儿园在晨检时加入了发放健康牌的环节，健康牌通常由园内的保健医生发放。健康牌一般由三种颜色构成，如绿色代表健康，黄色代表需要教师观察、注意多饮水等，橙色代表生病、需要服药。健康牌的发放不仅可以方便教师快速了解班中幼儿的身体情况，也可以引导幼儿关注并爱惜自己的身体，进行主动的自我照料。

案例点评 "干巴巴"的早上好

"小硕早上好，跟妈妈说再见。""甜甜，早上好，把健康牌插上。""小猴早上好，和姥姥说再见。"王老师面带笑容地和每一个小朋友打招呼，"和和，你怎么来得这么晚啊，快吃饭了。"和和脸上的笑容退了下去，低着头走进了活动室。

案例点评：在本案例中，王老师面带笑容地和每一个小朋友问好，也提示小朋友要有礼貌地和爸爸妈妈说再见，但是，教师的入园接待似乎没有让我们感觉很亲近，很温暖，甚至有一点点的机械，教师一直在重复着同样的内容。教师的一句话还导致孩子产生了失落的情绪。

案例中王老师的问题经常会出现在一些新教师身上，教师不知道在入园这一小段时间可以和幼儿说一些什么，或者认为没有必要说太多。但是，实际上，入园接待时和幼儿说的话会有很重要的作用。教师对幼儿细节的观察，会使得幼儿感受到自己受到了关注；教师对幼儿的指责则会影响幼儿一天的心情。在这里推荐几种入园接待的谈话方式供新教师参考。

一、关注幼儿细微变化

教师关注幼儿的一些细节变化，会使得幼儿感受到自己受到了教师的关注，这些细节可以是幼儿穿了一件新衣服，甚至只是多别了一个小卡子，但是这些并不重要，重要的是让幼儿知道你在关注他。如"你的新裙子真漂亮。""咱们宝贝的头发被帽子压弯了，老师一会儿给你梳一个漂亮的发型。"

二、鼓励幼儿的进步

当着家长的面鼓励幼儿是会让其感到非常骄傲的一件事情，教师和家长作为这个阶段幼儿的重要他人，两者的评价对于幼儿自我认同发挥着重要的作用。如"你比昨天又早到了三分钟。""来来你帮心心把衣服挂得真整齐，你真的很热心。""你能很开心地和妈妈说再见了，太棒了。"

三、安抚幼儿不良情绪

部分幼儿入园时可能带有不良的情绪，如低落、抗拒、分离焦虑等，这时候教师要与家长交流原因，并对幼儿的情绪进行安抚，如拥抱、安慰等，也可以用幽默的方式进行。如"你抱妈妈的样子好像树懒，老师也是树，来抱抱我吧！""老师能看出来你有些不开心，能不能进来和我聊一聊，也许老师可以帮帮你。"

2. 入园接待教育活动

幼儿入园环节会持续20～30分钟，这段时间也是一个重要的教育时机，适合开展一系列的教育活动。这里的教育活动分为两大类，一是幼儿自主活动，二是教师组织的活动。

（1）幼儿自主活动

幼儿在入园完成准备活动后，可以根据自己的兴趣进行一系列的自主活动。教师可以引导幼儿进行以下活动：

- 在植物角照料植物，如浇水、清理等；
- 填写天气日志；
- 完成值日生的计划表（中大班），并进行餐前值日；
- 完成区域活动未完成的内容或者玩手头玩具。

（2）教师组织活动

在幼儿基本入园后，教师可以带领幼儿开展一系列的活动：

- 引导幼儿播报自己和家长共同收集的"今日头条"，或播报发生在幼儿自己身上的新鲜事；
- "播报"今天天气或者早餐食谱；
- 进行圆圈活动，教师与幼儿共同分享自己的所见所闻，或者围绕一个特定的主题进行讨论；
- 进行早操锻炼，活动身体。

（三）与家长有效沟通

入园环节时间比较紧张，但是与家长的简短沟通必不可少，这样做可以传达教师对幼儿的关注与关心，也可以沟通交流幼儿的情况，帮助幼儿顺利入园。与家长沟通，我们可以关注以下几个方面。

（1）向家长了解生病或者体弱幼儿在家的饮食、睡眠、服药等情况，及时记录家长的嘱托并随时关注幼儿在园情况。

（2）指导家长为幼儿准备生活与学习用品。

（3）了解情绪不良幼儿的在家情况，与家长一起疏导幼儿。

（4）幼儿带伤入园，无论严重与否都要向家长确认，询问原因，这样做一是保障幼儿的伤口可以得到保护，二是可以避免家长不知情，造成家长和教师互相指责的误会发生。

（5）发放通知或接收回执等，回执一般建议家长在园填好，以免有错填、误填的情况，除了纸质版的发放，最好也通过微信、邮件等方式再次通知，确认家长知晓。

（6）与家长热情地打招呼或告别，不要只和幼儿说早上好。

三、入园环节常见问题及对策

小班幼儿入园焦虑怎么办

如果你是小班的教师，那么在第一个学期的入园环节，你将经历一段很难忘的日子了，用家长的话来说就是"哭声震天""呼天喊地"。当你把幼儿和家长分开后，你将迎来熟悉的哭声"呜呜，放开我，我要妈妈！""我讨厌你！""妈妈！妈妈！"面对这种情况，我们应该如何处理呢？我们也许可以试试以下几个方法。

1．帮助建立幼儿与家长的信任

和家长分离确实是三岁的幼儿难以接受的事情，他们会以为说了"再见"之后就真的见不到了，或者很久很久才能见到，甚至有一种自己被抛弃的感觉。这时候我们需要帮助家长和幼儿建立他们的信任。我们可以让爸爸妈妈和幼儿玩一玩捉迷藏的游戏，妈妈暂时的消失和再次出现会让幼儿在游戏中逐渐明白："妈妈消失之后还会出现的，我只需要等待一下"，之后家长可以逐渐加长藏起来的时间。我们还需要告诉家长，不要和幼儿不告而别，"偷偷溜走"，这会让幼儿有一种被抛弃的感觉，家长要和幼儿正式地道别，并明确地告诉他，"我会在你吃过晚饭之后来接你回家，并给你一个惊喜"。

2．接纳并拥抱"哭泣的幼儿"

"别哭了，哭妈妈也走了，哭是解决不了问题的。""再哭就不好看了！"，不要指望这些话会对三岁的幼儿起作用，在哭的时候，他会沉浸在自己悲伤的情绪里。这时候教师需要给他一个大大的拥抱，有时候沉默的陪伴也会让幼儿心里舒服一些。如果幼儿表达了什么，教师要做的是接纳他的感受，如"和妈妈分开的确让人伤心，我知道你想妈妈了，我们吃过晚饭就能见到妈妈了，现在我们可以做一些有趣的事情。"当幼儿慢慢平复下来，你可以给他一些玩具，分散他的注意力。

3．关注"慢热"的幼儿

有些幼儿入园时似乎十分愉快，他们被周遭的环境所吸引，但是一段时间后，他们才会反应过来"妈妈不见了"，他们的哭声也许更加让你无奈，更大的可能是把你好不容易安抚好的其他幼儿又带哭了，这时候，配班教师需要带着幼儿出去逛一逛、聊一聊，换一个环境，这样既可以提供一个较为安静的机会帮助幼儿平静下来，也可以避免哭声的相互"传染"。

幼儿入园总迟到怎么办

在幼儿园，你总会遇到一些"迟到大王"，幼儿园一般都是8:00入园结束，但是总会有些家长带着孩子"姗姗而来"，这样不仅会影响教师的工作，也会对幼儿带来不好的影响。很多人认为，幼儿园又不是小学，没有什么强制性的纪律可言，来早来晚没有太大的影响，但是实际上幼儿迟到在很多方面会产生不良的影响。

1．导致幼儿的时间观念变差

守时是作为一个社会人的基本个人规范，幼儿在此阶段的时间观念还比较差，这就需要家长在日常生活中进行培养，如果家长对入园时间都不重视，任意迟到的话，可能会导致幼儿产生行为拖拉、懒惰、缺乏时间观念的习惯。

2．影响幼儿参与早间活动

早间活动虽然时间短，但是对于幼儿顺利开始一天的生活、迅速适应环境有着重要的作用。有时候，幼儿来园过晚，甚至会错过正常的早餐时间。有时候因为幼儿来园进餐有一定的困难，家长会在路上带着幼儿草草吃点东西，长此以往，对幼儿的发展是十分不利的。

3．影响教师正常的教育活动

幼儿园早晨的工作是十分繁忙的，如果有幼儿晚来，教师就需要抽身来照顾晚到的幼儿，分散了教师对其他幼儿的注意。

如何帮助家长和幼儿按时入园，成为很多教师比较头疼的问题，在这里，我们也许可以试试以下的方法。

1．帮助家长转变观念

很多家长认为幼儿入园时间早晚没有影响，可能是没有认识到按时入园对幼儿发展的重要作用，作为教师，我们需要帮助家长认识到按时入园的重要意义，如"按时入园可以帮助孩子养成守时的好习惯。""早来园我们会有很多有意义的小活动，如新闻播报，可以培养孩子的语言表达能力和自信心，希望宝贝能参加。""我们来早一点，让孩子吃上热乎乎的饭菜，咱们才放心啊！"

2．帮助幼儿养成良好的生活习惯

很多情况下，幼儿晚来是因为幼儿在生活习惯上存在问题，如睡得太晚、早上赖床或者早上起床后太磨蹭等，对于这些情况，我们可以采用很多方法。例如，在生活习惯方面，让家长帮助幼儿养成早睡早起的生活习惯；前一晚上，为幼儿准备好第二天的衣物等。

3．巧用妙招让幼儿快乐入园

很多家长采用催促、训斥的方式让幼儿早起，结果是家长幼儿都很累，其实我们可以用游戏化的方式，帮助幼儿实现自觉自主。一是把监督任务交给幼儿。"宝宝，交给你一个任务，明天帮助妈妈按时起床，争取在 7:50 之前把妈妈带到幼儿园，能不能做到？"这个方法很奏效，"迟到大王"果然在第二天成了来园的第一名，这时候教师还可以和幼儿交流一下，"你是怎么做到的，让妈妈来得这么早，用了什么好方法？"二是音乐游戏。以音乐作为节点，帮助幼儿树立时间观念。家长在家可以通过播放不同时长的音乐，来完成一些如穿衣服、刷牙等环节的任务，看能不能在音乐时间内完成。三是评比入园小明星。这在幼儿园比较常见，教师可以为在规定时间入园的幼儿发放小贴画，放在自己那一栏中，两周之后进行统计，这样既可以激励幼儿早来园，也可以帮助幼儿学习统计数据的基本方法，如大班幼儿可以就此开展柱状图的制作以及点数的教育活动。

第二节 幼儿盥洗

看起来简简单单的盥洗，也是落实《指南》的途径。《指南》在健康领域中指出："良好的生活习惯和基本生活能力是幼儿身心健康的重要标志，也是其他领域学习与发展的基础。"作为教育者，应"帮助幼儿养成良好的生活与卫生习惯，提高自我保护能力，形成使其终身受益的生活能力和文明生活方式"。良好的卫生习惯作为保障幼儿健康的第一道防线,是十分重要的,所以盥洗环节也是幼儿园一日生活中十分重要的环节,这既是保障幼儿健康的需要,也有利于幼儿自理能力的提升以及良好生活习惯的养成。本节主要介绍幼儿园一日生活最为重要的四个盥洗环节,分别是漱口环节、刷牙环节、洗手环节及洗脸环节。

一、盥洗环节的幼儿常规

(1)知道漱口可以清洁口腔。
(2)会用正确的鼓漱方式进行漱口。
(3)掌握正确的刷牙方法,知道刷牙的重要作用。
(4)知道洗手的好处与作用,能够自觉洗手。
(5)学习用七步洗手法进行洗手。
(6)知道起床后、脸脏时要及时洗脸,学习用正确的方法洗脸。
(7)盥洗时能够不弄湿衣袖、不玩水。

二、盥洗环节教师工作要求

(一)漱口环节

1. 漱口的时间安排

及时漱口可以保障口腔的清洁,幼儿的漱口时间一般在入园后、餐点之后。入园后,教师需要提示幼儿用温水漱口三次,以清洁口腔,准备进食早餐。在上午和下午的加餐之后,教师也要提示幼儿及时漱口。

2. 漱口的指导方法

(1)漱口方法的讲解

漱口的正确做法是先含一大口水,闭口;用力鼓起腮帮子,使水充分接触牙面、牙龈和黏膜,同时利用水的冲力,反复冲击整个口腔,片刻后再吐出。一般要求幼儿漱口三次。

📄 **小贴士 漱口水小实验**

活动目标
了解口腔中的食物残渣会破坏牙齿;
吃完东西后及时漱口。

活动准备
两个透明水杯、清水

活动过程

（1）漱口一次后将水吐在水杯 1 中，观察水杯里的漱口水。

（2）漱口三次后，再次漱口将水吐到水杯 2 中，观察水杯 1 和水杯 2。

（3）将两杯水放在温度较高的位置，隔一天后观察两杯水的变化。

指导要点

漱口一次后，会发现杯子里面有很多食物的残渣，水杯里的水会变酸臭、变浑浊，如果不及时漱口，脏东西继续留在牙齿中会腐坏变质，会破坏幼儿的牙齿，造成蛀牙。

（2）漱口方法的示范

指导幼儿漱口，基本需要介绍以下几个步骤。

- 将手洗干净。
- 取出自己的牙杯，接半杯清水。
- 喝一口水，含在口中。
- 鼓起两腮，在口腔内反复漱 5 ～ 8 秒。
- 低头将水吐出。
- 重复三次。
- 将牙杯放在原来位置。
- 取出毛巾，将嘴边水迹擦干净。

（3）借助儿歌指导

漱口小儿歌

手拿小水杯，喝口温温水，

鼓起腮，闭起嘴，一二三，咕噜咕噜吐出水。

（二）刷牙环节

1. 指导刷牙的原则

刷牙对于保护幼儿牙齿，维护口腔健康有重要的作用。让幼儿掌握刷牙的正确方法需要遵守循序渐进的原则，并需要教师经常性的指导关注：第一，我们需要让幼儿了解刷牙的重要性，如我们可以通过一些绘本来达到这个目的，如《鳄鱼怕怕 牙医怕怕》《牙细菌大冒险》《鳄鱼不刷牙》等；第二，我们可以通过请保健大夫进课堂的形式，开展关于刷牙的相关教育活动，帮助幼儿掌握正确的刷牙方法；第三，我们可以通过一些有趣的小技巧帮助幼儿正确刷牙。

2．牙具的选择及使用

2014年12月1日，《儿童牙刷》国家标准正式实施，幼儿牙刷的选购要符合国家标准。大部分幼儿园的牙刷、牙膏会由幼儿园配备，如果是家长自己带牙刷的话，教师要提示家长选择符合国家标准的儿童牙刷，一般要选择小头软毛的牙刷，以避免损伤孩子的牙齿。刷头的尺寸以能覆盖孩子两到三颗后牙的大小为宜，刷毛除了柔和外，还要注重弹性。同时要选购符合标准的儿童牙膏，并注意适用的年龄。

一般来说，幼儿的牙刷需要三个月更换一次，但是如果有牙刷起毛的现象就要及时更换。牙膏的使用要注意清洁，随时清洗牙膏盖等部位。在牙膏、牙刷使用前，教师需要进行编号，以免造成混用的情况。幼儿的牙杯每天需要清洗、消毒，牙刷则需要用开水进行浸泡消毒。部分幼儿园会将幼儿的牙膏安放在分出各个小格子的布袋上面，教师每周要注意对盛放牙膏的布袋进行清洗消毒。

3．刷牙的时间安排

幼儿的口腔跟成年人一样，作为消化道和呼吸道的第一入口，存在许多细菌。而幼儿每刷一次牙可以使口腔中的细菌减少70％～80％。其次，刷牙还可及时清除口腔中的牙菌斑，对按摩牙龈以及增强抗病能力都发挥着十分重要的作用。在幼儿园，幼儿在早餐以及午餐之后都需要刷牙，并保障刷牙时间够三分钟。

4．刷牙的指导方法

（1）刷牙方法的讲解

让幼儿掌握正确的刷牙方法十分重要，很多幼儿会用拉锯式的横刷法。这种刷牙方法不但不易刷净牙齿，还容易造成牙齿脆弱。正确的刷牙方法应为：把黄豆粒大小的牙膏挤到牙刷上（小班幼儿不需牙膏空刷即可），顺牙缝，上牙由上而下竖刷、下牙由下而上竖刷，要求顺着牙根向牙尖刷。牙的咬合面可以横刷。每次刷牙至少需要三分钟，要保证每个面要刷到15～20次。刷牙之后需要用清水将牙膏沫漱干净。我们可以通过一些有趣的小技巧帮助幼儿正确刷牙，如运用刷牙的小儿歌让幼儿能够记住刷牙的方法，在盥洗室的环境创设上可以加入正确刷牙步骤的图示，或者运用一个三分钟的小沙漏帮助幼儿保证三分钟的刷牙时间等。

（2）刷牙方法的示范

指导幼儿刷牙，基本需要以下几个步骤。

• 洗净双手，接一杯清水（以温水为宜）。

• 取出牙膏，挤出黄豆粒大小。

• 先刷上下排牙齿的外侧面，以两至三颗牙齿为一组，上牙从上向下刷，下牙从下向上刷。

• 刷牙齿的内侧面，重复以上动作。

• 刷咀嚼面，把牙刷放在咀嚼面上前后移动。

• 用清水鼓漱口腔，将牙膏沫涮干净。

• 将牙刷、牙杯以及牙膏盖清洗干净，放回规定的位置。

（3）借助儿歌指导

刷牙小儿歌

小牙刷，手中拿，乖乖宝宝来刷牙。

上面牙齿往下刷，下面牙齿往上刷，

咬合面来回刷，左刷刷、右刷刷，

里里外外都刷刷，牙齿健康笑哈哈。

（三）洗手环节

1. 洗手的时间安排

在盥洗环节，频率最高的行为就是洗手。洗手环节主要发生在以下几个时间。

（1）便前便后。便后洗手是大家普遍知道的常识，但是便前洗手也十分重要，这样可以防止幼儿手上的细菌沾染到私处，有益于保护幼儿的生理健康，因此，提示幼儿便前洗手是教师不可忽略的一个步骤。

（2）餐点、饮水前洗手。"病从口入"，在进餐及饮水前要引导幼儿自觉洗手，在洗手之后，有一个细节会被教师忽视，就是在撸袖子的时候会造成二次污染，幼儿会将袖子上的细菌再次转移到手上，这时候需要教师或者值日生帮忙将幼儿的袖子撸下来，以防二次污染。在进餐后，也需要教师引导幼儿洗手，洗去手上的油污等。

（3）户外活动后。在户外活动时，幼儿手上会沾染大量的细菌，因此，教师需要引导幼儿及时洗手。

除此之外，与动物嬉戏后，在游戏结束后，咳嗽、打喷嚏、擤鼻涕后，与病人接触后，接触不卫生或者有刺激性的物品，刷牙漱口或者洗脸前等各个环节都需要洗手，原则就是指导幼儿随脏随洗，养成洗手的好习惯。

2. 洗手的指导方法

（1）洗手方法的讲解

引导幼儿学会正确的洗手方式十分重要，正确洗手可以有效降低幼儿感染疾病的概率。在幼儿传染病高发时期，洗手是教师必须严格把关的重要环节。现在，幼儿园会用七步洗手法来对幼儿进行洗手指导。

第一步：掌心相对，手指并拢相互搓擦。

第二步：掌心相对，双手沿指缝相互搓擦。

第三步：一只手握另一只手大拇指旋转搓擦，交换进行。

第四步：弯曲各手指关节，双手相扣进行搓擦。

第五步：手心对手背沿指缝相互搓擦，交换进行。

第六步：一手指尖在另一掌心旋转搓擦，交换进行。

第七步：一手握另一只手腕部旋转搓擦，交换进行。

刚开始时，幼儿没有养成良好的习惯，可能会用水冲一下草草了事。除了不断关注与指导之外，我们还可以通过小儿歌、小实验、"大家来找茬"等一系列有趣的活动来帮助幼儿养成良好的洗手习惯。我们也可以将七步洗手法的步骤贴在盥洗室的墙面上，请幼儿作为示范模特也是一个很好的选择。

📄 **小贴士　马铃薯小实验**

活动目标

知道没有洗的手上会沾染很多细菌；

明白洗干净手的重要性。

活动准备

一个马铃薯、水果刀、两个小餐盘。

活动过程

（1）将马铃薯去皮用刀分成两半，用水冲洗干净。

（2）请没有洗手的小朋友将一半放到一个小餐盘中。

（3）请同一位小朋友用七步洗手法洗手之后再将另一半马铃薯放在另外一个小餐盘中（两个餐盘放置位置相同，以控制实验的变量）。

（4）隔两天后，观察两个马铃薯的变化。

指导要点

通过观察两半马铃薯的不同变化情况，让幼儿知道手上会有很多细菌，随着食物进入口中会诱发疾病，而七步洗手法会将很多细菌洗掉，能够保证身体的健康。

📄 **小贴士　大家来找茬**

活动目标

发现并指出洗手环节中的错误做法；

学会按照正确的方法洗手。

活动准备

教师录制洗手环节的小录像（一般错误的行为者由教师来扮演，而正确的行为者则由幼儿扮演，这样可以避免使幼儿有被批判的不良感觉）。

录像1：不撸袖子。

录像2：只用水冲一下就走。

录像 3：玩水、玩香皂盒。

录像 4：洗手不打香皂。

录像 5：洗后不用毛巾擦，将水甩在地上。

录像 6：正确的七步洗手法。

活动过程

（1）分别播放洗手录像，请幼儿找一找、说一说哪里是正确的，哪里是错误的。

（2）请幼儿洗手，教师录像，然后请其他小朋友说一说哪里做得好。

（3）请小朋友做示范，进行七步洗手法的演示，教师拍摄图片，布置到盥洗室的墙面上。

指导要点

教师通过"大家来找茬"的活动，让幼儿关注到自己在洗手环节存在的问题，并通过同伴的示范，掌握正确的洗手方法。

（2）洗手方法的示范

指导幼儿洗手，基本需要以下几个步骤。

- 撸起袖子。冬季幼儿穿的衣服较多，指导幼儿用手指压住内衣袖口，首先将外衣袖子一层一层挽到胳膊肘处，再将内衣袖子一层一层挽上。
- 打开水龙头，将手心、手背、手腕冲湿。
- 关闭水龙头。
- 将肥皂握在手中，转 5 ～ 6 圈。
- 运用七步洗手法洗手，每一步持续 15 秒左右。
- 打开水龙头，手指尖朝下，用清水清洗手心、手背、指缝、指尖、手腕上的泡沫，一般需要 8 ～ 10 秒。
- 关闭水龙头。
- 在水池中甩手三下。可以运用说"谢谢水龙头"这样有趣的方式提示幼儿甩手。
- 取下小毛巾，擦干手及手腕处的水，将毛巾挂回原来的位置。
- 在秋冬季节，教师需要为幼儿涂抹护手霜，指导幼儿用手指揩出黄豆粒大小即可。如果可以统一使用护手霜，教师可以购买鸭舌瓶进行盛装，这样每次按压出来的量可以控制。涂抹护手霜时，教师应指导幼儿将护手霜在手背、手心、虎口以及手腕处轻轻揉搓均匀。
- 将挽起的袖口放平整。先放内衣的袖子，再放外衣的袖子，如果洗手后需要进餐，由教师或者值日生负责将大家的袖子放下。

（3）借助儿歌指导

洗手小儿歌

卷袖口，淋湿手，我们大家来洗手。

香皂手中转一转，洗洗手掌和手背。

手指交叉洗指缝，洗拇指，洗指尖，

不能忘记小手腕。清水里面冲一冲，

谢谢小小水龙头！

（四）洗脸环节

1. 洗脸的时间安排

幼儿的洗脸时间一般安排在幼儿午睡之后，这样可以让幼儿更加清醒舒爽，也可以让幼儿学会保持自己的仪表整洁干净。在幼儿园，一般采用毛巾擦脸的方式来洗脸。

2. 洗脸的指导方法

（1）洗脸方法讲解

幼儿园无论是采用湿毛巾擦脸的形式还是用水洗脸的形式，都要求仔细清洁整个面部，在这里以用湿毛巾擦脸为例，来进行讲解：首先需要将干净毛巾用流动的清水打湿，拧掉多余水分后，依次清洁双眼、嘴巴、鼻子、额头、耳朵前后，翻面后清洁面颊以及脖子，再次清洗毛巾后，在面部转三圈、翻面后再将耳朵前后以及脖子擦拭一遍。

幼儿在家中，一般都是爸爸妈妈帮着把脸洗干净，有时候幼儿在园自己洗脸时，往往只是用毛巾胡乱在脸上一擦就草草了事，甚至在教师看不见的情况下就自动省略了洗脸的步骤，这时候需要教师加以引导。对于小班的幼儿，教师需要手把手地协助其完成洗脸环节，但是到了中大班，幼儿就可以自主完成洗脸的任务。教师可以通过小儿歌、娃娃家、绘本等幼儿能够接受的方式引导幼儿学会正确洗脸。例如，我们可以在娃娃家提供毛巾，让幼儿给娃娃收拾打扮，学习如何正确洗脸。我们也可以为幼儿提供一些绘本故事，如《为什么洗脸、刷牙》《不爱洗脸的小熊》等。

（2）洗脸方法的示范

指导幼儿正确洗脸，基本需要以下几个步骤。

- 撸起袖子。冬季幼儿衣服较多，教师应指导幼儿用手指压住内衣袖口，首先将外衣袖子一层一层挽到胳膊肘处，再将内衣袖子一层一层挽上。

- 取出自己的小毛巾，用水打湿透，拧到不滴水即可。教师可以教幼儿一个拧毛巾小技巧，即双手各拿住毛巾的两个角，像卷帘门一样向上提起毛巾，形成一个长条，用水冲洗后，再拧干毛巾。

- 用毛巾包住自己的一只手。
- 擦洗眼睛。
- 擦洗嘴巴。
- 擦洗鼻子。
- 擦洗额头。
- 转圈擦洗自己的面颊。
- 毛巾翻面，再次包住手，擦洗耳朵前后。
- 擦洗脖子。
- 再次用水打湿透，搓洗五次，拧到不滴水即可。
- 用毛巾包住自己的一只手。
- 以鼻子为中心，由小圈转大圈，转三圈。
- 翻面后，擦洗脖子。
- 清洗后，将毛巾放回。
- 秋冬季节，蘸适量的护肤霜，双手在脸上揉搓均匀。
- 将袖子放平整。

（3）借助儿歌指导

拧毛巾小儿歌

小毛巾，手中拿，请用清水打湿它。

两只小手左右抓，一步两步向上爬。

前后转动把水拧，再拿毛巾脸上擦。

洗脸小儿歌

滴滴滴，来洗车。小车灯擦一擦（擦眼睛），

前车盖擦一擦（擦嘴巴），按按我的小喇叭（擦鼻子），

滴滴，我的天窗也要擦（擦额头）。车干净，上路走，

二环三环转一转（擦脸颊），小楼前后看一看（擦耳朵前后），

最后我要开回家（擦脖子）。

三、盥洗环节常见问题及对策

湿漉漉的小家伙

在盥洗环节，总会有一些小家伙从盥洗室走出来后就成了"湿人"，"老师，我袖子湿了"

"老师我肚子好凉"，有些幼儿也会一声不吭地将湿衣服穿上一天。这些湿漉漉的小家伙确实很让教师感到头疼。为什么经常会有幼儿带着一身的水出来呢？这里有两方面因素教师需要进行思考。

一是盥洗室内盥洗设施以及教师清理的问题。盥洗室设计要符合幼儿的生理需求。有的盥洗室，水龙头离幼儿过远，幼儿够不到，身体只能一直向前伸，肚子贴在了水台上，导致肚子上沾满了水；或者是水龙头出水量太大，过多的水溅到幼儿的身上；或者是水台积水，教师未能及时清理，这些都会导致幼儿身上沾水问题的出现。

二是幼儿自身的原因。喜欢玩水是幼儿的天性，到了盥洗室，幼儿简直到了另外一个游乐园，弄湿衣服也就十分常见了。除此之外，不挽袖子、不弯腰洗漱也会造成沾水现象的发生。

面对这种情况，教师不要去训斥幼儿，可以通过以下一些小技巧或者方法来解决这个问题。

1．调整盥洗设施

如果盥洗的设施不方便幼儿进行盥洗，教师需要进行调整，如可以调小水龙头的出水量，如果无法进行调节，我们可以在水龙头处粘贴一条彩纸，提示幼儿将水龙头拧至该位置即可。如果是水龙头离幼儿的距离比较远的话，我们可以借助卡通的水龙头延伸器来解决，但是教师要经常对延伸器进行清洁。

2．保持盥洗室的清洁

教师要经常对盥洗室进行清洁，可以用刮玻璃器来刮台面上的水，这样比抹布更加便捷，幼儿值日生也可以掌握这个方法，这样可以避免幼儿衣服沾到台面上的水。地面保持干燥十分重要，盥洗室地面积水很容易造成幼儿摔倒受伤，因此教师可准备一个干拖布，随时清理地面上的水渍。

3．引导幼儿正确洗漱

作为教师，要时刻关注幼儿的洗漱环节，必要的提醒是不可缺少的。除此之外，我们也可以采用一些有趣的方式。例如，我们可以在盥洗室水池前贴上小脚印，让幼儿站在指定的位置，离开水池边缘；我们也可以说"撅起你的小屁股，让小肚肚离开水池吧，我可不希望你再成为湿漉漉的小家伙了。"除此之外，我们也要开辟区域或者安排时间，让幼儿有可以尽情玩水的机会。

溜走的水宝宝

幼儿在盥洗的时候普遍存在一个问题，就是浪费水。洗手的时候将水开到很大，刷牙的时候接一大杯水，有时候甚至忘记关掉水龙头。教师有时候会苦口相劝："小朋友们，水是很宝贵的，我们要节约用水。""要及时关掉水龙头。""打香皂的时候要关掉水龙头。"最后的结果通常是幼儿学会了说"要节约用水"，但是行动上似乎没有什么变化。这时候，我们需要开展一些小活动，让幼儿切身体会节约用水的重要性。

活动一："停水了"。教师可以将班里的水闸暂时关闭（在不影响正常运行的情况下），让幼儿体会没有水带来的不便之处，如没有办法洗手、没有水喝等，这时候我们可以跟幼儿讨论：为什么没有水了？没有水会怎么样？会给我们带来多少的不便？没有水我们该怎么办？如何节约用水等问题。

活动二："溜走的水宝宝"。幼儿在漱口环节时常会接一大杯水，但是几乎用半杯就足够漱口了，剩下的半杯水常常被倒掉。教师可以拿出一个洗脸盆，让所有幼儿将自己剩下的漱口水倒进洗脸盆中，教师可以让幼儿观察，所有小朋友倒掉的水有这么多。接下来，教师可以引导幼儿思考剩下的这些水可以做什么，如浇花、洗毛巾等，如果可以现场实现的就允许幼儿亲自操作，让幼儿明白，被倒掉的水能够做很多很多的事情。

教师通过这些活动，让幼儿亲身感受、实际操作，在真实的情景中理解节约用水的意义和作用，这比简单的说教更加有效、有趣。

第三节　户外体育活动

《指南》中指出：幼儿阶段是儿童身体发育和机能发展极为迅速的时期，发育良好的身体、愉快的情绪、强健的体质、协调的动作是幼儿身心健康的重要标志，也是其他领域学习与发展的基础，教师应保证幼儿的户外活动时间，提高幼儿适应季节变化的能力。可见教师对幼儿的户外体育活动进行有效的组织对幼儿的身心发展起着重要的作用。在本节，我们将来探讨户外体育活动组织的相关内容。

一、户外体育活动的幼儿常规

（1）知道运动与健康的关系，喜欢参加户外体育活动。

（2）能够认真倾听教师的要求，遵守活动规则，不做危险的事情。

（3）知道运动前需要做好热身准备，活动身体关节。

（4）掌握多种运动技能，有一定的协调性与灵活性。

（5）学习幼儿园中各种运动器械的正确玩法，爱护器械。

（6）能够关注自己的身体需要，知道累了要休息。

（7）在活动中有特殊情况，能够及时向教师报告。

（8）知道活动结束后要进行放松活动。

（9）活动结束后要进行器械的收整。

二、户外体育活动教师指导要点

（一）户外活动时间安排

《指南》要求幼儿每天的户外活动时间一般不少于两小时，其中体育活动时间不少于一小时，季节交替时要坚持。部分幼儿园户外活动时间在上午和下午各进行一个小时。部分幼儿园会根据不同季节调整户外活动的时间。一般夏季的户外活动时间会安排在 9:00—10:00 及 15:00—16:00，这样的安排避免了高温的时间段。其他季节的户外活动一般安排在 10:00—11:00 及 2:30—3:30。学前专家张燕在《幼儿教师常用资料包》一书中，对户外活动时间的安排为：做操和户外集体游戏时间为 10:00—10:30；户外自由活动时间为 11:05—11:20；户外集体活动时间为 15:40—16:10。教师可以根据自己园所的情况加以调整。

（二）户外体育活动的场地

幼儿园的户外活动场地一般可以分为以下几个区域：大型组合运动器械区、集体运动场、沙水区、车道、投掷区、攀爬区、游戏小屋、艺术区等。每所幼儿园的区域设计不尽相同，但大致包含以上活动区域。这些活动区域的设计可以帮助幼儿在不同方面得到锻炼。

（三）户外体育活动的形式

幼儿园的户外体育活动的组织形式可以分为做操、户外集体游戏、自由游戏活动。

1. 做操

幼儿户外活动中必不可少的一项内容就是做操。做操对幼儿的发展有着重要的意义，它可以促进幼儿身体的正常生长发育以及良好身体形态的形成，并能够增强各器官系统的功能，使幼儿的动作发展得更协调、更灵敏。教师需要根据幼儿的年龄特点对体操进行编排。

幼儿园体操环节包括准备活动、队列队形练习、操节等。

（1）准备活动

准备活动主要集中在入场环节，中大班可以通过快走、慢跑等方式进行，小班可以通过模仿兔子跳、大象走等方式进场。

教师指导要点：教师要提示幼儿进场时，不推不挤，有幼儿摔倒时，要立刻停止队伍的行进，保证幼儿的安全。

（2）队列队形练习

在幼儿园做操环节，常用的队列包括稍息、立正、原地踏步走、齐步走、跑步走、一（半）臂间隔向前看齐、向左（右）看齐等。常用的队形有排成一路纵队、排成 2～4（多）路纵队、排成密集队形、排成分散队形、排成圆形或半圆形队形等。小班可以采用一个跟着一个走的形式，走圆形、方形等。中大班可以采用切段分队走、左右分队走、并队走等多种方式。

📚 **知识拓展　队列练习**

　　教师指导要点：队列练习对幼儿是比较具有挑战性的任务，需要教师进行反复的训练与指导，并要明确自己的口令。我们以大班幼儿做操队形为例进行解释。

　　幼儿站成两列纵队。口令：向前半臂间隔，向前看齐，原地踏步走（见图2-1）。

　　并排幼儿分别向左右两边分队走，单数在左，双数在右，教师可用手势进行指导。口令：左右分队走（见图2-2）。

　　左右队首带领幼儿向后转弯，走圆弧状，面对面原地踏步。口令：向后转弯齐步走（见图2-3、图2-4）。

　　四名队首幼儿向前走，分别找到一个标记站好，其他幼儿齐步跟随前进，各自找到位置后站好（一般地上会有站位的点）。口令：向前分队走、向前（左右）一臂间隔向前看齐（见图2-5、图2-6）。

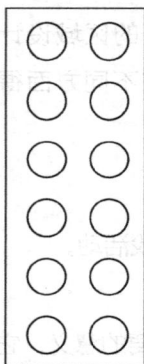

图2-1

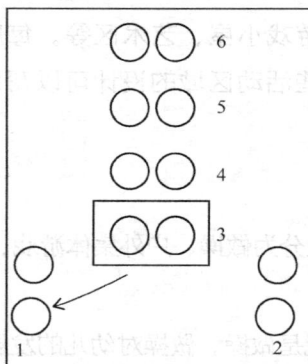

图2-2

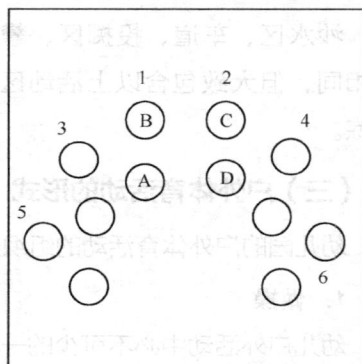

图2-3

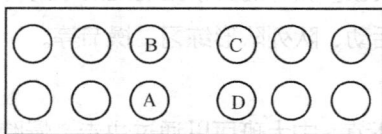

图2-4

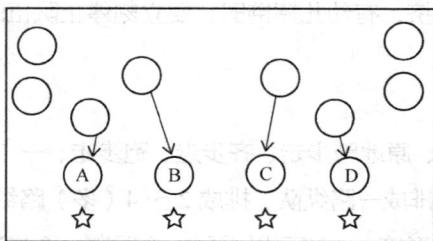

图2-5

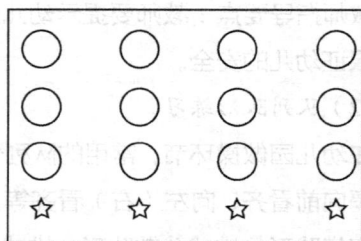

图2-6

（3）操节

幼儿园操节一般会由专职教师进行编排，从形式上看包括徒手操（武术操、模仿操、韵律操、健美操等）和轻器械操。操节基本包括上肢运动、下蹲运动、体侧运动、体转运动、腹背运动、跳跃运动，采用由上至下，运动量由小到大的规律。小班以徒手操和模仿操为主；中大班则采用徒手操和轻器械操。

教师指导要点：在指导幼儿前，同年龄班教师要进行合操练习，保证教师动作的一致与规范。教师在指导幼儿过程中，要循序渐进并不断复习，每次可以教授 1～2 个小节，在学新内容之前要对已经学习的内容进行巩固。

在做操过程中，领操教师应动作规范，配班教师应关注幼儿哪里存在问题，现场指导或者操后进行练习。

2. 户外集体游戏

户外集体游戏是以教师为主导，根据一定的锻炼目标而设定的，对游戏时间、场地、材料、规则有所规定的活动。

幼儿集体游戏种类多种多样，市面上也有很多关于幼儿集体游戏类的书籍，幼儿园教师也会根据孩子的情况自己来设计集体游戏。应该如何对游戏进行选择？我们可以从以下三个方面入手。

（1）符合幼儿现阶段发展需要

集体游戏的选择都是带有一定的发展目标的，而发展目标的制订是以幼儿的发展需要为标准的。很多教师会疑惑，如何知道班中幼儿需要发展哪方面，其实，一个很简单的标准就是参考幼儿的体能测评的结果，看幼儿在哪方面的发展需要加以关注。如果幼儿的投掷能力比较差，教师就可以组织以练习投掷为主的集体游戏，如沙包、击打目标等类型的游戏；如果幼儿的平衡能力发展一般，教师可以组织以平衡为主的集体游戏，如平衡木等。还可以根据《指南》对不同年龄阶段动作发展要达到的目标来进行活动的设计与选择。

（2）能够引发幼儿参与的兴趣

无论是选择已有的集体游戏，还是教师自主设计游戏，都要考虑到游戏的趣味性和情境性，如果只是为了目标而反复练习，会使幼儿失去参与的兴趣。如同样是练习匍匐爬的游戏，有的教师只是把幼儿分成几组，进行匍匐爬的接力，但是有的教师却将情景加入其中，如"穿越火线"，创设一个穿越障碍，发现宝藏的情景，在幼儿爬的垫子上方加入了带铃铛的网，并用平衡木当独木桥，用桌子当山岭，这样的设计不仅有趣，而且也能够使幼儿在练习匍匐爬的同时对其他动作技能进行锻炼。

（3）符合幼儿的年龄特点

幼儿在不同的年龄段可以采用不同性质的集体游戏活动。

小班：①模仿性游戏，小班幼儿乐于模仿，教师可以通过引导幼儿模仿各种小动物的动作，并加入音乐、儿歌等内容，如模仿小兔子，练习双脚向前行进跳等。②有主题情节的游戏，这种游戏有一定的情境性，有角色，有情节，如上文提到的"穿越火线"，教师可以根据幼儿年龄进行设计。③球类游戏，如接抛球等。④民间体育游戏，如老鹰抓小鸡、捉迷藏、切西瓜等游戏。

中大班：①有主题情节的游戏。到了中大班，游戏设计的环境可以更多，情节设计可以更加复杂。②竞赛性游戏。中大班幼儿开始逐渐关注游戏的结果，对竞赛类的游戏产生兴趣，从中班开始，可以开展一些竞赛类的游戏，如"老鼠偷玉米""小马运粮"等。③追逐躲闪类游戏。这类游戏对幼儿的动作灵敏性要求更高，如"丢手绢""木头人"等。④球类以及攀爬等游戏。

3. 自由游戏活动

自由游戏活动是以幼儿为主导进行的活动，幼儿可以自主选择游戏的材料、场地、玩法与规则。

在幼儿自由游戏时，教师的指导要重视以下几个方面。

一是教师要保障幼儿有充分游戏的时间。一般来说，一天之中，幼儿自由游戏时间要能够达到一个小时。有研究发现，游戏时间太短，如进行角色游戏，常常是刚刚做好准备开始游戏，幼儿就得进行结束整理，或者根本没机会准备而放弃这个游戏，幼儿在 30 分钟的游戏时间内比 15 分钟的游戏时间内更可能进行社会戏剧性和建构性游戏。

二是为幼儿提供充足、多样的游戏材料。游戏材料是幼儿游戏的载体，游戏材料不仅丰富了幼儿游戏的形式和内容，还可激发其游戏动机和游戏构思。对于小班幼儿游戏材料的投放，尤其要保障数量的充足，保证人手一个。中大班游戏水平逐渐上升，我们更要投放丰富的游戏材料。

三是对幼儿游戏进行适时的介入。有的教师认为，既然是幼儿的自由游戏，想怎么玩就怎么玩，我只要保证幼儿的安全就可以。其实，这种观念的确是给了幼儿最大的自主空间，但是有时幼儿自由开展的游戏难以提升经验，获得发展。但同时介入不是盲目的，如幼儿不按照玩具的正常玩法进行游戏时，教师就盲目纠正与指导，可能就破坏了孩子对物品多种玩法的探索，造成想象的中断。

教师可以在以下时机进行介入：①幼儿不能够和其他的同伴在一起玩。但是如果是小班幼儿，其还处在独自游戏与平行游戏的阶段，可以不必强求。②幼儿不能很好地投入到自己进行的游戏之中。③幼儿一再重复过去玩过的情节，或者游戏进行下去十分困难。在介入的方法方面，教师可以采用多种方式，如以游戏者的角色加入到幼儿的游戏之中，为幼儿提供新的游戏材料，将幼儿加入到同伴群之中等多种方式，需要教师根据情况进行选择。

（四）户外体育活动指导要点

组织幼儿开展户外体育活动时，教师要对幼儿的游戏、安全进行关注与指导，以下内容是教师组织户外活动时需要进行关注的一些要点环节。

1. 户外体育活动前

（1）组织幼儿进行一次集体如厕，指导幼儿穿好便于运动的衣服，将容易发生危险的配饰取下。

（2）排队上下楼时教师一前一后，关注幼儿的安全，提示幼儿不要推挤、不要触摸墙面，如有幼儿摔倒马上停止前进。

（3）对户外游戏器械与游戏材料进行安全检查，看有无破损、弯曲、松动等情况，排除安全隐患。

（4）根据天气情况选择幼儿活动场地，如冬季选择阳光充足、远离风口的位置，雾霾天尽量在室内活动。

（5）活动开始前，带领幼儿进行准备活动，教师可以带领幼儿跟随音乐来活动身体各个关节。

2. 户外体育活动中

（1）做操环节，教师领操动作应标准、一致。

（2）进行集体游戏时，教师应生动有趣地对游戏内容与规则进行讲解，可以请 1～2 名幼儿先来进行示范。

（3）幼儿在玩大型器械时，教师要注意站位，保证幼儿安全，如滑梯口、秋千、攀爬架等位置。

（4）玩大型器械时人数以 10～15 人为宜，如果班级人数较多，可以分组进行。

（5）自由活动时，教师应为幼儿提供丰富多样的游戏材料，以 5～7 种为宜，并保证数量充足。

（6）教师在户外活动时应全程关注幼儿的活动，不聊天、不看手机。

（7）关注幼儿的游戏情况，对幼儿活动的活动量、情绪进行适宜的调控。如果幼儿出汗量过多或者情绪过于激动，可以引导其休息一下或者进行比较安静的活动。

（8）配班教师应关注个别幼儿的活动情况，对体弱儿、生病儿特别关注，及时处理幼儿磕碰等情况。如果幼儿伤势较重，不要随意挪动幼儿，请医生前来救治。

（9）引导幼儿关注安全，如躲开带刺的植物，不捡玻璃、钉子等危险品，不远离集体，玩跳绳时和其他小朋友保持距离等。

（10）引导幼儿有身体不适或者有异常情况时及时向教师汇报。

（11）游戏结束后能够主动收整游戏材料。

（12）活动结束后，教师带领幼儿进行放松活动。

3．户外体育活动后

（1）带领幼儿回班之前，教师要再一次清点幼儿的人数。

（2）检查幼儿有无受伤情况，有无带危险品回班，有无遗忘衣物。

（3）回班后先洗手，稍作休息之后再组织集体喝水。

（4）引导幼儿分享户外活动的收获，如"今天去了哪里""玩了什么游戏，怎么玩的""你发现了什么新玩法""有什么有趣的事情"。

（5）教师可以对幼儿户外表现进行总结，并提出应该注意的问题。

三、户外体育活动常见问题及对策

户外之惑——安全与发展

幼儿活泼好动、乐于冒险，十分喜欢参加户外活动，但是幼儿的安全意识较差、运动能力不够成熟，经常会发生一些意外事故，因此，户外活动的安全成为教师放在首位的事情。户外体育活动在开展的过程中，一些小的磕碰在所难免，但是很多家长对于幼儿的磕碰显得过于焦虑，过于追究教师的责任，使得教师在开展活动过程中变得小心翼翼、畏首畏尾，一心想着如何保证安全，导致活动的开展缺少了挑战性，降低了运动量，这又难以促进幼儿的发展。如何找到幼儿发展与安全之间的平衡点成为教师需要考虑的一个十分重要的问题。作为教师，我们可以从以下几个方面进行努力和尝试。

1．消除安全隐患，保障幼儿安全

游戏设施问题是幼儿意外伤害发生的一个重要原因。幼儿园要选购正规厂家生产的游戏设施，并对游戏器械进行定期的维修与保养。作为教师，我们可以做的是在幼儿游戏前对游戏设施进行细致的检查，如检查是否存在弯曲、折断、老化、松动、冒刺等情况，发现问题及时向相关部门汇报，并设立标志禁止使用。除了考虑游戏设施外，我们也要对幼儿进行检查，如有没有可能造成缠绕的帽衫、带子，有没有可能造成扎伤的小发卡等。

2．合理组织活动，教师密切配合

一般户外体育活动都由两名教师一起配合，主班教师在组织幼儿游戏时要将人数与游戏的难度、空间大小、幼儿的体能情况考虑进去，避免幼儿由于过于兴奋、拥挤以及过于疲劳导致危险发生。配班教师要协助关注每个幼儿的情况，了解幼儿的需求，及时发现安全隐患。

3．增强安全意识，提升自我保护能力

《纲要》指出应"密切结合幼儿的生活进行安全教育，提高幼儿的自我保护意识和能力"。在日常的生活中，教师要加强幼儿的安全教育，在幼儿户外体育活动前，强调相关的安全问题。如可以问幼儿"怎样玩滑梯才能保证我们的安全"，幼儿会说"不能跑上去"，此时教师最好是用正面的语言来进行巩固，让幼儿知道应该怎么做，如我们可以说"对，要走着上去"。其实，

幼儿有天生的自我保护意识,在活动中每一次的磕碰也会成为幼儿自我成长的一部分,越是多参加活动的幼儿,其自我保护的能力也就越强。

4. 转变家长理念,使其认识户外活动的价值

很多教师开展户外活动的阻力来自于家长的过度保护与焦虑,很多时候,幼儿的一点小磕碰都有可能会引发家长对教师和园方的指责,甚至索要赔偿,导致教师难以真正地开展有效的活动。作为教师,我们还是需要将幼儿的发展放在自身利益的前面,可以通过家长学校、培训等方法,让家长理解开展户外活动的价值;也要通过家长会、谈话等转变家长的观念;当然我们也必须正视家长的焦虑,让家长信任我们。例如,可以这样说:"孩子在游戏的时候,会有两名教师一起来照顾孩子的安全,但是在活动的时候,一些小的磕碰在所难免,不仅您心疼,老师也心疼,但正是这些经历,让孩子能够更加懂得如何保护自己的安全,也能够助力他去探索更大的可能,更好的发展。"

打打闹闹的"战争"游戏

游戏是促进幼儿生理发展与心理发展最为重要的途径,而作为其中一种——"战争"游戏普遍存在于幼儿的游戏之中。这种游戏的武器玩具既包括仿真的刀、枪、剑等玩具,也包括幼儿自制的或象征武器的其他物品。幼儿幻想自己成为超级英雄,与其他幼儿进行"武力对抗"。虽然幼儿对战争游戏有着极大的兴趣,但是部分教师与家长对这种游戏可能产生的不良影响感到担心,因此,这种游戏常常被禁止。实际上,幼儿参与"战争"游戏有其重要的价值,如果指导得当,"战争"游戏可以促进幼儿多方面的发展。

1. 幼儿"战争"游戏的价值

幼儿通过游戏对自身经验进行建构,以理解其在某发展阶段的特殊主题。"战争"游戏的价值包括以下几个方面:(1)促进幼儿社会性发展。"战争"游戏中的超级英雄等角色为幼儿提供了十分鲜明的善恶模型,对于幼儿发展是非观念起到了重要作用。(2)促进幼儿情感发展。幼儿可以按照自己的意愿创造出一个世界,是一个发泄与治愈的途径,进行"战争"游戏成为获取力量与地位的一个简单有效的方式,可以使幼儿实现愿望,掌握创伤事件,并使受压抑的敌意冲动得到发泄。(3)促进幼儿认知发展。对于游戏主题,幼儿对其有不同的理解与解释,幼儿可以发展自己的想象力与理解能力,也要解决游戏中出现的不同意见与冲突。

2. 幼儿"战争"游戏的指导建议

家长与教师对"战争"游戏心存疑虑,但是"战争"游戏对幼儿发展的意义又不容忽视,适宜的指导方式是促进幼儿在游戏中获得发展的重要途径。

(1)保证幼儿的安全

安全性是教师与家长担忧的一个重要方面,因此保证幼儿安全是重中之重,进行此类游戏通常要选择宽敞的场地,使得幼儿在跑跳中不会受伤。帮助幼儿明白向别人攻击的真实后果。与此同时,鼓励幼儿用更加安全与容易控制的方法来表达他们对暴力主题的理解,如绘画、泥塑以及讲故事，将之转换成桌面游戏也是一个十分有效的方式。

（2）与幼儿交流他们对"战争"游戏的看法

家长与教师要关注幼儿文化中正在流行什么，只有这样才知道孩子们在玩什么，讨论什么，是什么因素在影响他们，知道如何介入幼儿的"战争"游戏之中。不论是出于什么原因，当幼儿试图弄明白暴力到底是怎么一回事的时候，我们要让幼儿知道我们会在他身边帮助他。幼儿会赋予暴力独特的意义，我们要理解他们的困惑与恐惧。并且，幼儿并不可以像成年人一样能理解游戏之中与之外的暴力，我们要纠正幼儿的错误概念，帮助其理解现实与虚拟的区别。

（3）引导幼儿进行创造性的游戏

向幼儿提出开放性问题，可以避免幼儿只关注暴力的狭隘主题。我们可以问"我想知道除了杀死坏人外，还有什么办法阻止坏人干坏事呢？"或是"怎样做才能让坏人听你的话呢？"使我们的提问可以为幼儿的游戏提供新的可能性。与此同时，我们为幼儿多提供开放性的玩具（如积木、插排等），尽量少为幼儿提供高度结构化的玩具、电视节目衍生的武器玩具、超级英雄的模型，因为此类玩具有时会限制幼儿游戏的主题与形式，使得他们不断重复在电视中看到的情节。

让幼儿自己创造属于自己的超级英雄，既满足了幼儿的兴趣，又激发了幼儿的想象力与创造性，这也是引导幼儿一个重要的手段与方法。

第四节　饮水

"水是生命之源"，饮水对于幼儿的身体健康十分重要。作为人体内六大营养素之一的水，在维护幼儿身体健康方面发挥着无可替代的作用。幼儿在幼儿园是否能够主动饮水、饮水量是否适宜，会直接影响幼儿的身体情况。饮水也是家长最为关心的事情，每天入园，家长都会反复说"多喝水""老师，给孩子多喝点水"。《幼儿园工作规程》中明确指出，教师要培养幼儿主动喝水的习惯，因此饮水环节成为一日生活中十分重要的部分。下面我们来探讨一下如何科学组织饮水环节，养成幼儿主动喝水的好习惯。

一、饮水环节的幼儿常规

（1）知道喝水有益于身体健康。

（2）喜欢喝白开水，少喝或者不喝饮料。

（3）知道按时喝水。

（4）能够逐步做到主动喝水。

（5）特殊情况下能够主动多喝水。

（6）养成安静、有序喝水的习惯。

（7）能够自主倒水喝。

（8）水洒后能够及时清理。

二、饮水环节教师工作要求

（一）饮水时间及饮水量

幼儿一天单纯饮水根据年龄阶段有所不同，基本上为三岁幼儿 500 ～ 800ml，四岁以上幼儿是 400 ～ 700ml，水温保持在 30℃左右。每个幼儿园提供的口杯容量不同，教师可以在理解其容量的基础上安排幼儿的饮水量，保证每次饮水量达到 100 ～ 120ml，但这并不是绝对值，教师需要根据幼儿的身体状况进行调节。

在幼儿园，饮水环节安排的具体时间段可能不太相同，但是基本上集中在以下几个时间段。

9:00—9:20：一般是在活动区或者教育活动结束后进行饮水；

10:00 或 10:30：户外活动结束后需要适当饮水，但是不可一次性饮水量过多，防止水中毒情况的发生；

14:00—14:20：午睡起床后及时补充水分；

15:00—15:20：集体活动结束后；

16:00：户外活动结束后。

除了这几个时间段外，有以下特殊情况的幼儿需要教师督促多饮水，如生病、在空调环境下、小便发黄、出汗量大等。

（二）支持幼儿自主饮水

养成幼儿主动喝水的习惯是幼儿园常规教育的一项重要内容，但是很多时候，幼儿并不是很配合，比起没有味道的白开水，饮料对他们的吸引力更大。在教师没有关注到时，他们通常只喝一口水就将水杯放回去了。因此，教师要采取措施让幼儿了解饮水的重要性。与此同时，养成幼儿良好的饮水习惯，也需要教师提供给幼儿自主的机会与空间，我们可以通过以下几个方面的内容来支持幼儿的自主饮水。

1. 引导幼儿了解喝水的重要性

让幼儿了解喝水的重要性，光靠教师说教是很难起到作用的，我们可以通过一些幼儿可以理解的手段来帮助幼儿明白，喝水对他们有什么样的作用，如通过绘本《干杯！咕嘟咕嘟》《我爱喝水》等。我们也可以通过儿歌或者直观的小实验来帮助幼儿理解水对生命的重要性。

喝水歌

花儿没水不盛开，苗儿没水难成材。

我们没水会生病，怎能开心一起玩。

小宝贝，快快来，我们一起喝水来。

小贴士　生命之水小实验

活动目标

了解植物缺水就无法生长；

懂得喝水对身体有重要作用。

活动准备

火龙果籽、酸奶盒、水壶。

活动过程

（1）将火龙果的籽分离出来（火龙果的籽生长较快，便于观察）。

（2）在两个酸奶盒子中各种下10粒（种植环节可由幼儿进行操作）。

（3）覆上一层薄土，将两个盒子放在一起，标上1和2两个不同的标志。

（4）给1号盒子里的种子定时浇水，而2号盒子不浇水，一周后观察两者变化。

如果需要更快的实验结果，可以将两朵鲜花分别放在水里和空气中，进行对比。

指导要点

缺水的植物会停止生长或者枯萎，我们的身体也像植物一样需要很多的水分，只有多喝水才能保证我们的身体更加健康。

---

2. 鼓励幼儿自觉饮水

幼儿耳边经常萦绕着妈妈、教师"宝贝多喝水""喝一大杯水"的声音，如何让他人的叮嘱变成幼儿自主自觉的行为，是教师进行引导的一个重要方面。我们可以尝试用以下几个方式来引导幼儿自觉饮水。

（1）巧用健康牌

幼儿园的健康牌制度不仅让教师能够了解幼儿的身体状况，幼儿也会更加关注自己的身体情况。很多幼儿会说"我今天拿了小黄牌了，但是别人都是小绿牌，看来我要多喝水了"。幼儿会为了得到一个小绿牌主动去饮水。

（2）设立喝水互动墙

很多教师会在教室外设立喝水互动墙，互动墙的设计可以有很多种形式，如"我为小花浇浇水"，可以为每个幼儿做一个花朵形的不织布袋子，贴上幼儿照片，制作水滴形图案粘在吸管上，每喝一杯水就插一个水滴进去。"奔跑吧，小水滴"则更为有趣。准备一根线，线上系一个小水滴形图案，喝一杯水前进一格，比一比谁领先。这些墙面会引导幼儿多多喝水，从而获得胜利。在教室外设立墙面也可以让家长了解幼儿的饮水量。

（3）"颜色大不同"小实验

幼儿的尿液颜色通常会反映出幼儿饮水量的多少，一般正常的尿液是淡黄色，当幼儿饮水较多时，尿液会呈很浅的黄色，反之则会呈深黄色。教师可以带领幼儿开展关于尿液颜色与饮水的小实验。幼儿可以通过观察自己尿液的颜色来进行自我诊断，很多幼儿会说："老师，我的颜色浅，我喝了很多水""我的好黄，我得多喝水了"，孩子们会通过这样一种简单的方式进行自我健康的观察。

📄 **小贴士 颜色大不同**

活动目标

知道尿液颜色与饮水量有关；

能够主动饮水。

活动准备

两个消毒后的透明水瓶、颜料、清水、两个透明小瓶。

活动过程

① 入园时，收集一名幼儿的尿液（这个时候，幼儿饮水量少，尿液多呈现深黄色）。

② 下午加餐后，再次收集这名幼儿的尿液（这个时间，幼儿基本上已经喝过 3 ~ 4 次水了）。

③ 引导幼儿观察两个水瓶中尿液颜色的不同。

指导要点

活动之后，教师可以用颜料制成三种颜色（浅黄、淡黄、深黄）放入小水瓶或者小水带之中，可用其布置厕所墙面，提示幼儿对自己的尿液进行观察，及时补充水分。

---

3. 支持幼儿自主饮水

在幼儿园，教师不仅要培养幼儿自觉饮水的意识，也要在支持幼儿自主饮水的过程中发展幼儿的自理能力。在幼儿园，支持幼儿自主饮水可以通过以下两个途径。

一是提供适宜幼儿使用的饮水工具。一般幼儿园都会有专用的饮水机，水温适宜，不会有烫伤的危险，为幼儿自助饮水提供了便利。我们可以为幼儿提供小规格的水壶，一般会准备六个放置于水壶架上，对于小班幼儿，水壶中的水只需盛放 2/3，这样水壶比较轻，方便幼儿自己倒水、饮水。与此同时，我们还应为幼儿提供专用擦水布，水洒后幼儿可以及时清理。

二是通过值日生制度引导幼儿自主饮水。在值日生工作中，有一项很重要的内容就是接水、放水壶以及指导幼儿足量饮水等。我们为值日生提供带有轮子的水壶架，方便其接水工作，通常也会有一个值日生负责为其他幼儿放水壶，供应幼儿饮水。我们要对值日生的工作加以鼓励，如"谢谢你们的劳动，我们才能喝上健康的白开水"。值日生同样也有指导同组幼儿喝足量水的任务。通过这些活动，幼儿不仅照顾了自己，也照顾了其他幼儿。

知识拓展　幼儿园值日生制度

《纲要》对幼儿提出了"学会做值日生工作"的教育要求。而值日生制度也对培养幼儿责任感、劳动观念及能力以及提高生活自理能力起着重要的作用。在值日的过程中，教师还可以培养幼儿的自信心以及合作意识。

幼儿园值日生的任务一般都是一些幼儿力所能及的活动，大致包括以下几部分内容。

（1）照顾动植物，包括浇水、喂食、换水、收整等。

（2）接水、放水壶以及指导幼儿足量饮水等。

（3）餐前值日，包括擦桌子、发放残渣盘及抹布盘、发筷子、拉椅子、撸袖子等。

（4）餐后值日，包括收盘、擦桌子、扫地、收椅子等。

（5）其他任务，包括收整玩具、指导披衣服、指导抹油、指导刷牙等。

为值日生提供小袖标或者小标牌会让幼儿产生一种自豪感和责任感，这是教师可以采用的一个小技巧。值得注意的是，幼儿的值日不可能代替教师的工作，教师需要对幼儿参与值日的行为进行鼓励而不是过于严格的要求，以免伤害了幼儿的积极性和主动性。

4. 培养幼儿良好的饮水常规

幼儿饮水时需要有良好的常规，教师需要提示幼儿安静喝水，对幼儿在喝水时出现的说笑、打闹的行为要加以制止与纠正，防止幼儿出现呛咳等情况。幼儿在饮水过程中，有序饮水也是十分必要的，但是幼儿会经常因为谁先倒水发生争执，这时候教师可以和幼儿一起商量饮水的顺序。其实幼儿会有自己的解决方法，如利用猜拳、先来先倒或者值日生帮忙倒等方式。

三、饮水环节常见问题及对策

星期一的小黄牌

很多教师会发现，每到星期一，班里就会出现很多小黄牌，家长会告诉你"这孩子又上火了，在家不爱喝水，就喝饮料"。家长的话其实可以作为周一幼儿身体状况欠佳的一个常见原因。很多幼儿在家中真的会"缺水"，其原因大致有以下几个。

一是喝水不规律、饮水量不足。虽然很多家长会将"多喝水"作为口头禅，但是在家中，幼儿的作息不像幼儿园这样规律，也很少有家长会给幼儿规定固定的喝水时间，有时候想起来就喝，没有想起来就忘了，导致幼儿的饮水量不足。有时候家长带着幼儿出去玩，幼儿运动量大，但是喝水量却跟不上。

二是饮料代替饮水。很多家长有时候会放纵幼儿喝饮料，尤其是外出游玩和吃饭的时候，经常买瓶装饮料给幼儿。有的家长也会用果汁、奶、果珍或者其他类型的饮品代替白开水，认为这样更有营养，导致幼儿在周末的饮水量下降。

面对这种情况，教师不仅在幼儿园内要引导幼儿多补充水分，更重要的是给家长"充充电"，让家长在家中也能指导幼儿自主饮水。我们可以通过以下几个途径来帮助家长。

一是提升家长饮水健康意识。作为教育者，教师有义务帮助家长提升其教育的理念。我们要为家长普及幼儿饮水重要性的知识，可以通过在家长群发送《健康指南》或者开展健康讲座的形式，让家长知道充分饮水的重要性，避开一些饮水的误区。

二是为家长提供饮水小技巧。很多家长都头疼如何让幼儿爱上喝水，其实，很多幼儿园内的小技巧在家里也是可以使用的，如上文提到的"奔跑吧，小水滴"，爸爸妈妈和幼儿就可以比比赛，看谁可以领先，这样既有趣，又发挥了家长的示范作用。"碰杯游戏"也是幼儿很喜欢的，因为他们很想像大人一样"干杯"，爸爸妈妈可以说"为了今天放假的好日子，我们来干一杯""为了庆祝奶奶的健康，我们来干一杯吧"。

三是利用一些APP来提醒家长在固定时间让幼儿饮水。我们的手机上会有很多关于喝水提示的APP，如喝水了、WaterIn、Water Clock或者游戏化的Plant Nanny等。很多APP是支持自己设定时间的，教师可以将幼儿园的固定喝水时间告诉家长，或者设定一个大致的时间范围。如这些时间推荐设定：清晨起床后、上午10:00左右、下午15:00—16:00、晚上睡前半小时。这样帮助家长及时提醒幼儿饮水。

通过这些途径，可以让幼儿在家也能充足饮水，使其可以活力满满地迎接周一的到来。

使用水杯有困难怎么办

在幼儿园饮水环节，有时候会有个别幼儿出现饮水困难，喝得很慢，而且一喝水就洒一身，这种情况在小托班比较突出。出现这种情况的原因如下。

一是幼儿的手眼协调能力比较差，不能控制好自己的手部动作；二是幼儿注意力不集中，边玩边喝；三是杯子过大或者水量过多；四是在家中没有养成良好的生活习惯，由父母喂水或者用带吸管的水杯甚至带奶嘴的水壶喝水，导致幼儿不会使用水杯。

教师可以通过以下几个方法来帮助幼儿尽快学会正确使用水杯的方法。

一是提供更小的水杯或者接更少量的水，指导幼儿微微倾斜水杯，一小口、一小口地喝水。给予幼儿更多的时间，不要急于催促幼儿，帮助幼儿逐渐过渡。

二是在幼儿饮水时创造一个比较轻松的氛围，如播放一些轻音乐，这样既可以避免幼儿玩闹，也可以减少幼儿因为不会使用水杯产生的紧张情绪，教师可以陪着幼儿一起喝水，在旁边进行示范。

三是给予家长正确的育儿方法。在家中，家长也要为幼儿提供正常的幼儿水杯来喝水，如在家中举办一个"水壶告别会"，一家人一起和孩子的水壶告别，甚至可以幽默地说："感谢水壶先生、吸管小姐，以及我的奶嘴哥哥，感谢你们在我需要的时候出现，但是，我现在长大了，水杯小可（可以给水杯起个名字）将成为我喝水的伙伴，再见水壶。"家长当然也可以制定一个家庭集体喝水时间，爸爸妈妈和幼儿都用自己的水杯来喝上一大杯水，幼儿一定会爱上他的杯子。

这些方法都可以尝试，但是不要急于求成，教师和家长更不要在幼儿搞得一塌糊涂的时候指责他们，这样幼儿会更加紧张甚至抗拒用杯子喝水，给幼儿慢慢过渡的时间，因为幼儿也在努力适应一种新的生活方式。

第五节　如厕

如厕看似是一件小事，但是却对幼儿的身心健康有着重要的意义。弗洛伊德在人格发展的五时期中提出，肛门期会在生命的第二年出现。这一时期，幼儿学会对生理排泄的控制，这对幼儿行为符合社会要求有着重要的意义。这个时期如果过于放纵或者要求过于严格的话，幼儿会形成"肛门排泄型"或"肛门滞留型"两种不良人格。"肛门滞留型"者容易出现保守、吝啬、固执、洁癖等，并伴有一定的强迫性人格。"肛门排泄型"者容易出现不讲卫生，很少考虑别人的感受和评价，出现放纵等行为。由此可见如厕训练对幼儿发展的作用。幼儿园教师要引导幼儿学会如厕的基本技能，建立良好的如厕常规，让幼儿养成良好的排泄习惯，促进幼儿的身心和谐发展。

一、如厕环节的幼儿常规

（1）能够在幼儿园正常如厕。

（2）知道及时排便对身体健康的重要性，不憋屎、尿。

（3）有便意时，能够及时告知家长或教师或者自己及时如厕、及时排便。

（4）能够自己脱、提裤子。

（5）学会正确擦屁股的方法。

（6）大小便入池，便后冲水。

（7）有序如厕，不在厕所逗留、玩闹。

二、如厕环节教师工作要求

1. 如厕时间的安排

幼儿园对如厕时间没有强制性的规定，幼儿如果有便意就需要及时如厕，但是教师通常会在户外活动前、午睡前或者外出前组织一次如厕活动。在集体如厕时，教师要注意男孩、女孩错时如厕，对幼儿的性别认知进行引导。

2. 厕所环境的创设

很多幼儿对于在不熟悉的环境如厕会存在紧张的情绪，经常有幼儿不敢在幼儿园上厕所，导致拉裤子或者强忍便意的情况出现，这对幼儿的身体健康是极为不利的。我们可以通过打造一个清新、可爱的厕所环境，让幼儿在比较轻松、干净的环境中如厕。在幼儿刚入园时，我们也可以带领幼儿参观、熟悉厕所的环境和一些物品的使用方法。

要保持厕所空气的清新，教师要时常开窗通风或者打开排气扇。如果是坐便器，在幼儿如厕后要对坐便圈及时进行消毒、清洁，地面保持干燥。厕所中的手纸可以放在小篮子中，挂在便池隔板上，小班幼儿教师可以将手纸撕成小节，方便幼儿取用，中大班幼儿则可练习使用手纸的方法。

在厕所环境的布置上，我们可以在墙面上装饰一些可爱的卡通形象和一些提示正确如厕的照片，也可以在台面上放置一些花卉来进行环境的美化。

3. 培养幼儿良好的如厕习惯

培养幼儿良好的在园如厕习惯十分重要，由于部分幼儿对在幼儿园如厕不熟悉甚至有些紧张，或者在家中都由父母包办，导致幼儿在园如厕会出现一些不良的习惯，如憋尿、拉裤子、边玩边拉、随地小便或者不冲厕所等情况。作为教师，我们需要进行以下几方面的工作。

（1）了解班中幼儿的排便习惯

教师应提前与家长沟通幼儿在家的排便时间，然后依此提示幼儿在其习惯的排便时间排便，避免幼儿因为紧张或者玩得过于投入而产生憋尿或者拉裤子的情况。

（2）在固定时间提示幼儿如厕

教师在户外活动之前、午睡前、外出之前要提示幼儿如厕。在睡前提示幼儿如厕，尽量避免在睡觉过程中叫醒幼儿上厕所，否则会降低其睡眠的质量。

📑 **小贴士　男女分厕**

对于幼儿园是否实行男女分厕，不同的人有不同的看法，支持分厕的人认为从尊重幼儿隐私角度考虑和培养其性别意识来说，分厕是重要的；反对的人则认为幼儿正值性心理形成的第三阶段——生殖器期，在这期间若没有满足其好奇心，其好奇心就会停留在这个阶段，也有人认为分厕从安全的角度来说会存在隐患。

现实中大部分的幼儿园并没有在厕所的设计上进行划分，但是在集体如厕环节，教师们都会有意将男孩、女孩分开，进行错时如厕。

（3）开展活动消除幼儿紧张情绪

教师可以通过一些绘本，如《是谁嗯嗯在我头上》，甚至可以自己编一些小故事，如"小白兔上厕所"，讲述一只小兔由不会上厕所、尿裤子，到及时向妈妈报告要上厕所、而不再尿裤子的简单故事，来帮助幼儿明白如厕是一件很正常的事情，如果有便意就及时报告。我们也可以给上厕所起一些有趣的名字，如小便叫"小河水"，大便叫"嗯嗯"等。

（4）共同制定如厕的规则

对于中大班的孩子，他们已经有了共同协商与制定规则的能力与愿望，由他们自己制定的规则他们也会乐于遵守，教师可以和幼儿一起来制定一个厕所公约，在讨论中可能会有"上厕所时不玩""及时冲厕所""便前便后洗手""提好裤子后再出来"等一些条款，教师需要做的是和幼儿一起用他们能理解的符号或者图案将公约放置在厕所中。

4. 幼儿如厕的方法指导

幼儿如厕其实涉及幼儿很多生活自理能力的培养，如便前便后的洗手、脱裤子、擦屁股、提裤子、冲厕所等，每一个环节都需要教师进行细致的引导以及正确方法的教授。

（1）脱、穿裤子

脱裤子：在便池前两脚分开站好，抓住裤腰，向下脱到靠近膝盖的地方。女孩如果穿了裙子，脱下内裤后，将裙摆向前拢成一团，抱在怀中，再蹲下。

穿裤子：站起后，由内到外的顺序，依次提起内裤、秋裤、外裤等，将裤子的裤腰中缝对准肚脐，向上提起，整理裤子的前后、两边。

整理裤子小儿歌

便便前，把裤脱，膝盖处，不会错。
便便后，把裤穿，小裤腰，向上拉。
裤中缝，对肚脐，平平整整再出去。

（2）擦屁股

一次取手纸两节，将手纸对折，对准屁股，从前向后擦拭，擦完后将手纸扔到垃圾箱之中；再次取手纸两节，对折，从前向后擦拭，将大便藏到手纸的里面，再擦一次，将脏的手纸扔到垃圾桶之中，如此直到手纸干净为止。

女孩小便时，一次取手纸两节，将手纸对折，轻轻沾一下阴部，将脏的手纸扔到垃圾桶中。

擦屁股小儿歌

两节手纸手中拿，从前往后擦一擦。

对折一下再擦擦，小小屁股干净了。

（3）冲厕所

很多幼儿园都安装了感应装置，可以自动冲水，如果没有，教师则需要培养幼儿及时冲水的习惯。我们可以在按钮处装饰一个卡通标志，提示幼儿进行冲水，并引导幼儿在冲水后观察是否还有残留，如果有，再次进行冲洗。

冲厕所小儿歌

哗啦啦，哗啦啦，我是冲水好娃娃。

一冲二看保干净，文明习惯人人夸。

5. 幼儿如厕方法的示范

男孩小便：

（1）小便前清洗双手；

（2）两腿分开，站在小便前的刻线处（教师可以在小便池前画出一条线，使幼儿能尿到便池中）；

（3）将裤子脱下至胯处；

（4）一手扶住阴茎，对准便池中心小便（教师可以在便池中心制作一个靶心图案，引导幼儿不往便池外尿）；

（5）由内到外的顺序提好裤子；

（6）冲厕所；

（7）清洗双手。

幼儿大便：

（1）便前清洗双手；

（2）两腿分开，站在便池前；

（3）将裤子脱下至膝盖处，蹲下；

（4）大便后用手纸擦拭干净（女孩小便后用纸轻沾干净）；

（5）由内到外的顺序提好裤子；

（6）冲厕所；

（7）清洗双手。

三、如厕环节常见问题及对策

幼儿总尿裤子怎么办

在幼儿园，尤其是小托班的幼儿，在刚开始的入园阶段经常会有尿裤子的情况发生，有的幼儿甚至到了中大班也会有尿裤子的情况。对于这种情况，我们要分析幼儿尿裤子的原因再采取措施。排除疾病因素，幼儿经常尿裤子的原因大致有以下几个。

一是幼儿在新的环境感到紧张或者焦虑，想小便的时候不敢说、不敢去，导致尿裤子的情况发生。

二是幼儿对幼儿园厕所的如厕方式尚未适应，如在家中幼儿会在马桶或者便盆上如厕，但是在幼儿园变成了蹲便，导致幼儿不愿意在幼儿园排便。

三是幼儿过于投入于游戏或者活动之中，憋不住的时候才去厕所，加之幼儿对于自己大小便的控制能力较弱，来不及到厕所就会尿在裤子里。

四是幼儿的衣服不便于脱下，如裤腰过紧或者穿连体裤等，导致幼儿急于小便时脱不下裤子，则会尿在裤子里。

五是在家中幼儿没有养成自主排便的习惯，都是家长把尿或者一直穿着尿不湿，幼儿没有及时排便的意识。

六是幼儿在家的排便规律与园内不同，如幼儿在家习惯如厕的时间，但是在幼儿园却是户外活动时间，幼儿不能及时上厕所，也会造成憋尿或者尿裤子的情况。

七是教师对幼儿如厕要求过严，有时候教师会指出幼儿在不恰当的时候如厕，如在教育活动或者户外时，或者对幼儿尿裤子过于关注，因此造成幼儿如厕的紧张，更容易出现尿裤子的情况。

对于尿裤子的幼儿，我们可以通过以下一些途径来帮助幼儿。

1. 消除幼儿的紧张情绪

幼儿的紧张情绪或许来自于不熟悉的环境，或者来自于教师的态度，因此帮助幼儿放松下来是一件很重要的事情。我们可以利用绘本让幼儿学习如何在幼儿园如厕，如《超级便便书：幼儿园里上大便》就是一个不错的选择。我们也可以带领幼儿参观厕所的环境，教会他们正确的便器使用方法，对于他们偶尔的出错要有包容的态度，教师可以说："这可能跟家里的坐便器不太一样，刚开始的时候确实不太适应，我们慢慢来，多试几次你就可以做到了。"刚开始的时候，教师可以安排集体如厕，或者教师陪其进行如厕，帮助他放松下来。对于尿裤子的幼儿，教师千万不要说："天啊，你怎么又尿裤子了""真是麻烦"，这样幼儿会更加紧张，甚至尿裤子后也不敢告诉教师，而穿着湿裤子一整天。我们需要把幼儿带到一个比较私密的地方，且不需要让其他的孩子知道这件事情，我们可以说："裤子湿了，肯定不舒服，咱们换上一条干净的裤子吧""告诉你一个小秘密，当老师还是个小宝宝的时候也尿过裤子，后来我的老师告诉我想小便的时候告诉她，她会帮助我的，现在我也会帮助你的。"

2．把握幼儿排便习惯

很多幼儿在家中会有比较规律的排便时间，但是可能会与幼儿园内的活动安排相冲突，幼儿无法马上进入厕所或者玩得太投入而忘记上厕所，有时候也会在午睡的时候尿床。教师可以事前向家长了解幼儿的排便习惯，在一些时间可以对幼儿进行提醒："我们已经玩了很长的时间了，我觉得应该去上个厕所再继续。"我们也可以安排一些集体的如厕时间，如区域活动后、户外活动前、午睡前等。

3．指导家长科学教养

很多家长对如厕训练并不是很重视，部分小班的家长在家还会给幼儿把尿，到了幼儿园甚至还会给幼儿带着纸尿裤，这样对幼儿养成良好的如厕习惯是非常不利的。作为教师，我们可以通过家长会、讲座、微信群等方式，帮助家长树立正确的教养观念。例如，坐便器的家庭，可以让其买一个儿童便盆，在入园前让幼儿适应蹲着如厕。在外出时，家长也不要认为幼儿还小，随便找一个地方让其就地小便，要对幼儿说："厕所才是我们小便的地方，在这里小便会给其他人造成麻烦，你只需要坚持两分钟我们就到厕所了。"尽量让家长改正给幼儿把尿和使用尿不湿的习惯，我们可以跟家长说："培养孩子自主如厕的习惯在幼儿园是十分必要的，家长可以适当方式让孩子自己试一试，他们远比我们想象的有能力。"

被问"懵"的老师

"老师，我家孩子大便了吗？几次啊？""老师，今天我家孩子的大便是什么样的？""老师，我家孩子大便了几次啊？"，新老师经常会被这些问题问"懵"，新老师可能会想"我怎么可能天天在厕所看孩子的大便啊！""被水冲走了我也不知道。"这时候教师的回答可能就是"额，挺好的"，但这样的回答当然是不会让家长满意的。其实，家长问的问题是有意义的，教师对幼儿排便的关注也是十分有必要的。

幼儿排便的次数、颜色、质地其实可以反映出幼儿的消化情况，教师对幼儿排便正常或异常的报告，可以作为诊断幼儿身体状况的一个重要线索。所以观察幼儿的大便也是教师的一项工作任务。一般来说，幼儿正常的大便呈现的是黄色或者褐色，每天排泄 1～2 次，形状呈现圆柱状，有一定的湿润度和凝固度。异常的大便有很多种，如硬邦邦的大便、黏稠型的大便、水样型的大便、细长型的大便等，出现这种大便表明幼儿身体出现了一些情况，需要家长和教师关注。

我们不仅要关注幼儿的排便，也要引导幼儿进行自我观察，作为教师，我们可以进行以下几方面的工作。

1．及时记录幼儿排便情况

在工作中，教师可以随手准备一个小本对幼儿排便情况进行记录，以免发生遗忘等情况。在幼儿排便后，教师要记录幼儿的排便次数以及排便的情况，如果发现异常，需要向保健大夫及时报告。在离园环节，教师要主动向家长告知幼儿在园排便的情况。

2. 指导幼儿自主观察

幼儿常见的大便情况有三种：正常大便、拉稀和干燥的大便，很多教师会展示三种大便的图片，并让幼儿主动观察自己的大便，报告自己大便的情况。这可以引导幼儿对自己的身体状况进行关注，可提升其主动维持健康的兴趣与能力。

教师可以在楼道中安排一面"便便墙"，引导幼儿每一次排便之后在自己照片上插上一个代表便便图案的小图片。这样做的目的其一是引导幼儿自主观察大便，提升关注自身身体健康的兴趣，其二是方便家长在接孩子离园的时候能够对幼儿排便情况进行更加全面的了解。

3. 发布健康提示栏

教师可以根据在园观察的幼儿整体情况，在家长联系栏、班级网页、微信群发布健康小指南，如果幼儿大便干燥的比较多，就可以提示家长为幼儿多补充水分，多让其吃蔬菜、水果等。这样做不仅有利于幼儿的健康，也能够让家长体会到教师对幼儿身体情况的关注，增加彼此的信任。

幼儿园无小事，作为幼儿园教师，需要做到事事上心、及时沟通。我们的关注能够获得家长的信任，也能够帮助幼儿健康成长。

第六节　进餐

在幼儿园一日生活中，保教合一的进餐是十分重要的一个环节。

《指南》提出，"教师应帮助幼儿养成良好的饮食习惯"，要求教师应"合理安排餐点，帮助幼儿养成定点、定时、定量进餐的习惯。帮助幼儿了解食物的营养价值，引导他们不偏食不挑食、少吃或不吃不利于健康的食品；多喝白开水，少喝饮料。吃饭时不过分催促，提醒幼儿细嚼慢咽，不要边吃边玩。"可见进餐不仅是保障幼儿身体健康的基础，而且在这个环节中，教师还能够培养幼儿良好的进餐习惯以及基本的生活能力，对幼儿身心的和谐发展起重要的作用。

一、进餐环节的幼儿常规

（1）值日生进行餐前值日，并能够自觉洗净双手、穿上值日围裙。

（2）能够安静愉快地进餐，细嚼慢咽，不边吃边玩。

（3）正确使用餐具。取餐具时，双手捧碗，不将碗盘贴在衣服上，碗离桌边一手距离，盘子放在碗前面。

（4）了解食物的营养，不偏食、不挑食。

（5）进餐时不掉食，保持桌面和地面卫生。

（6）进餐后收拾食物残渣，将残渣倒进残渣盒中。

（7）餐后自觉洗手、漱口。

二、进餐环节教师工作要求

（一）进餐时间安排

幼儿园进餐时间基本安排在以下几个时间段：早餐 8:00—8:20，午餐 11:30—12:00，晚餐 16:20—16:50，不同的幼儿园在时间段上会有一些小的不同，但是基本要求两餐之间的间隔不得少于三个半小时。大部分幼儿园还会有加餐，如水果或者干果、饮品等，一般安排在上午 10:00 和下午 14:30 进餐。

【国考要点】

幼儿园两餐间隔时间不得少于（　　）小时。

答案：3.5。

（二）餐前准备

进餐前的准备活动中，主班教师和助教都会有相应的任务，其中主班教师需要组织幼儿的餐前活动，助教则会负责餐前准备，和主班教师一起分餐并指导值日生的工作。

1. 餐前安静活动的组织与指导

幼儿进餐前会有 15 ～ 20 分钟的活动时间，在这个时间段需要教师组织幼儿进行较为安静的活动，使幼儿的情绪放松、平静下来，为接下来的进餐做准备。教师的餐前安静活动可以采用以下几种形式。

（1）播报菜名

教师可以在前一天将菜谱发给一名值日生，让家长与幼儿一起查询菜谱中提供的营养。在第二天，由值日生播报今天的菜单以及其中包含的营养。这一活动可以帮助幼儿了解到不同食物的营养，对进餐产生期待与兴趣，同时也可以锻炼幼儿主动学习、获取简单信息以及增强语言表达的能力。

（2）播报今日要闻

教师可引导幼儿与家长一起收集重点新闻或者身边大事，制作成图画或者照片集，为全班幼儿进行播报。活动不是单向的而是互动的，教师可以组织幼儿就其中一个新闻进行讨论。通过要闻播报的活动，教师不仅可以引导幼儿关注身边大事、了解实时新闻，还能够在播报与讨论的过程中增强幼儿的语言表达能力与自信心。

（3）讲故事、编故事、"故事接龙"

讲故事是教师在安静活动时间最常采用的形式，但是我们可以在这个过程中增加一些教育性与趣味性的内容，比如教师可以将讲故事的权利交给幼儿，发展幼儿的语言组织能力。或者，我们可以"玩得更大"一些，比如我们可以给幼儿几个手偶甚至几个小球，让幼儿自己编故事。我们也可以玩一玩"故事接龙"，每个幼儿讲述一段，然后变成一个完整的故事。在这些活动中，幼儿的想象力会得到鼓励和发展，作为教师的你或许也会被他们的故事吸引。

（4）音乐活动

在安静活动时间进行音乐活动也是很多教师的选择，可以进行新歌曲的教授、复习以前学过的歌曲，也可以组织一些音乐游戏，让幼儿跟着音乐摆动身体，都是不错的选择。

除此之外，有的教师会选择利用这段时间完成没有完成的集体教育活动的内容、区域活动的内容，也有教师会利用这段时间来巩固幼儿的进餐常规或者组织如厕、洗手等活动。教师们可以根据需要加以选择。

2. 餐前准备

助教在主班教师进行安静活动的同时做进餐准备，需要将幼儿进餐的桌面进行消毒，协助主班教师取餐、分餐，并进行值日生指导的工作。

（1）桌面消毒

幼儿桌面消毒分为清—消—清三个程序，即教师需要用清水清洁一遍桌面，再进行消毒一次，如果使用 84 消毒液，则以 1∶200（传染病期间 1∶100）的比例进行稀释，用稀释后的液体进行消毒，间隔 20 分钟后，再次用清水擦拭一遍。

（2）取餐、分餐

在需要教师自行取餐时，教师要穿围裙、带帽子；分餐时，教师应带专用的口罩，防止污染食物。

教师分餐时，不能图省事一次性给幼儿盛过多的食物，这样会对幼儿进食造成压力，影响幼儿的食欲，也会造成食物的浪费。教师应以中量为宜，即以中等食量幼儿的标准进行分餐，也可以根据特别幼儿的需要进行单独的分餐。分餐时一般要求随取随盛。

教师要了解幼儿的食物过敏史、少数民族幼儿食物禁忌以及幼儿生病期间的特殊饮食要求，在分餐时要加以关注。

（3）值日生工作指导

助教需要提前请值日生洗净双手，带上小围裙进行值日工作，值日生在这个阶段的主要任务有发放擦桌布以及残渣盘，发放筷子盘，帮助幼儿撸袖子，拉开凳子等。值日生为每一桌发放一块叠好的擦桌布以及一个残渣盘，方便幼儿随时保持桌面的整洁；按照人数发放筷子，在活动中可以培养幼儿按双数数的能力。

（4）播放进餐音乐

在幼儿进餐前，教师可以播放进餐音乐，进餐音乐应尽量选择轻松、舒缓的类型，没有歌词的纯音乐是更好的选择。教师可以为幼儿提供不同乐器演奏的音乐，这样不仅可以营造一个轻松、愉快的进餐氛围，也可以提高的幼儿艺术欣赏能力。

（三）进餐指导

1. 有序取餐

取餐过程中要求幼儿排队，按顺序进行，教师可以通过在地面贴箭头的方式，帮助幼儿清晰取餐、就餐的路线，以免碰撞导致汤水洒出或发生烫伤的情况。幼儿取餐时要求双手捧碗，不将碗盘贴在衣服上，碗离桌边一手距离，盘子放在碗前面。

2. 安静进餐

幼儿进餐过程中是否允许说话，不同的人有不同的意见。允许幼儿进餐说话的呼声现在很高，但是在实际的教学实践，要看幼儿园具体的安排。在允许幼儿吃饭说话的时候，如果教师把控不当，很容易场面失控，幼儿无法像成年人一样，他们说起话来有时候会忘记吃饭这个正事，另外，边说边笑很容易造成呛咳。

3. 自主进餐

除了分餐环境，其他的时间我们要努力为幼儿的自主进餐创造机会，幼儿到了中、大班，就可以自己盛饭、盛汤了，教师需要做的是为幼儿提供适合幼儿使用的短把勺子，方便幼儿操作。

幼儿对于餐具的正确使用，是需要教师培养和提示的。很多幼儿因为不会使用筷子而造成了进餐的困难，教师可以在活动区制作"夹豆子"的教具，帮助幼儿在游戏中练习使用筷子。

📑 **小贴士　勺子的使用方法**

幼儿右手持勺子的上端，大拇指、食指握住勺柄将勺子的勺柄倚在中指上。

教师可以用比较有趣的方式帮助幼儿学会用勺子：让幼儿用手比划成小手枪，用小手枪捏住小勺子的上端。教师也可以用儿歌来帮助幼儿学会用勺子。

小勺子

大拇哥，二拇弟，我们一起来努力。

高个子，搭把手，小勺握在我手里。

小贴士　筷子的使用

筷子的长度最好是幼儿手长度的三倍，筷子的一端要有棱角，方便幼儿夹取食物。

筷子的正确使用方式：

（1）将两根筷尖对齐；

（2）用拇指、食指和中指轻轻将筷子拿住；

（3）拇指要放在食指的指甲旁边；

（4）无名指的指甲垫在筷子下面；

（5）拇指和食指的中间夹住筷子将其固定住；

（6）筷子后方留一厘米长；

（7）使用时只动筷子上侧。

4. 语言指导

在进餐过程中，教师要对幼儿进行随机的指导，如提示幼儿调整坐姿、干稀搭配、不挑食等，尤其要对挑食的幼儿、进餐慢的幼儿以及有特殊需要的幼儿进行指导。我们可以说："小朋友要一口饭一口菜，慢慢吃，细嚼慢咽，食物才容易消化。""今天我们吃的饭菜包含的营养小朋友给我们介绍过，咱们要当健康达人，将营养都吃进肚子里面。"对于幼儿的提示，不需要很大声，只需要让你提示的幼儿听见就可以，有时候教师的手势或者眼神关注也会起到同样的作用。

（四）餐后收整

1. 收整餐具及桌面

幼儿进餐后要自主收整。教师应指导幼儿用擦桌布将桌面残渣放置于残渣盘中，清洁桌面。将碗放在盘子上，筷子放于其上，一同拿至收碗处，将碗、盘子、筷子、勺子分开放到规定的位置。

2. 值日生工作

餐后，值日生将开始工作，值日生要做以下几个方面的工作。

（1）擦桌子。教师要准备干净的擦桌布，值日生们会进行擦桌子的工作，教师可以指导值日生用之字形的方式进行擦拭。

（2）扫地。幼儿扫地可能会漫无目的，教师要教会幼儿扫地的技巧，如可以从一个桌子腿开始，围绕桌子一圈进行打扫。

（3）摆放椅子。值日生要帮助幼儿将椅子摆放整齐。在值日生工作的同时，助教也会开始收整工作，比如送餐具、打扫活动室等。

（五）餐后散步

在幼儿午餐后，不要急于让幼儿上床睡觉，在幼儿盥洗结束后，教师要组织幼儿散步。很多教师因为时间原因，可能会忽视这个环节，但是这个环节却是十分重要的。散步能够帮助幼儿更快地消化，更舒服地午睡。在午餐散步环节，教师可以给幼儿讲故事，可以和幼儿玩词语接龙的游戏，也可以在户外观察花草树木等，一般散步时间可以在 10 ～ 15 分钟。散步后教师可以组织幼儿进行睡前活动。

三、进餐环节常见问题及对策

幼儿挑食怎么办

幼儿挑食在进餐环节是一个十分常见的现象，有的幼儿会将菜里的葱花一点儿一点儿地挑出来，有的幼儿则将肉吃完之后就准备收碗了，有的幼儿甚至为了不让教师发现，将菜故意掉在地上。这是让教师非常头疼的事情。要解决这个问题，我们要知道幼儿为什么会挑食。

总结起来，幼儿挑食的原因有如下几个。

一是家庭原因。其一是家长在家中对幼儿的饮食过于迁就，想吃什么就做什么，导致幼儿专挑自己想吃的东西；其二是家长挑食带来不良的示范作用；其三是食物单调，幼儿吃惯了或者吃腻了都会造成挑食；其四是零食过多，用餐时间不固定导致幼儿对进餐没有兴趣；其五是进餐氛围不良，导致幼儿紧张，造成挑食。

二是幼儿自身原因。幼儿身体不适也会导致挑食的情况发生。比如常见的感冒或者肠胃不适都会导致幼儿进食出现一些困难。有时候幼儿遇到一些不开心的事或者为了博得教师的关注，也会出现挑食的情况。

三是食品制作的原因。食物不能够引发幼儿的食欲，也会造成幼儿的挑食情况。

通过原因分析，我们建议教师采取以下几种方法来帮助幼儿改正挑食的习惯。

1. 营造良好的家庭进餐环境

在家中，养成幼儿良好的进餐习惯是十分重要的。教师可以指导家长通过以下方式帮助幼儿改变挑食的习惯。

（1）提供丰富多样的食材与菜品。很多家长很迁就幼儿，其想吃什么就做什么，其实多为幼儿提供更丰富的菜品也许更能满足幼儿的口味，但是很多家长都很头疼，"每天最发愁的就是给孩子做饭，不知道做点什么"。其实，有一个很简单的方法——为家长提供幼儿园食谱。幼儿园的食谱讲究营养搭配，做法简单，同时也可以让幼儿有丰富的选择，也能让幼儿更加适应幼儿园内的饮食。

（2）家长以身作则，发挥榜样作用。就是成年人，也会有爱吃的、不爱吃的，但是，家长的好恶会直接影响幼儿的选择。家长在餐桌上不要说"最不爱吃韭菜""怎么还放了姜"这类话，这样幼儿很有可能和家长一样放弃韭菜。家长可以说"今天的饭菜都很有营养，而且味道都是一级棒啊"。

（3）营造良好的进餐氛围。吃饭时间是一家人围坐在一起最温馨的时间，但是很多时候家长的不当做法会将吃饭时间变成"批斗会"，父母的拌嘴、对幼儿行为的指责，都会导致幼儿食欲的下降。在进餐时间，家长要营造一个温馨、轻松的氛围，多称赞一句美食比多批评幼儿十句更有意义。

（4）定时定点进餐，减少幼儿零食摄入量。在家中，家长要将进餐时间固定下来，并严格控制幼儿零食的摄入量，可以为幼儿提供一些水果或者坚果作为加餐，但是薯片、果冻等零食应尽量让幼儿少吃。

2．关注幼儿需要，促进幼儿饮食

幼儿出现挑食的行为时，教师要耐心询问幼儿不吃的原因，如果幼儿是因为身体不适，教师则需要给予特殊的照顾。如果是很多幼儿都出现挑食的行为，那么我们就要考虑是否所做的菜品不能够满足幼儿的口味。幼儿园的食堂也可以通过增加菜品的样式，或者将糕点做成小动物形象等手段，来增进幼儿的食欲。

3．利用有趣的活动培养幼儿进餐习惯

很多时候，面对幼儿挑食，教师可能会说这些话"必须吃光，不可以浪费食物""吃不完菜你就别玩了"，或者教师直接开始喂幼儿"咱们吃五口就送碗"。通常情况下，幼儿并不会很配合教师，或者这次吃完了下次还是老样子。教师头疼，幼儿更头疼。其实教师可以采用以下几个方法来帮助幼儿。

一是开展有关食物的教育活动。我们可以围绕食物开展一次主题活动，并在区域中设立"农家院"或者"菜市场"，让幼儿了解食物的营养，也可以在区域中模拟成年人做饭来激发幼儿的进餐兴趣。

二是与食堂联合开展活动。教师们会发现，当幼儿园开展包饺子或者做月饼的活动后，幼儿在吃自己做的食物时会很有食欲。其实，当幼儿参与到饭菜的制作过程中时，他们很愿意品尝自己的成果。教师可以组织幼儿帮助食堂阿姨洗菜或者择菜，甚至去小菜园拔几棵小油菜放在汤里，幼儿都会吃得很满足。

三是采用鼓励以及利用同伴的影响。幼儿很注重教师对自己的评价，与其说"你怎么又把菜挑出来了"不如说"你刚才在小朋友报菜名的时候知道了蔬菜的营养，相信你可以把它吃光"，或者对他旁边的同伴说"你把蔬菜都吃了，里面的营养宝宝能让你长得更高了"。当一些幼儿故意将菜倒掉的时候，教师可以说"哦，食物浪费了很可惜，但是你是无意的，老师帮你把菜再添上"。教师要让幼儿明白，这种做法是不被允许的。

四是不过分要求。即使是我们大人也会有一两种不喜欢的食物，如果幼儿只是对某一种蔬菜很抗拒的话，过于强求反而会影响幼儿的正常进餐，教师要注意把握分寸。

幼儿吃饭慢怎么办

当助教将餐具放上餐车，准备送回食堂时，一抬头发现一个幼儿的饭菜还有一半没有吃完，想想就是一件让人很挠头的事情，但是这种情况在幼儿园却很常见。很多幼儿经常吃着吃着就变成了最后一名，还有的幼儿吃饭的时候说不饿，磨磨蹭蹭不愿意吃，过了饭点又喊饿，这些都成为教师要面对的一个重要问题。幼儿为什么吃饭慢？常见的原因主要如下。

一是幼儿自身原因。其一是部分幼儿先天的生理性原因，嗓子比较细，幼儿的吞咽就会比较慢，粗一点的食物咽不下去，形成了细嚼慢咽的习惯。其二是幼儿身体不适或者心情不佳，没有胃口。其三是幼儿在吃饭的时候容易被外界干扰，注意力不集中或者饮食习惯不好，边吃边玩，速度自然就降下来了。其四是幼儿精细动作发展较慢，不会使用筷子或者勺子。

二是幼儿家庭原因。其一是家长在家中所做的食物过于精细，食物切得很小，幼儿有时候吞咽比较粗的食物就会发生困难。其二是家长过于包容幼儿的不良饮食行为，幼儿不吃的时候追着喂饭，或者纵容幼儿边吃边玩，使其对家长的依赖性过强。

三是幼儿园原因。幼儿园提供的饭菜难以咀嚼或者吃鱼等比较复杂的食物，会造成幼儿吃饭变慢。幼儿的运动量不足，难以调动食欲。教师一次性给孩子盛的饭过多，给幼儿造成压力，或者吃饭时间安排过短等，都会使得吃饭的速度下降。

在了解原因的基础上，教师可以采用以下几种方法帮助吃饭慢的幼儿。

1．培养幼儿进餐常规及技能

对于吃饭慢的幼儿，我们需要培养其进餐的基本常规及进餐技能，教师可以尝试以下几种方式。

（1）通过游戏或者借助辅助设备学习使用餐具。很多幼儿吃饭慢是因为不太会使用筷子。教师可以在活动区投放"夹豆子"的相关游戏材料，或者提供训练筷来帮助幼儿尽快学会使用餐具。

（2）去除外界干扰。幼儿容易受到外界的干扰，进餐地点应尽量安排在远离玩具柜的位置。对于易受外界影响的幼儿，教师可安排一些常规较好、吃饭较快的幼儿坐在他的身边，发挥同伴的正向作用。

（3）采用奖励激励法。当教师关注的时候，幼儿会增快吃饭的速度，孩子十分期待教师的关注。教师还可以和幼儿一起来制定一个小目标，如比昨天早吃完五分钟，当目标达到时，可以给予进步小贴画奖励等。

2．家长对幼儿进餐进行正确指导

很多家长对孩子吃饭慢不以为然，教师要让家长明白正常的细嚼慢咽是有利于身体健康的，但是如果吃饭过慢，不仅会使饭菜变凉，而且也会影响幼儿参加其他活动的时间。在家中，家长要培养幼儿良好的进餐习惯，比如禁止幼儿边吃饭边玩或者边看电视边吃饭，不给幼儿喂饭，饮食不要过于精细等。家长还可以规定一个合理的家庭进餐时间，当进餐时间过了，即使幼儿没有吃完也要结束进餐，可能很多人觉得这样是不是有一点过。当然，在幼儿园我们不会这么做，但是在家中家长不妨试一试，孩子偶尔一顿饭少吃一些并不会有太大的影响，当他体验了饿的感觉，很快就会明白吃饭太磨蹭不是一件愉快的事情。家长的说教远不如经验教训带给孩子的印象深刻，这样他们会将好好吃饭付诸行动之中。

3．教师关注幼儿需要

对于吃饭慢的幼儿，教师要加以适当的关注，比如在进餐环节，我们可以先让吃饭慢的幼儿最先进餐，给他相对比较充足的进餐时间；在分餐的时候，可以对进餐慢的幼儿采用每次少盛、盛多次的原则，不要给幼儿造成心理上的压力。

第七节　午睡

研究表明，幼儿适度的午睡有利于身体的健康，午睡不仅可以帮助幼儿恢复体力与精力，还能够提高幼儿的学习与记忆能力。《指南》提出："保证幼儿每天睡 11 ～ 12 小时，其中午睡一般应达到两小时左右。午睡时间可根据幼儿的年龄、季节的变化和个体差异适当减少。"因此，午睡也成为幼儿园一日生活中十分重要的环节，教师应为幼儿午睡提供舒适的氛围和适宜的指导。

一、午睡环节的幼儿常规

（1）知道午睡有利于身体健康，养成按时午睡的习惯。

（2）能够正确穿脱衣服、鞋袜等。

（3）睡觉时不说话、不玩闹，保持安静。

（4）入睡时可以自己盖好被子。

（5）不带异物上床。

（6）入睡时能够保持正确的睡姿。

（7）睡觉时有异常情况（如大小便、身体不适）能够及时向教师汇报。

（8）按时起床，不赖床。

（9）能够自己整理床铺。

二、午睡环节教师工作要求

（一）睡眠室环境创设

为幼儿午睡提供一个良好的环境对促进幼儿睡眠有着重要的作用与价值。幼儿园午睡环境创设包括卫生、床铺选择、墙面环境布置、室内光线、温度、湿度及空气的流通性等。

在卫生方面，《托儿所幼儿园卫生保健工作规范》中明确指出："枕席、凉席每日用温水擦拭，被褥每月曝晒 1 ～ 2 次，床上用品每月清洗 1 ～ 2 次。"幼儿园一般规定，每两周请家长将被子拿回家进行拆洗、晾晒，如果幼儿有尿床等，当天交由家长进行清洁。睡眠室地面需要每天进行清洁。在床铺选择方面，幼儿园一般都会选购硬板床，上面铺设软硬适宜的床垫。如果是木床，教师要经常检查有没有木刺的出现，以免幼儿受伤。

幼儿睡眠室在幼儿睡前应保持开窗通风，入睡时可开小缝，但不要直吹幼儿。如果天气过于炎热或者寒冷，教师应提前半小时打开空调，夏季使室温在 23℃ ～ 28℃，空气湿度保持在 30% ～ 60%，冬季使室温在 18℃ ～ 25℃，空气湿度保持在 30% ～ 80%。在幼儿睡眠时要保持室内光线适宜，尽量使用遮光性较好的窗帘。

在睡眠室的墙面环境创设方面，以温馨为宜，色彩柔和，可以装饰星星、月亮、小花小草等可以对幼儿睡眠起暗示作用的形象，也可以提供正确穿脱衣服的步骤图。

（二）睡前准备

睡前的准备工作主要包括睡前散步、睡前如厕、脱衣服及叠衣服、睡前检查、睡前安抚等一系列活动。下面我们进行一一介绍。

1. 睡前散步

在午睡前组织幼儿散步有着重要的意义。幼儿午餐后如果立即入睡，会增加胃部负担，影响肠胃消化功能，不仅不利于营养的吸收，还有可能造成大脑缺氧，严重时会导致胃内容物吸入性窒息，很多关于幼儿睡觉猝死的案例就与此有关。

睡前散步一般持续 15 分钟左右，散步的组织形式多种多样，如果天气较好，教师可以组织幼儿到户外活动，如观赏花草树木、聊一聊天等。教师也可以组织幼儿玩一些不激烈的游戏，比如走迷宫、走钢丝（一根绳随意摆放在地上）等。如果天气情况不好，可以组织幼儿在楼道里面听故事、玩词语接龙或者做手指操等。

2. 睡前如厕

在幼儿午睡前，教师需要组织一次集体如厕，这样可以避免幼儿在睡觉时尿床，也可避免睡眠的中断。

3. 脱衣服及叠衣服

午睡环节也是锻炼幼儿生活自理能力的一个良好契机，指导幼儿自主穿脱衣服不仅可以提高其生活自理的能力，也能让其体会到自主与自信带来的成就感。

下面我们就如何指导幼儿穿脱衣服进行细致的讲解。

（1）脱衣服、裤子

在幼儿脱衣服的时候，可按照从下到上的顺序，以避免幼儿着凉，即：外裤、袜子、衬裤、外套、衬衣的顺序。

脱衣服的时候，我们可以教幼儿一个简单的方法，即双手提住衣领的两端，然后从头上向前拉，再将手伸出衣袖。在幼儿能够掌握的情况下，我们可以这样进行指导：先缩手脱下一个袖子，再脱下另外一个，双手抓住衣服的领口用力向上提，就脱下来了。脱裤子时，将裤子退至膝盖处，坐下，先拽一个裤腿，再拽另外一个裤腿。

脱衣服小儿歌

小宝贝，要睡觉，衣服全部要脱掉，
下到上，不能忘。裤子脱到膝盖处，
一个一个拽出来。小袖口，往下拽，
小领口，往上提。衣服全都脱下来。

（2）叠衣服

叠上衣方法：将衣服平铺在椅子面上，将两个袖子沿着袖缝向里折（如果有帽子，将帽子折下来），最后将衣服的下面部分向上折。

叠裤子方法：将裤子的两条裤管沿裤子中缝对折，再对折，使裤腿与裤腰对齐。

叠衣服小儿歌

衣服放平整，关上两扇门，（将衣服两边对好）
左手抱一抱，右手抱一抱。（两只袖子依次放胸前）
点点头，弯弯腰，（帽子折下来，衣服对折）衣服就叠好。

叠裤子小儿歌

小小裤子展中间，裤腿兄弟心相连。
裤腰裤腿面对面，叠好裤子真能干。

4. 睡前检查

睡前检查十分重要，一是检查幼儿的身体有无异常，二是防止幼儿将异物带上床造成危险。午检的流程与晨检大体相似，即一摸、二看、三问、四查。

一摸——判断幼儿有无发热的现象，有异常者进行体温测量，如果温度超过 37.2℃ 则需送至保健医生处并联系家长。

二看——观察幼儿的脸色以及精神状态；观察咽部、手心、前胸、后背有无皮疹现象，以诊断是否患早期传染病。

三问——如有身体不适的幼儿，要问其现在的感觉或者是否还有不舒服的地方。

四查——幼儿上床不可以携带任何异物，比如幼儿经常会将发卡、小绳子、小豆子、小贴画等带到床上，这些都有可能造成危险，教师要重视这一个环节。

5. 睡前安抚

在幼儿入睡前，教师可以开展一些活动，安抚幼儿情绪，帮助其尽快入睡。在幼儿园，经常采用的方式有讲故事和播放音乐两种形式。

有研究发现，字数在 1500 字左右的睡前故事比较适宜，故事内容的选择以轻松、温馨为宜。教师可以选择自己为幼儿讲故事，如《安徒生童话》或者幼儿喜欢的绘本故事等，也可以选择故事录音，如《凯叔讲故事》等。

在幼儿入睡前播放轻松舒缓的音乐也是不错的选择，音乐要安静祥和、旋律优美，如比较经典的《摇篮曲》、班得瑞的钢琴曲等，选择幼儿熟悉的音乐更加能够促进幼儿的睡眠，我们可以向家长征集相关的音乐播放给孩子来听。

（三）睡中看护

在幼儿全部上床入睡之后，并不意味着教师可以放松下来，睡中看护是十分重要的。我们经常听到"四岁女童睡中猝死""五岁男孩睡中意外死亡"等令人伤心的新闻，很多时候如果教师能够在午睡环节加以关注，是可以避免此类情况发生的。在幼儿睡眠的过程中，教师要每隔 10 ～ 15 分钟进行一次巡视，巡视内容包括以下几个方面。

1. 检查床上有无异物

任何小的物品如果幼儿在午睡时塞入耳孔、鼻孔，都会对幼儿造成很大的危害。不起眼的小皮筋有可能缠绕在幼儿身体某个部位造成危险，衣物被褥缠绕幼儿也会产生危险，所以教师一定要对此进行检查。

2. 检查幼儿是否入睡

没有入睡的幼儿，教师可以通过拍一拍、哄一哄的方式帮助幼儿尽快入睡。

3. 调整幼儿睡姿

幼儿正确的睡眠姿势应该是右侧卧，侧卧时脊柱略微弯曲，肩膀前倾，两腿弯曲，双臂也自由放置。全身的肌肉会处于最大程度的松弛状态，能够帮助幼儿安然入睡。在睡觉时，经常有幼儿趴着睡觉或者蒙着被子睡觉，这样不利于幼儿身体健康，甚至会有窒息的危险。教师在巡视时需要帮助幼儿调整睡姿，帮其盖好被子。

4. 观察特殊幼儿体征

在午睡巡视的过程中，教师要着重观察体弱儿和患病儿的生命体征，如体温、呼吸、脸色等，并按时叫醒幼儿，这样可以及早发现幼儿身体的异常情况，采取相关措施。

（四）起床收整

起床收整包括睡眠唤醒、午检、指导幼儿穿衣、收整床铺、收拾卫生五个环节。

1. 睡眠唤醒

在起床环节，用一段舒缓的音乐唤醒幼儿是一件很美好的事情，在幼儿起床前 5 分钟，教师可以播放一段舒缓轻松的音乐，如《清晨》《爱上幼儿园》《幽默曲》等，这样可以给幼儿一个从睡眠到清醒的缓冲时间。

2. 午检

午检和睡前检查流程基本一致，在午睡后，教师要摸一下床铺，看幼儿有无出汗过多或者尿床的现象。如果幼儿午睡出汗过多，教师要及时给孩子补充水分，并报告家长。如果发现幼儿有尿床现象，教师应指导幼儿换干净衣服，并将幼儿的床铺展开晾晒，晚上离园时让家长带回家清洗。

3. 指导幼儿穿衣

在家里，部分家长为了省事基本上都会包办幼儿穿脱衣服的工作，但是如果能放手给幼儿，对于提升其生活自理能力以及劳动能力都有很大的帮助。在幼儿园对不同年龄段的幼儿会有不同的要求。比如《指南》中指出3～4岁幼儿"能在帮助下穿脱衣服或鞋袜"，4～5岁幼儿则可以"自己穿脱衣服、鞋袜，扣纽扣"，5～6岁幼儿在此基础上"会自己系鞋带"。考虑到幼儿年龄的同时，也应考虑到幼儿个体能力的差异，对能力较弱的幼儿多进行指导与帮助。

穿衣服对于幼儿来说，是挑战比较大的。在幼儿园中，教师可以开展相关的集体教育活动，让幼儿知道如何正确穿衣服，也可以在娃娃家提供道具，让幼儿练习给娃娃穿衣服，都是不错的方式。穿衣服的顺序与脱衣服相反，是从上往下的，即衬衣—外衣—衬裤—袜子—外裤。

穿套头衫的方法：先将头套进衣服，缩手钻进一个袖管，再缩手钻进另外一个袖管。

穿开衫的方法：将衣服正面朝上放在桌子上，领口对着自己。抓住领口向后甩，衣服披在身上后，一只手伸进袖口，另外一只手再伸进袖口，最后将扣子扣上或者拉上拉锁。

穿裤子、袜子的方法：坐在椅子上，两条腿伸进裤腿中，将脚露出来后，站在地上，将裤子向上提。如果是衬裤，穿袜子时将袜子口撑大，包住衬裤的裤脚。

穿套头衫小儿歌

钻山洞，头出来，钻隧道，手出来。
拽一拽，平一平，小衣服，穿整齐。

穿开衫小儿歌

抓领子，盖房子。
钻山洞，系扣子。
我们都是好孩子。

穿裤子小儿歌

兄弟俩，钻山洞，露出宝宝的小脚丫，

站起身，向上提，再与肚脐对对齐。

4. 收整床铺

中大班的幼儿是有能力收整自己的床铺的，教师可以先用 A4 纸或者毛巾来帮助幼儿学习叠被子的方法。

收拾床铺的具体方法是将被子展开，被子里冲上，将被子的长边依次折向被子的中间，再将被头、被脚向中间折，将被子放在床尾，最后用手将枕头拍平。

叠被子小儿歌

小被子，铺平整，左关门，右关门，

上关门，下关门，变成方块放脚底。

5. 收拾卫生

助教在幼儿午睡起床后，要及时开窗通风，并对地面进行清扫，尤其注意床底等卫生死角。教师也要同时检查幼儿的床及床上用品有无破损，并进行及时的修理。教师每天要对床围进行一次消毒清理。

三、午睡环节常见问题及对策

幼儿不会穿衣服怎么办

"老师，你快帮帮我""呜呜，我穿不上""老师，你看看我是不是穿反了"，每到起床环节，这样的话就会不绝于耳，起床穿衣环节也成为教师最为忙碌的时候。有的教师会很疑惑，为什么明明开展过很多活动，幼儿怎么就是学不会穿衣服呢？

实际上，如果教师仔细观察一下，就知道幼儿并不是完全没有掌握穿衣服的方法，而是在一些细节上出了问题。幼儿穿衣服常遇到的困难主要有以下几个方面：不会拉拉锁或者系扣子，分不清衣服的正反面，鞋子穿反等。

出现这些问题的原因包括几个方面：一是部分幼儿年龄较小，分不清左右；二是在家中家长的包办代替，导致幼儿能力发展较慢；三是幼儿的精细动作发展不完善，比如系扣子的时候出现困难；四是幼儿衣服本身的原因，不好区分前后和正反面。

帮助幼儿正确穿衣服，我们可以采用以下一些方法。

1. 投放相关教具，发展幼儿的精细动作

教师可以在区域中投放蒙氏教具——立体衣饰架，这个教具每个面都有不同的任务，比如拉拉锁、系各种各样的扣子、系带子等，可以练习幼儿的多种穿衣技能。教师也可以在娃娃家

投放各种小衣服，让幼儿进行练习。

2．开展教育活动，培养幼儿技能

教师可以开展认识衣服的主题教育活动，引导幼儿学会正确系扣子等。教师也可以用儿歌来帮助幼儿学会如何系扣子、拉拉锁。除此之外，也可以开展穿衣比赛，来激发幼儿学会正确穿衣的兴趣。

我们可以通过"小侦探"的游戏，来帮助幼儿分清里外面，可以让幼儿来看一看，比一比，衣服里面和外面有什么不一样。幼儿会发现衣服的里面会有商标，还会有衣服缝合处，裤子的商标位置也是裤子后面的位置等。

系扣子小儿歌

小衣襟，对对齐，扣子伸进扣眼里，
帮一帮、拽一拽，正面将扣救出来。

拉拉锁小儿歌

小衣襟，对对齐，左右铁路来并轨，
火车呜呜开上去，我的衣服真整齐。

3．家园合作，助力幼儿学习

教师应该鼓励家长放手，给予幼儿更多锻炼的机会。我们可以告诉家长培养幼儿自己穿衣服的意义，比如"让孩子自己穿衣服，不仅能发展他的自理能力，对他的精细动作发展也十分有利"。其实，有很多家长会让孩子自己穿衣服，但是在系扣子等细节方面，如果孩子完不成的话就会失去耐心，或者着急赶时间而帮着孩子做了，这样就让孩子失去了锻炼的机会。我们可以建议家长，将起床时间提前10分钟，给予孩子自主练习的机会。我们也可以建议家长，在家里开展穿衣服比赛，让孩子在玩中学。

四、巧用妙法，帮助幼儿顺利穿衣

在刚开始阶段，我们可以用一些小妙招来帮助孩子将衣服穿正确。比如我们可以在衣服的里面和裤子的前面粘上一块布贴，这样幼儿可以很方便分清里外和前后。我们也可以指导家长将一块完整的布贴剪成两半，贴在两只鞋的内侧，这样幼儿可以快速分清左右脚。如果幼儿的鞋比较难穿，我们可以在鞋后缝上一根小绳子或者圆环，这样幼儿能够很容易将鞋穿上。

幼儿中午不睡觉怎么办

在午睡环节，总有一两个"睡觉困难户"困扰着老师。有的孩子是盯着房顶默默地待上一个中午，有的孩子因为自己很无聊，所以会找临床的孩子一起玩、一起聊天，或者在床上翻来翻去，自言自语，自己不睡觉，也会影响整个班级幼儿的睡眠质量。有时候教师着急，会说"你要是再说话我就给你送小班去了""不睡觉你就不要起床了"。这种话有时候会有一些震慑的作用，但是对幼儿行为的改善是毫无效果的，甚至会对幼儿的心理造成伤害，原本温馨的睡眠时间变成了批斗会，这是非常不利于幼儿身心健康的。

对偶尔不睡觉幼儿的指导

作为教师，我们要分析幼儿不睡觉的原因是什么，才能"对症下药"。如果是幼儿偶尔一两次睡觉困难，我们可以考虑以下原因：一是身体不适或者午餐过饱没有消化，难以入睡；二是睡前活动过于激烈，导致精神过于兴奋，难以平静下来；三是有外界干扰，比如声音、光线、其他孩子的打扰等原因；四是上午活动量较少，没有睡觉的需求。

教师在面对这种幼儿的时候，可以采用以下一些方法，来帮助幼儿入睡：一是睡前散步，帮助幼儿尽快消化；二是睡前组织一些安静的活动，或者播放一些舒缓的音乐，帮助幼儿平静下来；三是反思户外活动的组织，适当增加运动量；四是排除外界干扰，睡眠时间教师应避免制造过大的音量，将幼儿床铺按照床头对床尾的方式摆放，避免相互干扰。

另外一种则是长期的"睡觉困难户"，这些幼儿在幼儿园睡觉的概率很小，可能一个学期只会睡上两三次。出现这种情况的原因，也许有以下几个：一是幼儿在家就没有养成睡午觉的习惯；二是在家中午觉时间与幼儿园不一致；三是晚间睡觉时间长，睡眠比较充足；四是在幼儿园午睡没有安全感，睡不着。

面对长期不睡午觉的幼儿，我们应该区别对待。如果幼儿在家中睡眠充足，在幼儿园不睡午觉，下午时也能保持比较旺盛的精力的话，我们可以允许幼儿不睡午觉，安排幼儿玩一些比较安静的游戏，比如拼图、看书等。

如果幼儿没有午睡，但是会没有精力，影响到下午活动的话，我们就要采取措施，帮助幼儿养成良好的午睡习惯，我们可以采用以下几种方法。

一是指导家长培养幼儿午睡习惯。在家中，家长要培养幼儿按时午睡的习惯，午睡时间尽量与幼儿园保持一致，比如在12:00—14:30之间。家长可以和幼儿一起午睡，发挥模范作用。在午睡时，家长可以为幼儿讲一些睡前故事，哼唱歌曲等。二是适当增加活动量。很多幼儿精力十分旺盛，教师可以在户外活动时间适当增加幼儿的运动量，促进幼儿的睡眠。但是在睡觉前，避免幼儿进行比较激烈的活动，以免造成兴奋过度。三是调整床铺，发挥同伴作用。将睡觉困难的幼儿和容易入睡的幼儿安排在临床的位置，这样既可以避免幼儿之间相互玩耍，也可以发挥同伴的带头作用。四是多陪伴，消除幼儿紧张情绪。教师的训斥不仅不会有作用，反而使幼儿更加紧张，教师可在幼儿身边轻抚幼儿，或者像妈妈一样拍一拍幼儿，这样可以使幼儿更加安心，能够尽快入睡。五是适当奖励。我们可以告诉幼儿，"如果你睡着了，睡眠小精灵会送给你一份惊喜"，然后教师可以在幼儿睡着时在他们枕头底下藏一些小奖品来激励幼儿午休。

第八节 特殊幼儿照料

特殊幼儿是指与正常儿童在各方面有显著差异的各类儿童。这些差异可表现在智力、感官、情绪、肢体、行为或言语等方面，既包括发展上低于正常的儿童，也包括高于正常发展的儿童。《特殊教育提升计划（2014—2016年）》指出："各地要将残疾儿童学前教育纳入当地学前教育发展规划，列入国家学前教育重大项目。支持普通幼儿园创造条件接收残疾儿童，支持特殊教育学校和有条件的儿童福利机构增设附属幼儿园（学前教育部）。"

随着融合教育的推进，有越来越多的特殊幼儿进入幼儿园，这反映了人权意识、教育公平、以儿童为中心的教育理念的进一步落实。但是随之而来的是对教师教育能力的挑战，如何让这些孩子真正融入正常幼儿的群体之中，如何对这些幼儿进行特殊的照料，都成为教师应该思考的问题。

一、幼儿园特殊幼儿照料总体情况介绍

特殊幼儿在幼儿园的比例并不高，很多特殊幼儿都会在特殊教育学校进行学习，也有部分幼儿（如自闭症、多动症）接受医院的专业矫正。特殊幼儿的照料需要教师有一定的专业知识与专业能力，部分幼儿园会有专门的特殊教育专职教师并开设特殊资源室对特殊幼儿进行照料，普通教师也会接受特殊教育的专业培训。在幼儿园比较常见的特殊幼儿一般为身体残障幼儿、自闭症幼儿以及多动症幼儿。

二、特殊幼儿照料的基本要求

1. 营造良好氛围，尊重、友善对待

在对待特殊幼儿时，我们有两个方面的要求：一是教师对特殊幼儿与正常幼儿都要公平对待或给予更多的关注；二是要营造一个互相尊重的氛围，帮助班中幼儿正确看待特殊幼儿。特殊幼儿因为某方面的缺陷，在能力方面的发展比较滞后，很多情况下会制造一些"小麻烦"，但是作为教师，我们更要对这些幼儿提供帮助，使其能够掌握基本的生活技能。很多幼儿可能会对特殊幼儿有一些不友善的行为，教师要正确引导，比如我们可以让正常的幼儿蒙上眼睛去完成一个小任务，让其体会盲童的感受，激发他们帮助特殊幼儿的热情与善意。

2. 提升专业知识，科学助力成长

对于特殊幼儿的照料，教师需要用更加专业的知识与技能，不断为自己"充电"，才能更好地助力幼儿成长。一般来说，幼儿园中都会有部分教师接受过特殊教育的专业培训，我们可

以向他们咨询。教师也可以通过阅读相关书籍、咨询专业医生来获得帮助。作为一线教师，我们也可以针对特殊幼儿开展个案研究，或者以幼儿园为单位进行相关的课题研究，更加科学有效地助力特殊幼儿的发展。

3. 努力拓展资源，形成教育合力

幼儿园要为接纳特殊幼儿提供更好的条件以及更丰富的资源，比如特殊资源活动室、无障碍校园环境的打造、更优质的特殊教育师资。作为教师，我们首先要与家庭形成家园共育的合力，教师要向家长及时汇报幼儿在园的情况，比如身体情况、情绪状况、接受的教育活动以及幼儿的进步，我们可以通过照片或者小视频来进行记录，这样可以方便家长获得幼儿在园的真实情况，为治疗提供线索。教师也要向家长了解幼儿在家的情况以及接受治疗的情况，有必要时，可以做一些辅助性的治疗。

三、不同类型特殊幼儿照料方法

大部分的特殊幼儿都会接受专业的治疗与矫正，作为教师，我们也需要掌握一些可以实现的教育手段，来帮助幼儿获得更好的发展。

1. 身体残障幼儿

身体残障幼儿一般包括盲童、聋哑儿童及肢体残障儿童。

（1）盲童

盲童由于视力原因导致其活动十分受限，其骨骼肌肉发展差、体质比较弱，这类幼儿有时会表现出孤僻、自卑、沉溺于幻想等问题。

对于盲童，教师首先应该帮助其熟悉幼儿园活动室的环境，在一些位置用一些突起指示标帮助其知道所处位置，并能够自主完成一些任务。在一些容易发生磕碰的尖角处用较软的材料包好。其次，教师应发展其听觉、触觉、嗅觉以及方位知觉的代偿能力。在幼儿园，我们可以提供一些蒙氏教具，比如布盒、嗅觉筒、音筒、压觉筒、味觉瓶、温觉板、触觉板等，也可以为幼儿提供声控娃娃、录音机等设备。最后，我们还应该让盲童有更多与同伴交往的机会，让盲童参与到游戏之中，比如"猜猜我是谁"等。

（2）聋哑儿童

聋哑儿童经常是由耳聋引发的发音障碍，在幼儿园的聋哑儿童一般借助助听器是有一定的听觉能力的。聋哑幼儿难以和正常幼儿进行言语交流，所以经常独自玩耍，内心比较压抑。

对于聋哑儿童，我们需要对其进行基本的听力及发言训练，当然这需要专业的教师或者医生的指导。比如我们可以建立一个声音角，为有残余听力的幼儿提供声音的刺激，如生活中的各种声音，喇叭声、动物叫声、门铃声；我们也可以开一个哑剧小屋，鼓励聋哑儿童用肢体来

表达自己；我们也要为幼儿提供一些能通过操作形成非言语的概念与表现、帮助其提高概括、抽象思维能力的玩具，例如一些分类、排序、表征的玩具，包括分类卡片、颜色卡、字母盒等；我们也可以发展其精细动作的能力，比如编织、刺绣等。

（3）肢体残障儿童

肢体残障儿童由于体格的缺陷导致其行动受到限制，体质比较弱，在心理方面也会出现自我中心、自卑、任性等问题。

对于身体残障幼儿最为重要的是创造一个被接纳、尊重的环境，避免残障幼儿受到他人的嘲笑。我们可以开展相关的教育活动，如模拟残障来完成某些任务，以帮助其他幼儿理解肢体残障幼儿的生活，也可以通过观看残运会等引导幼儿正确认识到尽管身体残障，也可以取得非常大的成就。其次，我们要对残障幼儿的体能加以锻炼，增强其体质，我们可以咨询医生来为幼儿配备一些有康复功用的玩具，如大矫治球、滚筒、平衡板、爬行协调器、秋千等。我们在为残障幼儿投放玩具时，尽量选择操作简单，并可以获得反馈的玩具，这样可以帮助残障幼儿克服无力感，获得内部控制点，如音乐盒、脚踏板、铃铛等。

2. 孤独症

孤独症的幼儿一般表现为三大症状，即社会交往障碍、兴趣狭窄和行为方式刻板重复。孤独症的幼儿一般会接受专门的训练和治疗，在一些幼儿园也会有教师接受孤独症的专业培训。在这里，我们主要介绍作为一名普通幼儿园教师可以实现的一些手段与方法。

（1）为孤独症幼儿创造与人交往的机会

孤独症的孩子，又被称作来自星星的孩子，一人一世界，生活在自己的世界中。因此，作为教师，为孤独症幼儿提供与他人交流与交往的机会是帮助其成长的第一步。孤独症幼儿不善言语，但是我们可以用另外一种方式来帮助孤独症的幼儿与人沟通，如图片或者绘画，为他们提供一个交流的工具。教师可以为幼儿准备一些反映生活情境的图片，例如"吃饭""上厕所"，或者代表活动的"彩笔""数字"，或者代表游戏的"滑梯""小车"等，以增进孤独症幼儿交往的意愿。

在幼儿园，我们也可以采用一些互动游戏来帮助幼儿更多地与他人交往，如"比比谁先笑""两人三足""抛接球""捉迷藏"等游戏。这些游戏都需要两人以上的共同参与，可以帮助孤独症幼儿消除游戏交往的焦虑。

（2）创造丰富的语言环境，加强语言训练

让孤独症的幼儿说话是一件困难的事情，我们首先要让幼儿在一个被接纳的、轻松的环境中开口，例如教师可以和幼儿聊一聊他感兴趣的事情，或者利用一些有趣的活动，帮助幼儿进行语言训练，例如选用一些节奏鲜明的歌谣，让幼儿跟着音乐来说一些字词，比如《问好歌》《音阶歌》等；我们也要引导幼儿用语言表达，例如"老师早上好""喝水"等；在活动中，我们也要引导孤独症幼儿与同伴交流，例如围成一圈来玩"你来比划我来猜"或者词语接龙的游戏。

（3）进行感觉统合训练

一般有条件的幼儿园都会有感觉统合训练的活动室，并会有专业教师进行指导，教师可以根据医生的建议定期带幼儿接受各种刺激训练，以帮助改进幼儿大脑处理各种感觉的功能。如果没有专门的教室，其实很多玩具和游戏都可以作为感统训练的手段，如羊角球、秋千、滚筒、抛接球、平衡木、袋鼠跳、平衡板等。

（4）培养幼儿生活自理的能力

孤独症的幼儿有时候表现比较被动，通常是教师带着幼儿一步一步地进行。例如，教师可以为孤独症幼儿准备一个表盘很大的时钟，在一些时间点上用图片来表示该做的事情，在环节转换的时候，可以用音乐进行提示，这样视觉和听觉的双重提示可以唤醒幼儿的注意。

教师要给予孤独症幼儿更多的自由，当然也需要更多的耐心，例如要求幼儿去完成一件事情，一般我们都会将全部的流程告诉正常的幼儿，但是对于部分孤独症的幼儿来说就十分困难了。对于孤独症的幼儿，我们要采取分解任务、及时反馈的小步子教学法。例如我们可以将穿衣服分解成以下几个小步子：学会区分衣服的正反面，能够自己将胳膊伸进袖子，学会拉拉锁或者系扣子。在幼儿每完成一项时，我们就要给予鼓励。

3. 多动症

注意缺陷障碍又称儿童多动综合征（hyperkinetic syndrome），简称多动症，特发于儿童学前时期，活动量多是明显症状。注意缺陷障碍表现为多动、参与事件能力差、注意力不集中，伴有学习困难和认知障碍，智力基本正常等表现的一组综合征。在幼儿园，很多幼儿似乎都表现得很"多动"，但是很多情况下只是幼儿比较活泼、顽皮，对幼儿是否是多动症或者是否有多动倾向，需要医生给予专业的诊断，教师不可以妄下结论。对于班级中的多动症幼儿，很多教师都会有些头疼，这些孩子对什么事情都难以保持注意，自控能力差，而且有时候动起来"根本停不下来"。如何来帮助多动症的幼儿获得发展，教师需要做以下几个方面的努力。

（1）强化积极行为，强调自然后果

多动症的幼儿可能会有很多问题，但是也会有很多闪光点。多动症的幼儿一天中做的事情会比其他幼儿多很多，这里会包括一些破坏性的，例如把玩具扔满地或者肆无忌惮地跑来跑去，但是也会有一些积极的行为，也许是去给花浇水或者模仿教师去拖地，教师要做的就是抓住幼儿的积极行为给予及时的强化，我们可以用口头表扬"你给花浇了水，这样可以帮助它长得更好"，我们也可以给予他小贴画，这样幼儿有时为了得到教师的反馈就知道该多做哪些事情。对于幼儿的破坏行为，我们可以采用自然后果法来进行矫正，例如如果幼儿将书撕坏了，我们就可以让他在游戏时间将书用胶带重新粘好，完成任务后才能参与其他的活动。

（2）维持幼儿注意，培养专注能力

教师在进行教育活动时，多动症的幼儿是难以维持长久的注意的，因此，教师在设计活动时应尽量加入一些兴奋点，例如游戏、音乐、肢体动作、表演等来维持多动症幼儿的注意力。在活动过程中，我们要每间隔5～8分钟来对多动症幼儿进行提问或者邀请他参与其中。在日常活动中我们也可以引导幼儿参与一些中枢神经发展的游戏，例如捡豆豆、穿珠子、分豆豆、手指游戏、在背上写字让他猜、木头人等，以培养幼儿的专注能力。

（3）合理安排活动，释放过多精力

很多教师对待多动症幼儿都采取"以静制动"的方法，想方设法让幼儿安静下来、停下来，但是这种方法反而压抑了幼儿，使其有机会时更加"闹腾"。其实，如果教师可以安排适宜的活动，让幼儿的精力有所释放，反而有利于幼儿在需要的时候"平静"下来。教师可以为多动症的幼儿安排一些小任务，比如把书摆整齐、给植物浇水，也可以安排更多的身体锻炼，比如跑步等，释放其过多的精力。

四、特殊幼儿照料的常见问题及策略

发现幼儿的异常如何向家长报告

很多时候，幼儿的异常行为容易被家长忽略，家长也许认为孩子只是有些内向，有些顽皮或者有些心不在焉等。但是在幼儿园，教师对于幼儿的认识比较客观，而且在与全班幼儿的比较过程中更容易发现幼儿的异常行为。但是有时候教师在向家长反映孩子问题的时候，家长要么不以为然，要么觉得教师对孩子有意见或者碍于面子不愿意带孩子去检查。对于这种情况，在与家长进行有效的沟通时，我们需要注意以下几个方面的问题。

1. 进行描述而不是下结论

如果教师发现一名幼儿十分好动，对什么事情都保持不了注意力，该如何向家长报告？如果教师对家长说"你家孩子可能有多动症"，这样很有可能招致家长的不满甚至投诉。没有家长会很坦然地接受"多动症"这样的评价，更何况教师又不是医生。正确的做法是向家长描述幼儿的行为，比如"这一段时间，孩子在一些方面出现了一些小状况，孩子在教育活动的时候经常跑来跑去，即使让他坐下来他也要用手戳其他的小朋友，在玩游戏的时候，他也难以真正投入进去，有时候玩一会立马又去玩了别的，在家是不是也有类似的情况？如果在家也是这样，也许我们可以带着孩子去检查一下。"

2. 邀请家长进入现场或者观看录像

有时候教师的表述也许无法让家长全面了解幼儿的情况，我们可以邀请家长来园亲自观察幼儿在园的情况，但是尽量不要让幼儿知道。这样家长可以看到孩子在活动中的表现，也可以在与其他幼儿的对比中发现孩子的异常。如果家长比较忙，我们可以在家长的允许下将幼儿典型行为进行录像，发送给家长。这样既可以帮助家长了解幼儿的情况，也可以作为医生诊断的依据。

3．尊重幼儿隐私，顾及家长感受

在向家长反映幼儿问题时，有其他家长在场的情况下可能会使该幼儿的家长心里比较不舒服，所以在跟家长反映幼儿的异常情况时，我们应尽量将家长留下来进行单独交流。在向家长汇报时，教师不要带有不耐烦或者指责的情绪，虽然孩子的异常行为可能会给教师造成麻烦，教师还是要从孩子的角度出发，比如"孩子现在的状况有些影响他正常的学习和生活"就比"孩子在活动的时候太捣乱，影响到很多人"要体贴得多。有时候家长可能会"讳疾忌医"，不愿意承认孩子的情况，作为教师，我们可以这样劝家长，"孩子现在的状况已经影响到孩子正常的学习与生活，带着孩子去医院看一看，查一查原因，如果没事，我们也可以放心，如果有一些问题，孩子小，也很容易治疗。如果有需要我们帮忙的，我们一定尽力做到。"如果家长向教师汇报了检查的结果，我们要尽量保护幼儿的隐私，并且配合幼儿的治疗。

其他家长难以接受特殊幼儿怎么办

当班级中有特殊幼儿时，教师就要面临随之而来的各种挑战，其中，其他幼儿家长的排斥就是一个问题。很多家长并不希望自己孩子班级中出现特殊幼儿，尤其是自闭症或者多动症幼儿，他们认为这些孩子会打扰自己孩子的正常学习与生活，尤其是有攻击倾向的幼儿，更会直接导致自己孩子的安全受到威胁。除此之外，很多家长认为这些孩子牵制了教师的精力，导致教师对自己孩子的关注不够。所以，很多家长对于班中的特殊幼儿是很排斥的，有时候甚至提出转班的要求，在网上也有"家长联名抵制自闭症幼儿入园"的真实案例。面对这种情况，教师既要保证特殊幼儿接受正常教育的机会，帮助其融入主流社会，也要尽量满足其他幼儿家长的需求，我们需要进行以下方面的工作。

1．介绍真实情况，打消家长顾虑

作为教师，我们要正视家长的顾虑，他们并不是在无理取闹，有特殊幼儿的存在的确会对正常的教学秩序造成一定的影响，也必然会牵制教师的精力，我们要承认这一点。即使教师隐瞒，幼儿也会向家长说"今天，某某又打我了""某某一上课就乱跑"，但是我们也要让家长知道，我们也在采取一定措施来改善这些情况。比如园方可以为有特殊幼儿的教师多配备一名助教，或者我们可以合理分工，保持对其他幼儿的关注并保障幼儿的安全。我们可以这样跟家长说："我能理解您的顾虑，我们现在也在采取措施，某某在行为上有一些问题，但是他正在接受专业的治疗，情况正在好转。在班里我们会特意安排一名教师对某某进行照顾，其他教师的正常教育活动不会受到影响，每一个孩子都会得到我们的关注。"

2．及时沟通幼儿情况，关注每名幼儿

很多家长认为特殊幼儿牵制了教师的精力，难以关注自己的孩子，但是事实上教师对每一个孩子都会兼顾。我们可以向其他家长报告幼儿的进步或者在园里的趣事，让家长感受到教师对自己的孩子用心照顾。教师不可能一天完成与所有孩子家长的交流，可以一天与2～4名幼儿家长进行简短的交流，这样两周就可以完成对全班幼儿家长的沟通。我们在沟通的时候也可

以与态度很抗拒的家长特意说一下孩子与特殊幼儿交往的情况，如"咱们的孩子和某某相处得不错，可能在此过程中有一些摩擦，但是这恰恰发展了孩子的交往技能，今天某某抢了孩子的玩具，孩子说'你如果想玩，跟我说，咱们可以一起玩，好吗'。"

3. 拓展教育资源，形成教育合力

在幼儿园两教一保的正常配置下，如果有特殊幼儿的存在，必然会牵制一个教师很大的精力，所以，我们也要努力拓展教育资源，形成合力。我们可以邀请特殊教育专业的师生进入教育现场开展研究，也可以聘请专业的特教老师进行指导，有条件的情况下我们也可以邀请特教专业的学生前来实习。我们也可以邀请医生、心理咨询师等为教师进行培训，或者对幼儿开展直接的指导。对于残障的幼儿，我们可以邀请家长或义工进入幼儿园，开展"爱心传递"等活动，共同助力幼儿的发展。

第九节　离园交接

离园交接是幼儿园一日生活中的最后一个环节，也是幼儿在园一天生活结束的标志。在这个环节，幼儿知道爸爸妈妈将会来接自己回家了，都会处于兴奋盼望的情绪之中，教师也能在这个环节之后松一口气。在离园交接时间，按次序组织幼儿离园，与家长进行良好的沟通，会为这一天的工作画上一个完美的句号。

一、离园环节的幼儿常规

（1）能够有序地进行擦嘴、漱口、如厕、洗手、整理自己的衣服。

（2）乐于参加离园前教师组织的活动。

（3）情绪积极、稳定地等待家长来接。

（4）离园时能够与老师、同伴说"再见"。

（5）跟随家长离园，不跟陌生人走。

二、离园环节对教师工作的要求

（一）离园环节活动组织

离园交接的时间一般会持续 10 ～ 15 分钟，在这段时间，幼儿的情绪会比较愉快，但是有时候幼儿过于激动会使得场面十分混乱，加上教师在最后的环节也会有些松懈，这样很容易发生一些意外。离园时间虽然短，但却是教师帮助幼儿提升经验、学会收拾整理的好时机。教师在离园环节可以组织以下活动。

1. 收拾整理

引导幼儿有序地进行擦嘴、漱口、如厕、洗手、整理自己的衣服。教师要检查幼儿的手和脸是否干净，头发是否整齐，衣服是否平整，尤其是有没有掖好裤子，这是家长十分关注的一件事情，在冬季还要提醒幼儿抹油。这些都是一些细节的东西，却是家长很关注的事情，如果一个孩子裤子是反穿着回家的，家长也许对教师一天的付出都不买账，他会觉得"你并没有关注我的孩子"。

2. 回顾总结

很多家长回去问孩子的第一句话是"今天学啥啦"，孩子有时候在幼儿园学了很多，但是他不知道怎么说或者忘记了，可能会说"啥都没学"，这样的回答家长显然是不满意的。在离园环节，我们可以和孩子坐在一起，回顾这一天所学的知识和技能。教师可以说："小朋友们，我们一起回顾一下我们学到了什么。"孩子回答比较多的是学习的内容，例如"学了唱歌""学了画画"，但是老师可以告诉孩子他们掌握了什么经验，例如"我们知道了影子与光源的关系""我们知道了如何正确叠被子""我们学会了一种画画的新形式，用线条来进行作画"。这样既复习巩固了幼儿所学的知识，也能够让家长了解幼儿在幼儿园内的学习情况。

3. 回顾与计划

在离园环节，教师可以带领幼儿回顾在幼儿园一天的表现，说一说哪里做得好，哪里需要改进，我们可以为幼儿提供计划单，可以是区域选择计划表，也可以是"我要达成的小目标"计划表，例如"明天我要睡午觉""明天我要将城堡搭完"等，这样孩子可以有对自己的反思，也对明天来园有了期望。我们也可以对值日生的工作进行表彰与鼓励。

4. 自由活动

离园环节可以让幼儿进行自由活动，包括看书、讲故事、玩桌面玩具等，教师也可以组织集体活动，例如唱歌、击鼓传花、木头人等。

5. 身体检查

在幼儿离园环节，教师要对幼儿的身体进行再次检查，例如有没有新的伤口等，这样可以及时向家长介绍幼儿的情况。

（二）与家长有效沟通

1. 家长接园

在家长接园环节，教师要关注两个方面的问题：一是接园人员，二是接园时间。

一般来说，接园的家长都是比较固定的，但是偶尔会有家长临时有事委托其他人接幼儿离园的情况出现。很多教师认为，如果平时是妈妈接，现在换成爸爸或者奶奶接是很正常的，但是也要考虑到一些特殊情况，例如离异家庭，即使是爸爸来接，也有可能出现一些令人不悦的情况。面对换人来接的情况，教师要做以下几个方面的工作：

（1）检查接园人员有无接送卡；

（2）给家长打电话，确认接园人员；

（3）让家长给教师发送短信，如"某年某月某日，×× 家长 ××，委托 ×× 接幼儿离园"，这样可以保留文字记录；

（4）如果长期由托管班教师或者其他幼儿家长接园，则家长要签订一份接园委托书交给教师。

在接园时间方面，如果家长有早接园的要求，要提前在入园环节或者打电话告知教师，以便教师帮助幼儿做好提前离园的准备工作。

2. 有效沟通

离园接待环节是家长和教师交流最多的时候，家长都希望知道幼儿在园一天的表现、发生的事情。教师要把握离园的时间，做到与家长有效沟通，共同促进幼儿的发展。离园环节可以说的内容，大致可以分为以下几个方面。

（1）报告幼儿在园表现

在与家长沟通时，我们要将幼儿的进步放在前面，如果有什么问题，可以将家长留下进行单独的沟通。当我们表扬幼儿进步的时候，很多教师会说"今天孩子表现不错""有进步"，但是家长可能会想到底哪里有进步。其实教师如果能举一个例子来说明，家长就会很开心，例如"今天可欣帮助小丽把扣子都扣上了，我们可欣精细动作发展得真不错，不仅能够照顾自己，还喜欢帮助别人，特别热心。"教师也可以通过孩子的表现，来对家长的教育进行鼓励，更好地促进家园共育，例如"今天彤彤自己用勺子吃了饭，她自己特开心，看来您在家一定是帮着孩子练来着。"

如果幼儿在园有一些欠佳的表现，我们可以让家长稍微留一下来进行谈话，但是我们不要指责孩子，而是探讨问题，并指导家长如何解决。例如"今天东东把和和推倒在地上，而且还把小丽的手挠了，是不是在家里发生了什么事情？"一般情况下，家长会告诉教师在家中发生的一些事，我们可以根据家长的描述给予一些建议，比如不要当着孩子的面争吵、不要看暴力的电视节目等。总而言之，我们谈话的目的就是解决问题。

（2）报告幼儿身体状况

幼儿的身体状况是家长十分关注的问题，尤其是生病儿与体弱儿，教师要主动报告幼儿在园的身体情况，也要向家长报告教师采取了什么措施，并给家长一些小的建议。我们可以说："今天在午睡的时候小潘咳嗽了几声，但是体温正常，下午给他多补充了水分，在家也要给孩子多喝一些水"。

如果幼儿在园发生擦伤、摔伤的情况，一定要及时向家长汇报，无论多小的伤口，都要让家长知道，并且要告诉家长教师是如何照料孩子的。例如"今天户外的时候，小东跑得太快摔了一跤，我们赶紧请保健医生看，大夫说是擦伤，不是很严重，给孩子上了药，下午时一直是助教教师照顾着，现在没什么事情了，您回家也多照顾一下。"这样家长不仅不会指责教师，他还会为教师对孩子的照顾表示感谢。

（3）报告幼儿精神状况

在离园时候，我们要向家长汇报幼儿的精神状况，例如入园时很焦虑的孩子，家长会很想知道这一天孩子怎么样，我们要先于家长的询问主动报告，例如，"今天早上孩子入园时哭了一会儿，王老师哄了哄立马就好了，这一天都和小朋友们玩得很好。"如果孩子精神状态不太好，也要向家长说明，"今天孩子情绪不是很高，区域活动的时候一个人窝在图书角，我和李老师都和孩子聊了聊，孩子说姥姥住院了，可能孩子有些担心，您回家和孩子好好聊一聊，而且咱们家人的情绪不要在孩子面前过于显露，孩子的心也是挺敏感的。"

（4）报告幼儿进餐及大小便情况

家长，尤其是小班家长对幼儿进餐以及大小便的情况是十分关注的，教师要记录幼儿的排便次数以及情况，以便向家长报告。例如，"孩子今天大便了一次，大便有一点干，注意给孩子多喝水，多吃点蔬菜、水果和粗纤维的东西。"

很多家长第一句话可能问的就是"孩子今天吃饭怎么样"，教师可以向家长汇报幼儿的食量、有无挑食的情况，使用餐具的情况。我们可以说："今天小东把菜都吃光了，饭吃了整整一碗，孩子的进餐量够了，晚上不需要加餐了。"

（5）告知幼儿园相关通知，解答家长问题

在离园环节，教师可以向家长发放通知单，如果家长有什么问题，可以将家长留下为其进行解答。

案例分析　被推倒的小东

上午的户外活动时间，小东和其他的孩子在玩脚环球，一不小心被脚环球绊倒在地上。小东自己爬了起来，王老师上去检查小东有没有受伤，发现手上擦破了一点，并不严重，便领着小东去保健医生那里上了些药，洗手的时候也由教师帮忙以免碰到伤口。

下午离园的时候，由下午班李老师负责接待，小东的家长和李老师很愉快地告别后就离开了。但是到了晚上，小东的妈妈却给李老师打来电话，说"李老师，我家孩子手上有一个小伤口，不严重，但是孩子说是别人把他推倒弄的，老师您可得好好关注我家孩子了。"李老师也不清楚发生了什么，只能应付着"好的，下次一定注意"。第二天，家长将这件事情告诉了园长，园长找老师谈了话。老师都很无奈"原本就是自己摔的，也处理了，这是要干嘛，家长也太多事了。"

思考：为什么由自己摔倒变成被推倒？为什么一点小伤会引起家长如此关注？老师的做法是否恰当？应该怎么做？

案例分析：孩子摔跤原本只是一件小事情，但是在案例中却变成了一件让家长和教师都很不愉快的事情，其实这里面包含着许多方面的问题。

1．教师本身的问题

在案例中，我们先分析王老师的做法，我们能够看出，王老师对幼儿受伤的处理很及时也很恰当，但是在与下午班教师进行交接的时候出现了问题，王老师并没有将小东手受伤的事情告诉李老师，导致李老师没有能够加以关注。

我们再来分析李老师的做法，即使没有王老师的告知，李老师在离园环节也应该对幼儿进行身体检查，向家长说明情况。而李老师在电话中的回复则是让家长认定了就是别人推倒的，将误会闹得更大了。

2．家长及幼儿的问题

在案例中，明明是自己摔倒的，小东却说是别人推的，其实这包含两种可能：一是孩子确实是记混了；二是家长的暗示，家长有时候会说"你说，别害怕，是不是谁欺负你了？"其实这不是家长挑事，而是家长育儿过于焦虑导致，生怕自己的孩子被人欺负。但是在案例中，家长的态度的确令人不愉快，没有和教师充分沟通就去找园长。

作为教师，面对这种情况我们应该怎么做？我们需要做好以下几点。

一是做好交接班工作，上午班教师一定要将幼儿的情况报告给下午班教师，这样才能让所有教师全面把握幼儿的情况。

二是引导幼儿回忆事情的经过。当孩子摔倒时，我们应该问孩子"为什么会摔倒"，这样孩子在向家长报告的时候也不会失真。

三是离园前检查幼儿的身体，任何一个小伤口都要询问原因。

四是向家长报告，不要认为小伤就不必向家长汇报，其实家长更在意的是为什么受伤，以及受伤之后有没有得到关注。在向家长报告时，我们一定要将自己做了什么告知家长。比如案例中，李老师可以这样回答："今天小东玩脚环球的时候，自己一不小心踩在球上绊倒了，手擦破了一点皮，我马上带着孩子去找保健医生上了药，医生说没有事，您不用担心。洗手的时候怕伤口沾到水，是王老师帮着洗的，回家的时候也要关注一下孩子。"这样说家长还会责怪教师吗？家长会觉得教师很关注自己的孩子，一点小伤都这么用心，家长会十分感谢教师的。

五是在不知情的情况下不要随意回复。在教师不知道真实情况的时候，不要急于道歉，这样反而弄巧成拙，其实李老师可以这样答复家长："孩子受伤了多心疼啊，现在孩子怎么样了，您说孩子被推的事情，我今天下午带班没有出现这种情况，小东平时和别的小朋友相处得都还挺不错的，我问问王老师是怎么回事，再回复您，您先好好照顾孩子。"这样回答表明了你很理解家长的感受，也向家长表明了幼儿在幼儿园不会有被欺负的情况，同时在问清楚后再回复可以避免误会的产生。

（三）离园后收整

当幼儿全部离园之后，教师要开始进入离园后的收整环节。在这一环节，教师需要进行如下工作。

（1）环境卫生收整：教师在幼儿离园后需要对环境进行收整，比如玩具的收整、物品的归位等。教师要协助保育员教师共同清洁教室卫生，比如桌面、地面、窗台、玩具柜、门把手等位置，为幼儿来园准备好干净整洁的物质环境。在离开时，要将水电门窗关好。

（2）活动材料准备：教师可以在幼儿离园后为第二天要开展的活动进行材料准备或者布置班级环境等。

（3）填写相关文档：在幼儿离园后，教师要填写好交接班本、保育员工作本等内容。

三、离园环节常见问题及对策

幼儿迟迟不愿离园怎么办

在离园的时候，总会有小朋友对幼儿园"依依不舍"，教师会经常听见这样的对话"快走吧，该回家了，我还有事呢！""不行，我还没画完。""我还要玩会再走。"甚至到了教师下班时间，还有幼儿在教室或者楼道里打闹玩耍，这样不仅家长很无奈，也会影响教师的收整和幼儿园的时间安排。

这种情况的发生比较常见，我们总结其原因大致分为以下几个方面：一是幼儿想要完成自己的任务或者作品，有时教师在离园前会给幼儿完成作品的时间，但是会有一些复杂的内容完成不了，在家长来接园时，幼儿也想将作品做完后再回家；二是幼儿在离园环节，可以没有任何限制地玩幼儿园中的器械和玩具，或者可以和小朋友更亲密地游戏，导致幼儿想在幼儿园停留更长的时间；三是幼儿在家中缺少乐趣或者玩伴，从而不愿意离开幼儿园；四是家长过于纵容，孩子说什么就是什么，无条件地听从孩子的安排；五是幼儿想和家长一起度过幼儿园的时间，因为家长的到来给了孩子更多的安全感，他们也迫切想和家长分享幼儿园的一切，这时候孩子更愿意带着家长转来转去。

作为教师，我们面对不愿离开幼儿园的幼儿既要满足其需求，又要有适当的指导，我们可以从以下几个方面入手。

一是合理安排离园活动。教师可以为幼儿提供完成作品的时间，但是时间不宜一直延续到家长接园，这样幼儿的任务突然中断，是很难让幼儿的需求得以满足的。我们要提前五分钟结束这个活动，并为幼儿准备一个"未完待续"的筐或柜子，让幼儿能够在第二天完成自己的作品。在家长接园前的一小段时间，我们尽量安排一些集体、安静的活动组织幼儿参加。

二是指导家长与幼儿进行约定。教师应该指导家长不要无原则地满足幼儿，要在尊重幼儿的基础上约定时间，比如家长可以说："我知道你很想和小朋友一起玩，但是妈妈也有工作要做，这样我们约定，在幼儿园玩 10 分钟，时间到了和妈妈回家，明天我们继续玩。"或者让孩子做一个选择，"你可以在回家之前做一件事情，我们可以读一本故事书，也可以玩 10 分钟的墙面游戏，你选择哪一个呢？"这样既可以给孩子自主的机会，满足其需求，又可以避免幼儿逗留时间过长。

三是开放幼儿园某公共区域。在幼儿园游玩的时候，由于没有教师的看管，家长在不注意的情况下就会发生危险，这样不仅会对幼儿的安全造成威胁，幼儿园也要担负相关责任。有条件的幼儿园可以选择每天开放 1～2 处游戏区，并安排教师指导，规定游戏时间，满足幼儿的游戏需求。很多幼儿园也会为幼儿提供亲子游戏区，比如图书区、棋牌区等，为亲子共享幼儿园时光提供条件，这也可以避免幼儿在楼道里打闹造成危险。

四是指导开展家庭亲子活动。幼儿在离园时，可以和家长一起游戏，但是回到家中，家长就会忙自己的事情，幼儿更愿意在幼儿园和家长一起玩。很多家长认为家里玩具没有幼儿园多，伙伴没有幼儿园多，导致幼儿不愿意回家，其实如果家长能够陪伴幼儿玩一会儿的话，他们就会十分满足。教师可以指导家长跟孩子玩一些亲子游戏或者共同阅读故事书，教师也可以为家长布置一些小任务，比如一起制作小手工，一起收集资料，一起去博物馆等，促使家长陪伴幼儿。

家长接园时秩序混乱怎么办

接园是一日生活中最易混乱的环节之一，尤其是家长开始接园的时候，孩子们会出现很多混乱的状况。有的幼儿因为十分渴望家长的到来，会跑到教室门口张望甚至跑出教室，有的幼儿则十分兴奋在教室里跑来跑去，这时候告状声音会此起彼伏"老师，他打我""老师，李伟踩凳子""老师，小东把玩具弄坏了"。这时候教师既要接待家长，又要处理这些情况，十分头疼。这种情况出现的原因一是因为幼儿马上就要见到家长，十分兴奋，二是教师分工不明确，导致幼儿没有人看管，造成混乱。

面对这种情况，教师可以采取以下几种措施来进行改善。

一是教师进行合理分工。在离园环节，两位教师要进行合理分工，主班教师负责接待家长，助教教师则要暂时放下手中的工作，组织一些安静的活动，如手指操、讲故事等。

二是组织幼儿带领的活动。有时候如果教师难以分身，可以组织一些由幼儿带领玩的游戏，比如"种莲子"或者"猜猜我是谁"的游戏，幼儿对此类游戏十分感兴趣，而且能保持秩序的稳定。

三是共同制定离园守则。教师可以与幼儿一起商讨离园时的行为准则，并用图片或者符号的方式记录下来。如果有幼儿在离园环节过于激动，对规则的破坏比较严重，教师可以和家长一起使用"自然后果法"的方式，让幼儿明白自己应该怎么做，比如幼儿在离园期间将玩具柜弄得一团糟，教师可以将家长留下来，让其收整完所有的玩具后再离开，这样幼儿才会懂得要对自己的行为负责，明白即使家长在身边，如果不弥补自己的错误，也没有办法回家。

📑 **小贴士　离园游戏集锦**

　　游戏一：种莲子

　　准备一个小球当莲子，藏在手心之中，幼儿一起念儿歌："种莲子，开莲花，莲蓬莲子送哪家，送东家，送西家，请个小朋友来看花。"藏莲子的幼儿可以请一个小朋友来猜在哪只手中。幼儿可以在这个过程中提要求，比如请坐姿漂亮的、笑得最开心的等，如果猜对，则开始新一轮的游戏。

　　游戏二：猜猜我是谁

　　一名幼儿带上眼罩站在前面，随意一名幼儿上前说一句话，说完后立马回到自己的座位上，戴眼罩的幼儿摘下眼罩猜是谁和他说话。

　　游戏三：谁是冷面王

　　两位幼儿面对面，盯着对方，可以有面部动作，但是不能说话不能笑，先笑的一方则算失败。

【本章小结】

　　《指南》指出，"幼儿的学习是以直接经验为基础，在游戏和日常生活中进行的"，《纲要》也提到"将教育内容渗透于幼儿一日生活的各项活动中"。幼儿园的一日生活对幼儿的发展有着重要的意义，幼儿在幼儿园的一日生活是其生活的重要经历，也是幼儿生命充实与展现的历程，因此教师对幼儿在园一日生活的组织安排对幼儿发展有着重要的影响。我们要发挥幼儿园一日生活的整体功能，将日常活动、保育活动与教育活动相结合，处处渗透教育，在各个环节注意幼儿身心的发展，使之成为一个有机的整体。在本章中，我们对一日生活的各个环节的安排、常规要求进行了介绍，这是我们开展教育教学的重要准备。与此同时，我们用更大的篇幅来对教师在各个环节的指导要点进行解释，并对一些在实际教学中将会面临的问题进行了分析与探讨，希望这些内容可以让新手教师更快地"上路"。

【本章思考与实训】

一、选择题

　　1. 某些教师认为幼儿进餐、午点、睡眠等是保育，只有上课才是传授知识、发展智力的唯一途径，不注意利用各环节的教育价值，这种做法违反了（　　　）。

    A. 发挥一日生活的整体功能原则   B. 实践性原则

    C. 尊重儿童原则   D. 重视年龄特点和个体差异原则

2. 对于入园初期适应困难的孩子，幼儿园教师可以（　　　）。

    A. 允许他们上半天，如中午午饭后由家长接回，再逐渐延长在园时间

    B. 多批评爱哭闹的孩子

    C. 通知家长接回孩子

    D. 要求幼儿严守幼儿园一日生活制度，按时入园离园

3.《幼儿园工作规程》规定，幼儿园每日户外活动时间不得少于（　　　）。

    A. 1 小时   B. 2 小时   C. 3 小时   D. 3.5 小时

二、简答题

1. 如何为幼儿营造舒适的睡眠环境？

2. 如何发挥一日生活的整体功能？

三、论述题

结合具体实例，解释"一日生活即教育"。

四、案例分析

    小丽是一个十分喜欢说话的孩子，有人的时候和同伴说，没有人的时候跟自己说。她的妈妈告诉老师："这孩子就是一个小唐僧，自己天天抱着玩具熊说话。"但是到了午睡的时候，老师开始头疼了，在床上的小丽还是一直在说，要么鼓捣临床的孩子，要么自己唱歌，这样也影响了其他孩子的睡眠。老师说："你要再说，晚上就住这里吧！"小丽说："不要！"停了五分钟之后又开始了哼唱。一个月中，小丽能够顺利入睡的时间也就三四天。

    问题：试分析以上案例，并提出解决问题的策略与方法。

五、章节实训

1. 实训要求

选择一个班级，设计一个符合该班幼儿发展需要的集体户外游戏。

2. 实训过程

（1）两人组成一个小组，并在活动中担任主班、配班的工作。

（2）与班级教师进行沟通，了解幼儿现阶段发展水平。

（3）结合《指南》年龄阶段的发展目标，设计活动。

（4）进行录像，并进行汇报评价。

3. 实训评价

项目		评分标准	分值	得分
目标内容	1	教育目标明确，符合该班幼儿的实际发展水平	10	
	2	能够根据目标设计活动内容，具有操作性	10	
	3	游戏形式能够切实发展幼儿体能，具有趣味性	10	
准备活动	1	进行充分的热身活动	10	
	2	对场地、器械以及幼儿服装等进行安全检查	10	
	3	根据目标选择合适的器械与玩具	10	
游戏过程	1	教师语言简练、明确，教师示范准确	10	
	2	组织形式与方法灵活多样，过渡自然，有情境性	10	
	3	适宜把握幼儿运动强度与密度，动静结合	10	
	4	能够根据幼儿的情况对活动进行调整	10	
	5	对个别幼儿进行指导与关注	10	
游戏效果	1	幼儿参与积极性高，情绪愉悦	10	
	2	活动量适宜，目标达成度较好	10	

第三章

幼儿园活动的开展与组织

本章知识结构

```
        ┌──────────────┐
        │  幼儿园活动的  │
        │  开展与组织   │
        └──────┬───────┘
   ┌───────┬───────┴───────┬───────┐
┌──────┐ ┌──────┐    ┌──────┐ ┌──────┐
│集体教学│ │区域活动│    │主题活动│ │游戏活动│
│活动   │ │      │    │      │ │      │
└──────┘ └──────┘    └──────┘ └──────┘
```

【导入案例】

大班，某个星期一早上，有个幼儿说到自己周末上超市购物的经历，马上引起其他孩子的共鸣，大家争相回忆起自己上超市的有关经历。于是，从孩子的兴趣和实际水平出发，结合大班教育目标的需要，教师设计组织了以"超市"为主题的教学活动。在接下来的几天中，教师和幼儿一起到超市参观；在教室里布置超市角，让幼儿自己担任超市售货员、收银员、顾客，开展超市游戏；和幼儿开展了"有趣的超市"的谈话活动……当谈到各自购买的食物时，有个幼儿说："我喜欢吃超市的饺子，和我奶奶做的一样好吃。"孩子们的新问题又来了："我买的东西是从哪儿来的？"……面对幼儿的新问题，教师调整自己的方案，开始新的教学设计……

问题：幼儿园的教学有什么特点？以什么形式呈现？教师和幼儿在教学中处于什么地位？除了集体教学之外，还有哪些方式呢？

【本章学习要点】

1. 集体教学活动的设计与实施；
2. 区域活动中教师的角色定位与指导策略；
3. 主题活动的方案设计与实施步骤；
4. 游戏的种类与开展。

本章重点介绍的是幼儿园的教育工作，是学前教育专业学生实习的重点内容。幼儿园的教育工作有自己的特殊性，幼儿园的"课"是由一个个有趣生动的活动构成的，不仅包括集体教学活动，也包括区域活动、游戏活动、户外体育活动等。

第一节 集体教学活动

一、集体教学活动的功能和价值

集体教学活动是指教师有目的、有计划地组织的、班级所有幼儿都参加的教育活动。

集体教学的最大优点是高效率，对一些需要学习的基本内容，由一位教师同时组织指导30位左右的幼儿进行学习，可以节约教育成本，提高效率；幼儿从生活中所获得的都是比较简单、零碎、缺乏概括和系统性的知识和技能，集体教学活动使之条理化、系统化、概括化，以促进其认识能力的发展；围绕同一内容展开的集体教学，有利于师生和同伴之间的交流互动，使同伴之间的差异成为一种资源，让大家在相互启发、相互学习的过程中体验团体生活的乐趣，培养合作精神和集体感。在集体教学中产生的是教师与幼儿的双向互动以及幼儿与幼儿之间的互动等复杂的关系网，这种复杂性正是集体教学活动的价值所在。因此，集体教学是幼儿园教学活动的最基本组织形式，也是主要的组织形式。

二、集体教学活动准备与设计

幼儿园集体教学活动设计就是我们平常所说的"备课"，是教师依据教育目标、幼儿年龄特点和教育内容，选择合适的教学方式，设计和优化教学方案，保证幼儿有效学习的一系列准备工作。它是幼儿教师每天要做的事情，也是幼儿教师的看家本领之一。它是活动的开始环节，也是活动成功的首要保证。因此，作为一名实习教师，首先要学会"备课"。活动前准备越充分，设计越具体，底气越充足。活动成功后，教师就更有自信，体验到自我价值感和对职业的认同感。那么，我们应该怎样备课呢？

（一）备幼儿

幼儿教育的最终目的是要让每一个幼儿能在自己原有水平上获得发展。因此，活动设计的首要任务是要充分了解自己本班的幼儿，注意他们的个体差异，努力做到关注每一位幼儿的成长，以促进其主动学习，这样才能达到教书育人的目的。

一般来说，幼儿教师可从以下几个方面去了解幼儿。

（1）幼儿的年龄特征、最近发展区、认知过程和学习需要。

（2）幼儿的个性差异、兴趣爱好和性格气质。

（3）幼儿的已有经验、知识水平和接受能力。

（二）备活动内容

通常幼儿园的教学内容来源于教材、主题活动以及幼儿的日常生活与游戏。从教材入手体现了教学活动的预设性。幼儿园教材种类繁多，多数幼儿园都有两套或两套以上的教材，这些教材为教师选择教学内容提供了指南，但还需教师的再次筛选、加工和设计，才能作为适合幼儿需要、促进幼儿发展的活动内容。从主题活动入手体现了教学活动的整体性。幼儿园教育内容分为五大领域，这些内容是相互联系、相互渗透的，需要教师把握各领域的教育目标和内在联系，促使幼儿全面发展。从幼儿日常生活和游戏出发，体现了教学活动的生成性。

因此，我们在选择教学内容时，要综合思考几个问题：这些内容是否正确，是否科学；哪些内容对幼儿有价值；哪些内容能被幼儿接受，跟他们的年龄特点有多大差异；哪些内容适合组织集体教学活动；哪些内容能吸引幼儿，让幼儿有兴趣去学。

　　《亲亲长颈鹿》这个故事选自小班下学期"有趣的动物"这一主题。该故事选用了小朋友生活中比较熟悉并喜欢的小兔子和长颈鹿为角色，讲述了一个长颈鹿阿姨助人为乐的故事。特别是小兔子们亲亲长颈鹿阿姨这个情节既让人觉得有趣又很符合小班幼儿的年龄特点。生活中我们也经常会看到自己班的幼儿亲亲老师的手或者脸蛋来表示他对教师的喜爱之情。又考虑到现在的幼儿大多数都是独生子女，特别是小班幼儿年龄小，个个都"以自我为中心"，缺乏友爱互助的品质，所以编者觉得这个故事既符合小班幼儿的年龄特点，又符合其现实需要。

（三）备活动目标

　　活动目标是指某一次具体活动中幼儿应获得哪些情感体验，掌握怎样的学习过程与方法，得到哪些方面的能力发展，增进哪些知识与技能等。目标是教学活动预计要达到的标准，是活动完成的结果。幼儿教学活动目标制定得恰当与否，直接影响教育内容、教育行为和教育组织形式的选择，同时也是评价和检验活动是否成功、教学是否有效的标准。因此，在活动设计中，活动目标的确立是至关重要的一个环节。

　　"好"的活动目标，一方面要求教师对活动的目标把握准确，另一方面还要求教师能够把活动目标清晰地表述出来。

　　在制定目标时，教师要考虑目标的全面性、适切性和可操作性。全面性是指要依据《纲要》中的精神，自然地渗透和涵盖知识与技能、过程与方法、情感态度、价值观等维度。适切性指的是要符合本班幼儿现有发展水平和原有经验基础，既联系幼儿的已有经验，又具有一定的挑战性。操作性则是指活动目标要具体明确，突出对幼儿创新精神和实践能力的培养。活动目标的内容和要求，在方向上要与终期目标、阶段目标相一致。活动目标要为阶段目标和终期目标服务，而终期目标和阶段目标正是通过一个个具体的活动目标落实在每个幼儿身上的。因此，在制定具体目标时，教师要根据幼儿的年龄特征和发展水平，注意由浅到深、循序渐进地提出目标，使幼儿能从具体到抽象、从直接到间接地获得经验。

　　在活动目标的表述上，要把握住以下几个方面。

　　（1）从情感与态度、能力、认知三个方面促进幼儿的发展。知识概念的学习包括所获知识的数量和种类，以及运用这些知识的能力。情感态度的学习包括兴趣、态度和价值观等方面的变化。

　　（2）站在幼儿的角度而不是教师的角度来表述目标。如运用"乐于""体验""感受""能够""探索"等词语，描述教学实施过程中和以后幼儿身上产生的行为变化而不是用"引导""帮助""培养""鼓励"等词语。

　　（3）应该是本次活动中确实想要达到的要求，即可操作可检测的目标，而不是大而空的套话。

　　（4）应该基于幼儿的年龄特点和已有的生活经验，并能促进幼儿在原有水平上的提高。

　　（5）应参照活动所属类别的总目标。

案例链接

　　1．大班社会活动"快乐的中秋节"的目标：

　　（1）了解中秋节是亲人团聚的传统节日；（认知）

　　（2）学习制作月饼的方法，体验做月饼的乐趣；（动作技能与情感）

　　（3）愿意和同伴分享自己的劳动成果。（情感）

　　点评：维度合理，体现了幼儿经验获取的完整性。

　　2．中班活动"白白的牙齿"有一条目标：

　　"养成保护牙齿的良好习惯，能坚持早晚刷牙。"

　　点评：很明显这个"习惯"的养成仅在一次教育活动中是不能培养起来的，目标自然也不可能实现。单就这条目标而言，宜调整为"了解保护牙齿的方法，懂得早晚刷牙的好处。"

（四）备重点难点

　　教学重点一般指教材中最基本、最关键的内容，主要包括基本概念和基本方法。而教学难点则是从幼儿实际出发，幼儿难以理解或领会的内容，或较抽象，或较复杂，或较深奥。难点不一定是重点，也有些内容既是难点又是重点。难点有时又要根据幼儿的实际水平来定，同样一个问题在不同班级里不同幼儿中，就不一定都是难点。

　　确定教学重点、难点是为了进一步明确教学目标，以便在教学过程中突出重点，突破难点，更好地实现教学目标，发展幼儿知识和技能，是实现有效教学的前提。

　　确定重点、难点后，还要考虑突出重点、突破难点的策略。

　　例如，应彩云老师的语言活动"藏在哪里了"的重点为：喜欢听故事，乐意与同伴玩捉迷藏的游戏。应老师就利用 PPT 猜测法，引导幼儿猜测故事的情节，有利于抓住幼儿的注意力，使其认真倾听故事，让幼儿亲身体验玩捉迷藏游戏的乐趣。而活动难点确定为尝试运用"……躲在……"或"我看到……躲在……"的句式讲述故事内容，初步迁移到生活中去。在难点突破上，应老师利用 PPT 讲述故事，引导幼儿用简单句式讲述故事内容，并以游戏捉迷藏让幼儿感受其中的快乐，同时表达出自己躲在了什么地方。

（五）活动准备

　　很多教师认为活动前的教学准备指的就是准备活动材料，其实不然。活动准备不仅仅是活动材料的投放，更是如何挖掘与内容、目标相关的各种资源，并利用这些资源达成教育目标。它还应包括幼儿经验的准备（知识、能力），学习情境的创设，课件的制作，以及教师自身经验和物质准备。活动材料的准备可以是教师准备，也可以是教师和幼儿共同准备。

案例链接

中班文学活动"秋天的颜色"

活动准备

（1）带领幼儿到公园或野外秋游，引导幼儿观察各种植物的颜色。

（2）散文的录音带。

（3）教学挂图《秋天的颜色》。

案例分析

教师在备课时，考虑"准备"这一环节时，能从幼儿认知规律出发在"带领幼儿到公园或野外秋游，引导幼儿观察各种植物的颜色"的基础上再学习散文，这样可以调动幼儿学习的积极性，使其更好地理解散文的意境、内容和情绪情感。

（六）备活动过程

整个活动过程的设计，教师应思考两个方面的问题：一是活动环节；二是各个环节的活动方式。

1. 活动环节的安排

由于各领域教育内容特点的不同，所以其组织步骤也存在差异性。就一般性而言，集体教学活动的步骤一般是由导入部分、基本部分、结束部分组成的，在这三个部分中又可以演变出唤醒、呈现、练习、巩固、结束部分等各小环节。

教学活动环节的安排有很多种方式，目前常见的有两种模式。

一种是讲授式教学模式，这是一种比较普通的教学活动模式，符合幼儿的认知发展规律，是教师直接控制教学活动过程，使幼儿从感知到达领会，再通过练习来运用所学知识或技能的一种教学程序。其环节的流程设计通常为：导入—呈现（示范）—练习—巩固（交流）—结束。

另一种为发现式教学模式，这是一种目前在幼儿园教学活动设计中积极倡导的教学活动模式。它由教师创设情境抛出问题，让幼儿通过主动体验和发现，自己寻找问题的答案，让他们在认知发生的过程中获得学习的方法。其环节的设计通常为：唤醒（设疑）—探索—交流—巩固—结束。

在步骤之间的过渡环节，教师的安排要自然，促进幼儿从低层次向高层次发展，保证活动目标的有效实现。

案例链接 1

小班语言教育活动 "藏在哪里了"

活动目标

（1）仔细观察图片寻找动物，了解角色的显著特征。

（2）大胆讲述动物朋友躲藏的位置。

（3）能和同伴一起参加游戏，体验集体游戏"捉迷藏"的快乐。

活动准备

（1）绘本 PPT；

（2）角色胸卡若干；

（3）画有背景的小伞五把。

活动过程

（1）引发孩子的兴趣。

教师："孩子们，你们喜欢玩什么呀？"（幼儿自由回答）教师："你们都有自己喜欢玩的东西，森林里的小动物们也喜欢玩游戏，他们呀最喜欢玩捉迷藏了。""捉迷藏怎么玩的？"

① 教师出示小兔躲起来的图片："看，小狐狸找到了谁？""你怎么知道是小兔。"（引导孩子说出小兔的特征）"小兔躲在哪里了？"（引导孩子说出方位）"那我们一起叫小兔出来吧。"（引导孩子大胆讲述）

② 教师出示小兔出来的图片，让幼儿体验成功的快乐。

③ 教师出示小松鼠、小鸭、大象的图片，教师："小狐狸还找到了谁？"教师根据幼儿说的答案，引导幼儿分别回答："你怎么知道是 ×× 的？""他躲在哪里了？""那我们一起叫他出来吧。"

④ 教师帮助幼儿回忆找到的小动物，教师："小狐狸很快能找到小兔、小鸭、大象他们，为什么找不到小鹿呢？"（追问：小鹿躲到哪里去了？它的角露出来了，为什么我们没有发现？小动物把小鹿的角当成了什么？）教师小结："小鹿真聪明，躲在树林里，大家把它的角当成树枝，所以找不到它。"

（2）游戏：捉迷藏教师挂好胸卡："今天我们也来捉迷藏，看我是谁呀？"（小狐狸，教师：红红的狐狸）教师："那你们也去找一个胸卡自己挂好，看看你是谁？"教师出示小伞："看这是哪里？"

① 游戏开始……（教师引导幼儿说出自己躲在哪里了，并和教师一起去找同伴）。

② 第二遍游戏，要求幼儿躲在和刚才不一样的地方。（应彩云《藏在哪里了》视频）

案例分析

整个教学过程共分四个部分：一是导入，由教师发起话题，激起幼儿的好奇心，引发幼儿听故事的兴趣；二是用 PPT 呈现故事，幼儿熟悉故事，应用简单的句式说出故事内容；三是完整地听一遍故事，巩固对故事内容的掌握；四是利用捉迷藏游戏，让幼儿亲身体验游戏带来的快乐，并表达出自己躲藏的地方，也是巩固了对句式的掌握。

案例链接 2

中班数学活动"南瓜爷爷找邻居"

活动目标

（1）对生活中常见的蔬菜感兴趣，乐意按提供的线索积极思索。

（2）观察发现图片上的线索，初步了解蔬菜的不同特征。

（3）了解"邻居"的概念。

（4）了解什么是蔬菜。

活动过程

1. 数客人

教师：今天南瓜爷爷的家里来了好多的客人（将实物图片的背面围绕南瓜爷爷排成一个圈），请你数一数一共有几位？

教师：数一圈的东西是从容易记的图形开始数。

教师：我们从正方形开始数，1，2，3，4，5……

教师：数过的东西不能再数啦。我们再数一遍看到底是多少人，先找一个东西把它记牢了，就选像鸭子的东西吧，记住数过的不能再数了。

教师：南瓜爷爷家来了七位客人，我们给他们编上号（教师逐一在每个东西旁边编上 1 ~ 7 的数字）。

2. 找邻居

片段（三）给邻居分配房子

教师：（在南瓜爷爷旁边出示三间房子）南瓜爷爷家附近有几间房子？那要找几个邻居啊？

教师：那谁和谁挤一起比较好呢？

幼儿：红萝卜和青菜，（为什么它俩挤一起？）它们一样长。（好主意！）

幼儿：南瓜爷爷和黄瓜，因为它很孤单！

教师：老师放一个土豆和黄瓜，你觉得我是怎么想的？

我这样放是有原因的。蔬菜的分法有很多，除颜色、形状、高矮，还有其他的标准，我们回去好好想一想。

案例分析

吴老师这次活动将数学与认知两大领域相整合，整个活动的展开以不断设疑、质疑和最后的留疑为主导，让幼儿在重复犯错、重复性地寻找答案，注重启发幼儿的方法，给予幼儿思考的空间，让幼儿自己想出解决办法。

2. 各环节中活动方式的采用

活动方式是指活动环境和条件、活动方法、活动形式三者的有机结合和综合体现。采用的活动方式既要适应教育内容的类型特点，又要激发幼儿对学习内容产生的浓厚兴趣，从而激起幼儿参加语言教育活动的主动性和积极性。具体应注意以下几个方面。

（1）活动环境和条件。这是指幼儿活动的空间和教具、学具、教学设备的提供，要考虑提供的内容、形式、数量、出示时间和方法等。

（2）活动方式。要保证每个幼儿基本掌握所教内容，达到预定的活动目标，要充分调动每个幼儿活动的积极性，如创设情境，以游戏的形式开展活动；观察比较，让幼儿在寻找相同和不同中获得感性的经验；提问讨论，在同伴的分享中获得经验的提升；收集调查，拓展幼儿思考的空间；实验操作，帮助幼儿验证自己的想法；分享交流，展现每个幼儿在活动中的所思所想等，教师都可根据各个活动步骤内容的需要，恰当地选择，灵活地运用。教师通常是几种方法交替使用，使活动的效果最佳。

（3）活动组织形式。集体教学活动组织形式，可以是全班或大组的集体活动（这是最常见的一种组织形式）；也可以是在教师指导下的比较松散的小组活动和个别活动，如集体活动中分组进行故事表演和个别的自由练习等。教师应根据各活动步骤、教育内容和要求，考虑比较合适的组织形式。因此，以上两种活动形式往往可以交替进行。

三、集体教学活动的组织与实施

活动设计的结果是一份完整的静态计划。而活动的组织实施，则由于幼儿的参与，成了一系列动态发展的进程。对于新教师来说，教学环境和条件都是相对陌生的，在整个活动过程中，教师需要面对很多问题，如怎样全面实施计划，如何最大限度地调动幼儿学习和发展的主动性和积极性，如何使幼儿有更多的机会参与活动，如何使全体幼儿在各种基础上发展和提高活动语言等，能否处理这一系列问题考验着新教师的教学智慧和应变能力。

（一）导入策略

导入活动的目的是吸引幼儿注意，激发他们的学习兴趣或了解幼儿原有经验，或复习旧知识为学习新知识做准备，同时又起到了顺利过渡的作用。因此精彩的导入活动是活动成功的第一步。

1. 问题导入法

这种方法是指教师设计与教学活动内容相关的问题，以激发幼儿的好奇心，引发幼儿参与活动的兴趣。例如，科学教育活动"食物哪去了"可以这样导入："我们每天都要吃很多东西，可是这些食物都到哪儿去了呢？"短短的一句话便能引发幼儿强烈的好奇心和探索欲望。中大班常用的谜语导入法也是其中的一种形式。

2. 前经验导入法

这种方法是指教师根据前期幼儿已有经验来发起活动，引发幼儿进一步参与学习的兴趣。如在小班综合活动"吹泡泡"中教师问："小朋友以前吹的泡泡是什么样的？"幼儿七嘴八舌地回答。然后教师说："老师带来了一些小朋友没有看过的有趣的吹泡泡工具，小朋友要看仔细，这些泡泡工具都是什么形状的？"教师从幼儿已有经验入手，让他们回忆"泡泡是什么样子的"，再出示工具，在幼儿原有经验之上提高引导，激起幼儿兴趣，为下面的教学奠定了基础。

3. 游戏导入法

这种方法是指教师通过游戏引发幼儿的兴趣，触动幼儿的原有经验，为活动的正式开始做好准备。如在"磁铁能吸起什么"这一活动的开始，教师可以组织幼儿玩"走迷宫"的游戏，给每组幼儿一块"迷宫板"和一个带有磁铁的舞蹈小人，让幼儿利用磁铁在板下指挥板上的小人尽快走出迷宫。游戏一开始，活动气氛显得十分活跃，一下子就把幼儿的情绪引向了高潮。

4. 演示导入法

这种方法以演示实验、操作玩具的方式激发幼儿的好奇心，使幼儿产生要了解演示中出现的各种现象及其产生原因的强烈愿望。如科学教育活动"空气"可以从演示实验开始，先同时点燃两支置于光滑平面物（如盘子）上的蜡烛，然后用一大一小两个广口瓶同时罩住蜡烛，幼儿立即发现小瓶中的蜡烛先灭，大瓶中的蜡烛后灭。这是为什么呢？这一小实验所引出的奇妙现象，立即激发了幼儿探求新知识的欲望。

提示：导入活动要根据活动目标，要针对活动的内容、特点和幼儿的实际，巧妙地设计导入方法和导语，力求精练简洁、集中概括，不说空话、废话，点到为止，切不可喧宾夺主，因此时间不宜过长，以 1 ~ 2 分钟为宜。

（二）直接指导和间接引导相结合

直接指导是教师通过语言示范、启发提问、讲解、评价等手段，直接指导幼儿的活动。间接引导则是教师通过自身语言潜移默化的影响、语言的提示、眼神或手势的暗示等手段，引导幼儿主动、积极地参与活动。教学过程中，教师应将直接教学与间接教学有机结合起来。运用直接教学方式时，教师应注意在了解幼儿的兴趣和原有经验的基础上，充分调动幼儿的情感体验，利用直观教具和材料，较多地运用启发、暗示和游戏的方法，和幼儿进行言语和非言语的多种方式的沟通，充分调动幼儿的多种感官，引导幼儿主动思考，切忌简单地灌输。

运用间接教学方式时，教师应注意灵活地协调物质环境、幼儿同伴和教师自身的关系，准确把握和抓住幼儿的兴趣所在，给予及时有效的支持。

（三）有效提问

案例分析

在大班语言活动"树真好"中，教师向幼儿提问：①小朋友都见过树吗？②见过哪些树？③树有什么作用呢？④我们是不是要爱护树木呢？

案例分析：这四个问题中有两个封闭式问题（①和④），幼儿只需回答是或不是，有两个开放式问题（②和③），但第二个问题对于幼儿来说有点困难，属于低效问题。

在教育活动中，提问是教师运用语言与幼儿进行师幼互动的最基本也是最常用的教学方法和策略。教学活动中，合理的提问能激发幼儿思维的积极性和创造性，反之则会降低教学的有效性。那么如何精心设计提问，提高提问的有效性，使其真正达到"关键之处点拨，问题之间衔接，重点之处强调，阻塞之处疏通"呢？

1. 提问要把握关键，紧扣目标

提问就是要让活动更高效地进行下去，把握关键、紧扣重点才能保持幼儿思维清晰。关键问题往往起着使教学活动达到高潮，使幼儿的学习探究活动得到最大限度拓展的作用，使幼儿的认知过程有可能发生质的飞跃。

案例分析

大班科学活动"磁铁"的重点是要引导幼儿通过实验得出数据，总结出"磁铁两头吸东西多"的结论。在实验前，教师提出了几个逐渐递进的问题。

（1）条形磁铁哪个地方吸的东西多？

（2）你怎么证明那个地方吸的东西多呢？

（3）你想怎么吸？是不是用磁铁一头这样吸就行了？

（4）怎样才能知道磁铁每个部分吸了多少？

问题（1）引导幼儿猜想，指出了探究的方向；问题（2）引导幼儿设计实验方法；问题（3）引导幼儿关注实验的准确性与公平性；问题（4）引导幼儿做记录，用数据说话，证明自己的观点。这些问题紧扣重点，层层递进，引导幼儿找到实验的方法，使实验的结果更具准确性和公平性，完成了教师预设的目标。

2. 提问要难易适度，具有层次性

幼儿园的一切活动都是为了促进幼儿的发展，提问设计要根据幼儿身心发展和兴趣特点，提适合幼儿的能力水平、经验水平的问题。问题应难易适度，注意问题的层次性，引导幼儿由浅入深地思考问题并逐步加以解决，更好地激发幼儿的学习兴趣和成就感。由于幼儿都有个体差异性，集体教学活动中的提问既要面对全体幼儿，又要考虑不同层次的幼儿，设计不同的层次问题。难度和灵活性较大的问题要求幼儿重新组合所获得的信息来得出答案，这类问题可以针对能力较强的幼儿，他们经过思考回答，有助于启发全体幼儿的思维；基础及综合性的提问是为了巩固教学效果，问题的设计要考虑中等能力的幼儿，这样做可以吸引大部分幼儿的注意力，调动他们的积极性。对于能力相对弱的幼儿，要适当设计一些难度不大，经过认真思考能够回答出的问题，这可以帮助这些幼儿恢复自信，提高学习兴趣。

　　在故事活动"小野猪和它妈妈"中,对一些能力较差的幼儿,教师就设计了这样的提问:"你怎么知道小野猪的妈妈送小野猪治病是很辛苦的?"对一些能力中等的幼儿,教师设计的提问是:"小野猪的妈妈明明知道小野猪的病会传染,可为什么还是要背小野猪?"而对一些能力强的幼儿,教师则提问:"野猪妈妈也得病了,小野猪会怎么想,它又会怎么做呢?"

3. 提问要有明确的问题指向,准确发问

　　教师在问题设计上应考虑问题的准确性,明确要问什么,为什么要问,让幼儿听到提问就明白教师的意图,并能做出较准确的回应。

案例链接　小班数学活动"认识1"

　　教师:老师手里拿着的是什么?幼儿:是笔。

　　教师:对,是1支笔。这是什么?幼儿:是电视机。

　　教师:是几台电视机?幼儿:1台。

　　教师:这是什么?幼儿:黑板。

　　教师:是几块黑板?幼儿:1块。

　　教师:在我们刚才说的话里面都有一个什么字?幼儿:……

　　教师:都有一个"1"字,今天我们就来认识1。

　　修改后的活动提问:

　　教师:老师手里拿着几支笔?幼儿:1支。

　　教师:这里有几台电视机?幼儿:1台。

　　教师:这是几块黑板?幼儿:1块。

　　教师:在我们刚才的回答里都有一个什么字?幼儿:都有1字。

　　教师:对,都有一个"1"字,今天我们就来认识1。

4. 提问要具有开放性、启发性

　　心理学家对人类的研究证明,幼儿期是思维异常活跃、求知欲最旺的时期。教师的责任就是要引导、启发幼儿积极动脑,勤思考,从而获得知识和经验。因此,教师要在幼儿思维或想象比较单一、狭窄时或遇到困难止步不前时,提出有价值的开放性、启发性问题,给幼儿充分思考的空间,引导幼儿大胆想象和创造,引发其进一步的讨论和探究。

　　在语言活动"机器兵"中,教师针对三个环节设计了三个不同的"猜"。第一猜:猜猜,

这三个机器兵是为林林做什么事的？第二猜：如果有一天机器兵失灵了，猜猜可能会发生什么事？第三猜：机器兵失灵了，猜猜林林该怎么办啊？这个问题提出后，幼儿有点无所适从，只朝一个方向去思考问题，普遍认为林林应该去修理机器兵，把机器兵修理好了再为林林做事情，当然这也是一个不错的选择。但是除此之外，别无他法了吗？回答是否定的。这时就需要教师利用辅助小问题来提示幼儿思考的方向，让幼儿的思维得到"点拨"。于是教师就问："机器兵做的这些事情，林林自己能做吗？"这个小问题就像一滴落入油锅的水一样，顿时使课堂气氛活跃起来了，"能，林林可以自己穿衣服。""林林可以自己吃饭。""林林应该自己的事情自己做！"这样，多个发散性的回答产生了。

5. 积极回应

在集体教学活动中，教师对于幼儿的某些具体的情况积极地做出回应，有利于"创设一个使幼儿想说、敢说、喜欢说、有机会说并能得到积极回应的环境"，建立良好的师幼互动关系，让幼儿保持浓厚的学习兴趣，积极主动地学习和探索。

四、集体教学活动的反思与评价

（一）集体教学活动的反思

教学活动反思，是指教师在教学活动实践后，通过回顾自己的教学活动过程，对教学活动的目的、教学行为的后果、教学背景以及教育方法等问题进行多角度分析，对相关信息进行评估决策，不断改进自己的工作并形成理性的认识，从而实现自我专业发展的目的。

教育家波斯纳指出："没有反思的经验是狭隘的经验，至多只能成为肤浅的知识。"为此，他提出了教师成长的公式：经验＋反思＝成长。对教学活动进行反思，能帮助实习教师自觉发现教学活动中的优点和问题，思考解决的方法和途径，从而切实提高教学活动的质量。

那么如何进行集体教学活动的反思呢？

案例链接

王老师带着小朋友猜谜语。王老师说完谜面后，请大家猜一猜谜语说的是什么动物？明明说："这是××。"王老师亲切地说："你坐下再想想。"超超说："这是××。"王老师笑着说："好！你先听听别人怎么说。"

"你说""你说""你来说"……王老师一个接一个地请小朋友猜测。显然，王老师不满意幼儿不正确的答案，但她没有否定他们的答案，只是请他们再听听、再想想、再猜猜。终于，红红说出了正确答案："这是绵羊。"王老师马上问大家："红红说的对吗？"幼儿齐声应答道："对！"王老师："那我们应该怎么办？"幼儿一起习惯地拍手说："棒！棒！你真棒！……"

在此案例中，教师对幼儿的回答未做任何回应，看似亲切实则冷漠，只关注自己预设的答案，长此以往，幼儿就会养成顺着教师思路走的习惯，失去自己的主见，不利于幼儿个性化和创造性发展。

1. 教学活动反思的内容

教学活动是由几个关键部分组成的系统结构。要让整个系统运作协调，就必须保障各个部分设置科学合理。所以对教学活动的关键组成部分进行反思，是提高教学活动质量的重要方面。

（1）教学活动目标达成情况。教学目标达成度最大限度体现了教学活动的开展情况，所以教学目标达成与否是我们对教学活动进行评价的一项重要指标。因此，对目标的反思是教师提高活动设计准确性的一个简单策略。它要求教师思考：我定的教育目标是否符合《纲要》精神？班上大部分幼儿是否都达成了目标？如果没有达到是什么原因？

案例链接

生活活动：我做小厨师

教学活动目标	反思
1. 认识一些常见的蔬菜，了解可食用的是哪一部分	完成得好
2. 巩固按物点数技能，并学习记录	该目标在实际教学中难以完成
3. 学习用蔬菜和米饭做简单的造型	该目标应重点突出
4. 学习使用微波炉加工饭菜	不该对幼儿提要求，因为是以教师操作为主
5. 能与他人分享自己的生活经验	完成了

这是某教师在活动结束后对原有目标完成情况的剖析评价。她原来希望活动能体现整合教育的理念，所以提了很多条目标。通过反思，她发现计划中有一些貌似很好的目标并不适宜，于是通过对目标的反思找到了该活动的教育重点。

（2）教学活动实施状况。教学活动的重要内容是过程的实施。教师可以从这些方面来思考活动过程：活动环节的设计是否合理？活动实施过程是否顺利流畅？活动中采用的方法和组织是否适合？活动中的突发事件是否处理得当？场景的设计、教具的使用是否科学？

（3）幼儿的行为。《纲要》要求教师"关注并敏感地察觉幼儿在活动中的反应"。幼儿的行为是教师教育是否取得效果最真实的写照。教师要反思活动中幼儿的兴趣如何，参与的意识是强还是弱；幼儿对教学重点、难点的掌握的情况如何。通过幼儿的行为表现教师可以清楚地检测自己教育行为的适宜性，找到教育中存在的问题，并有效改进。

2. 教学活动反思的途径

如果说找到有效的反思内容是教师开展反思活动的重点，那么运用合理的反思途径则是完成反思的重要渠道。实习教师应养成随时随手记录、每天反思的习惯。

（1）活动小结。活动小结既可以对某活动的整个过程做总体性反思，也可以对某活动中某一环节、某一问题进行局部性反思。一般来讲，如果从一个具体的教育活动片断或细节出发，会更有利于教师对教育活动做独到的探索与思考，要避免面面俱到，泛泛而谈。不管是总体性还是局部性反思，都要写清楚所感、所想。

（2）写教学日记。反思日记可以分为三栏：第一栏对教学中包含问题的教学事件进行详细、忠实的描述；第二栏谈谈你的看法和体验，提出问题；第三栏可以提出改进的教学建议。教师不但应将自己在教学中的诸多感悟记下来，还要特别牢记日记中提到的专题性问题和改进建议，以真正促进自己的成长。

（3）制作幼儿成长档案。制作幼儿成长档案是现在很多幼儿园教师都在做的一件事。很多幼儿园都设计了富有本园特色的幼儿成长档案，内容和形式各有千秋，在此不一一赘述。值得注意的是，教师应该充分认识成长档案的价值，并充分发挥其在教育评价中的重要作用。成长档案不仅能把幼儿在学习过程中的各种表现记录下来，也能反映出教师对幼儿发展需求的回应、支持、引导情况，能为教师改进教学活动提供重要依据。因此，教师要重视幼儿全面成长资料的收集，如幼儿的作品、活动表现、童言趣语等，并及时进行有效的分析，通过对这些材料的分析来反思自己的活动指导方式合适与否。

（二）听课与评课

案例链接

对一位新插班幼儿做成长记录

时间：2001 年 11 月 27 日。

活动背景：语言教学活动"续编故事"。

情况记录：在幼儿的续编环节中，成成开始只是听同伴讲故事，后来听到有趣的地方，会"嘿嘿"地笑个不停，再后来终于悄悄地举起手表示想发言。终于轮到他讲了，他说："我今天背（给）大家讲个故事，故事的名字叫《小青蛙买菜》……"故事讲完了，全班小朋友报以热烈的掌声，成成兴奋得满脸通红。

教师评价分析：成成讲的故事内容并不具备今天教学活动的要素，但讲述时他声音响亮，表情自然，表现得比较自信，而其他幼儿竟也给予充分肯定，说明在这段时间，成成和其他幼儿相处得比较融洽，比较好地适应了班级生活，但也说明他并没有理解今天教学活动的内容。

教学改进措施：要加强他的普通话训练，在教学活动中要经常有针对性地提问他，帮助他掌握与家乡话相对应的普通话词汇；要注意鼓励他积极参与活动。

这篇幼儿成长档案比较好地记录了幼儿在教学活动中的行为表现，特别是能针对新插班幼儿进行重点观察，通过具体事例发现问题，提出跟进措施，为进一步实施教育活动提供了依据。

听课与评课是教育实习工作中的一项常规活动，是促进实习教师向经验丰富教师学习，以及实习教师之间相互学习的重要手段，也是检测实习教师教学能力的重要途径。

在听课过程中，实习教师要集中精力、勤于思考，要认真观察授课者如何教、教什么，并且思考授课者为什么这样教；在听课时，还应该做好听课记录。听课记录要包括以下这些内容：授课者、授课对象、授课时间、幼儿在活动中的表现、活动气氛、活动时间的分配等。一些有经验的教师，在听课时往往会在听课记录的一侧留出一些空白，把自己在听课过程中的心得和体会、对这次活动的现场评点及时记录下来。详细完整的听课记录，可以为以后的评课提供良好的基础。

评课就是对教学活动的成败得失及其原因做切实中肯的分析和评价，并能够从教育理论的高度对一些现象做出正确的解释。实习教师可以通过评课总结经验教训，把教学实践进行科学抽象，明白是非优劣，不断进步。

那么从哪些方面对活动进行评价呢？

（1）评教学目标。首先，从教学目标的制定来看，是否以新《纲要》为指导，是否符合幼儿实际。其次，从目标达成来看，教学目标是不是明确地体现在每一活动环节中；达成的目标与原定的目标是否存在不一致，这种不一致是否合理。

（2）评选材。选材是否符合幼儿生活经验水平、认知规律及心理特点；教师对教材的处理是否准确；是否突出了重点，突破了难点，抓住了关键。

（3）评教学程序。教学思路、脉络、主线是否清晰；设计思路与实际教学操作是否符合；教学的结构安排是否合理。

（4）评教学方法和手段。教学方法是否符合活动内容，是否适合幼儿；是否能激发幼儿的学习兴趣，调动幼儿学习的主动性。

（5）评师生关系。能否充分确立幼儿在学习活动中的主体地位；能否努力创设宽松、民主的教学氛围。

（6）评教师教学基本功。看教态，教师活动中的教态应该是明朗、快活、富有感染力的；看语言，要准确清楚、生动形象，提问要有启发性，语调要高低适宜、快慢适度、抑扬顿挫、富于变化；看操作，看教师运用教具、多媒体操作的熟练程度。

（7）评教学特色（整个活动的亮点体现在哪里）。

集体教学活动评价如表 3-1 所示。

表3-1　集体教学活动评价表

评价项目	评价要素	权重	得分
教育活动目标（权重5）	1. 具体明确，适合幼儿接受水平	2	
	2. 符合幼儿的兴趣和需求	2	
	3. 体现本领域特点并与其他领域有机整合	1	
活动内容（权重3）	4. 贴近幼儿的生活，选择幼儿感兴趣的事物和问题，有助于拓展幼儿经验和视野	1	
	5. 既适合幼儿当前的接受水平，又具有一定的挑战性	1	
	6. 既符合幼儿的现实需要，又有利于其长远发展	1	
活动组织方式策略（权重20）	7. 以游戏为基本活动形式	2	
	8. 投放丰富的、多层次的、蕴涵教育目标且与本次集体教育活动目标相一致的活动材料	2	
	9. 安排充分时间供幼儿思考和进行自主、探究、合作式的学习	5	
	10. 幼儿在操作中主动构建知识和技能体系	4	
	11. 对幼儿进行适当的启发引导，没有过多的干涉	3	
	12. 集体、小组、个体活动有机结合	2	
	13. 合理安排活动时间，张弛有度，使幼儿始终保持积极、主动的探究欲望	2	
教师技能（权重7）	14. 关注幼儿的兴趣，能够根据反馈信息对活动过程、难度、教育目标进行适当调整，并进行积极的引导	2	
	15. 为幼儿提供平等、民主的学习环境	1	
	16. 具有教育机制，合理处理临时出现的各种情况	2	
	17. 关注不同幼儿在活动中的表现和反应，察觉他们的需要，给予适宜的引导和帮助	2	
教育效果（权重5）	18. 幼儿有浓厚的学习兴趣，积极参与活动	2	
	19. 幼儿能在与环境、材料的相互作用中拓展经验	2	
	20. 幼儿在活动中有主动性，能体验到满足感和成就感	1	
活动特色（权重2）	21. 组织实施的本次集体教育活动具有个性特点	1	
	22. 本次集体教育活动过程的某一方面有独到之处	1	

五、集体教学活动中的常见问题

（一）为什么在活动中幼儿都不爱听我说话

很多实习教师在活动中常会出现以下问题：不看幼儿反应只关注预设的活动环节；语速过快或过于平淡；缺少有效应答。

应对策略：

（1）以积极的态度投入到教学活动中来。在活动前要做好充分的准备，熟悉活动环境、玩具和教具，熟悉活动设计方案，更重要的是要了解幼儿的性格特点、心理发展水平和经验基础，在活动中要有激情。

（2）注意语言的表达艺术。要注意语言的系统性，口头讲述要条理清晰，不能拖泥带水，也不能信口开河；要改掉语言过于平淡、声调偏低、节奏太快的毛病，语速以每分钟 100～120 字为宜，语气语调亲切温和，力求抑扬顿挫、高低起伏；讲述时配合肢体语言和丰富的面部表情。

（3）要善于观察。在活动过程中，不仅要善于发现幼儿的"误点"，在幼儿注意力不集中东张西望时，要迅速查找原因，积极应对，更要善于发现幼儿的"亮点"，抓住幼儿的闪光点进行鼓励和表扬。

（二）为什么幼儿总是对活动不感兴趣

常有实习教师反馈：我很认真地设计活动，做了很多努力，可幼儿就是不感兴趣，怎么办？

幼儿对活动不感兴趣的原因有很多，如选择教学内容时忽视了幼儿的年龄特点和本班幼儿的身心发展特点、认知水平和原有经验；教学方法与教学手段单一，以教师的讲述为主，没有考虑到幼儿的学习特点和兴趣等。

应对策略：

（1）选择与幼儿的生活紧密相连的内容

幼儿园的教学内容应是幼儿生活中的、幼儿感兴趣的，或是他们想知道或想解决的问题。当幼儿的学习与他们的真实生活紧密联系在一起时，幼儿就会迸发出热情去探索、去发现、去尝试，并构建出新的认知。如自然界的现象或变化；幼儿所关心的自身实际问题。

（2）选择更适应幼儿年龄特点和认知经验的活动内容

小、中、大班幼儿有着各自不同的年龄特点和认知特点，因此，面对不同的幼儿，教师必须选择不同的活动内容。如同样是主题"我和书"，小班幼儿更适合"帮帮书宝宝""我和书宝宝""我和书宝宝做游戏"等活动，中班的幼儿可以开展"我会看书"活动，大班幼儿就可开展"和我一起长大的书""整理小书包""亲子书吧""不同的书和不同的人"等活动。

（3）创设情境，调动幼儿参与活动的积极性

教师为幼儿创设有趣味的活动情境，能使他们在"身临其境"的活动氛围中产生出浓厚的

兴趣，提高参与活动的主动性。大量的实践表明，幼儿对富有情境和趣味的活动感兴趣，这种活动因其本身具有的生动、直观、形象、可感触、富于变化的特点而易于吸引幼儿。例如，在体育活动"两人带物跑"中，教师设计了战争中救治伤员的情境，由两人一组的幼儿抬着担架上的伤员（娃娃）跑向战地医院（终点）。这样的活动比单纯的跑步练习更受幼儿的欢迎。

（4）幼儿园集体教学活动要让幼儿充分活动起来

"儿童的思维是从动作开始的，切断动作与思维的联系，思维就不能得到发展。"爱玩游戏是幼儿的天性，操作体验是幼儿认知活动的基本特点。集体教学活动要创设环境和氛围，让幼儿在学习活动中操作、表演、游戏，最大限度地满足幼儿通过"活动"获取经验的需要。也只有让幼儿亲自动手做一做，他们才会积极主动地发现问题、提出问题和尝试解决问题。

（三）在集体教学活动中，如何关注幼儿的个性发展

案例链接

在小班语言活动"白猫警士捉老鼠"中，教师巧妙地以动画片《黑猫警长带白猫警士捉老鼠》中的情节贯穿始终，设置游戏情境1"看图找鼠"，通过让幼儿观看平面图，初步学习说出看到的方位词；游戏情境2"捉鼠演习"，通过让幼儿寻找、发现，主动表述方位词；游戏情境3"伏击捉鼠"，通过幼儿自身的躲藏，加深幼儿对方位词的理解与感受。幼儿在游戏中通过不断完成语言难度递进的任务，感知和练习方位词，从而很好地达成了活动目标。

幼儿园教育的根本就是促进幼儿的个性发展。集体教学活动也应该体现个性，让幼儿能够发现自己所擅长的活动或学习的方式。这就要求教师要掌握幼儿的个性和发展特点，运用有针对性的教育方法，对幼儿进行引导和发掘。

1. 教师要多观察，了解幼儿的个性和学习特点

幼儿都有个体差异，有的幼儿活泼好动，有的幼儿文静内向，有的幼儿语言表达力强，有的幼儿思维敏捷，有的幼儿观察敏锐，有的幼儿虽头脑聪明却不善表达，有的幼儿记得快忘得快，有的幼儿虽然记得慢却理解透彻。而且，幼儿来自不同的家庭，受先天气质和后天环境的影响，会形成不同的学习风格。教师要通过引导，发现每个幼儿的个性特点和学习风格，运用有针对性的教育手段和方法，对幼儿进行耐心细致的引导。

案例链接

萌萌是个专注、细腻、谨慎但又不自信的孩子。这一天，萌萌所在的班正在开展"滚动和堆积"的科学活动。在开始的集体交流环节中，教师和幼儿讨论如何设计一个滚动的标记。大家纷纷提出了自己的想法：有的说画个圆，有的说画个球，还有的说画几条飞起来的短线……萌萌认真地听着，不时地侧头思考。这时，老师看了看萌萌，笑着对她说："萌萌，你愿意上

来设计一个滚动的标记吗？"萌萌看了看老师，又在座位上想了一下，然后缓缓地站起身来走到黑板前，小心翼翼地在黑板上画了一个小小的圆圈，然后快速地回到座位上，长长地舒了一口气。接着，老师问孩子："你们觉得萌萌画的这个标记可以表示滚动吗？"幼儿们异口同声地说："可以！"这时，一个幼儿补充道："要是在圆圈旁边画一些飞起来的短线就更像了！"说完，跑上去在圆圈旁边添加了几笔。看着自己和同伴合作的标记获得了大家的认可，萌萌露出了难得的笑容。

在接下来的操作活动中，幼儿需要两人合作将十种材料按照能滚动和能堆积的标准分类。"萌萌，今天你和牛牛合作好吗？"萌萌点头同意了。牛牛是个性格随和、大大咧咧的男孩子，听到老师把他和萌萌分在一组，主动跑过来拉着萌萌的手说："萌萌，我们一起玩吧。"很快两个小伙伴合作起来。他们逐一将盘中的材料放到地上滚一滚、堆一堆，判断材料的特性。一会儿，牛牛似乎突然想起了什么，悄悄地趴在萌萌的耳边说："萌萌，你画画比我好，你来画标记吧！"萌萌爽快地点了点头。牛牛立刻将记录纸递给萌萌："给你，标记就交给你了！"萌萌想了一下，很快就在纸上画了一个圆圈和一个箭头，她有些得意地将画好的标记拿给牛牛看，并在一旁解释道："看，我在圆圈旁边画了一个箭头，这是滚动的标记！"牛牛看了高兴地说："好，就是它了！"得到同伴的赞同，萌萌开心极了，又忙着去设计另一个标记了……

2. 教师应在活动设计、材料投放等过程中体现选择性特点

教师可根据幼儿的学习风格、特点、爱好等设计不同类型、不同难度、不同性质的活动来供幼儿选择。教师在提供可选择活动时可从几个方面进行准备：活动材料的可选择性，如可选择成品、半成品或自然材料进行活动；活动内容的可选择性；活动程度的可选择性；活动方式的可选择性。

案例链接

在"小朋友生病了"活动中，幼儿可以根据自己的经验和特长，选择电话、电脑、绉纸、信封、信纸等材料进行活动。选好材料后，幼儿可以根据自己的意愿发电子邮件、打电话慰问、制作鲜花、写信等。同样是写信，幼儿可以直接用"绘画和字词"表达自己的问候，也可以用程度较浅的排图方式表现自己的意思。

（四）撰写活动设计

集体教学活动设计由几个要素构成：活动名称、设计意图、活动目标、活动准备、活动过程、活动延伸、活动反思。

1. 活动名称

活动名称顺序：年龄阶段、课程模式（领域活动、综合活动）、课程内容，教师有时还会补充说明该活动在本领域的类别。例如，大班语言活动"郊游"（看图讲述）；小班社会活动"甜甜的招呼"等。而类似于"讲述活动：郊游""社会活动：甜甜的招呼"等名称都是不规范的。

2．设计意图

设计意图即活动的由来，体现本次活动对本班幼儿发展的教育价值。设计意图内容可包括：①本班级幼儿在某一方面的发展现状（已有经验、兴趣）；②活动内容的价值，结合《纲要》《指南》中相关领域中的核心价值来谈；③活动开展对幼儿在某一方面的影响，此活动在现有基础上对幼儿的发展有什么价值；④活动开展的大致想法。

3．活动目标

活动目标应该全面具体、表述规范、具有可操作性和针对性。

目标的制定可按三维目标的顺序编写，三维目标常用的表达词语如下。

情感态度目标：感受、体验、有好奇心、喜欢、乐趣……

能力技能目标：能主动、能听懂、能努力、能运用……

知识目标：理解、学会、接受、知道……

4．活动准备

活动准备是活动实施前教师和幼儿应做的准备工作，主要指经验准备和物质准备。它包括：幼儿经验准备、环境创设，教师和幼儿在活动中所需要的教学挂图、多媒体工具、操作材料等。活动准备是否完备会直接影响教学活动的质量。活动材料准备的方式可以是教师准备，也可以是教师和幼儿共同准备。

5．活动过程

活动过程的内容和步骤请参看前文。

一般来说，活动方案的过程有两种写法。一种是思路式写法，一般称"简案"，所用语言是描述性的，从教师的角度来交代活动进行的步骤与具体开展方法。另一种是记录式写法，一般称"详案"，所用的语言是叙事性的，师幼互动内容尤其是师幼对话内容往往占据主要篇幅。这两种写法都有其特定的功能。不过，作为新教师，我们需要制订详细的活动方案，把自己在活动中的提问、总结等细节也要写出来，以便于自己熟悉整个活动过程，使自己组织活动的能力得以提高。

6．活动延伸

活动延伸即教师根据活动的内容进行拓展，延伸进区域活动、其他领域、家庭中或在活动中根据幼儿的随机问题，进行相关联的下一次活动。

7．活动反思

活动反思主要指教师在活动后对本次活动的自我评价和思考，包括对幼儿在活动中获得经验的程度或对预设目标的完成情况分析，并分析原因，提出相应的改进措施。

另外，活动设计既要表述清楚各预设环节的活动目的，又要表述每个环节如何向幼儿提出明确的要求，更要表述教师在每个环节中如何回应幼儿；既要表述清楚幼儿如何活动；又要表述清楚教师如何组织引导幼儿活动；在小结的部分要明确表述教师最终要梳理什么内容。

案例分析 中班科学活动"移动"

1. 幼儿初次玩移动游戏

（1）玩法：将乒乓球从这个碗移动到那个碗，但是不能直接用手拿球，要想办法移动球。

（表述如何向幼儿提出明确的要求）

（2）幼儿操作，教师观察：遵守游戏规则，用了哪些方法。

（既表述清楚幼儿如何活动，又表述清楚教师如何组织引导幼儿活动）

（3）幼儿交流：说说你用什么方法移动了球，成功了没有。

（幼儿如何活动，教师如何引导）

2. 幼儿再次玩移动游戏（材料变动，增加难度）

（表述幼儿如何活动）

（1）玩法：再试试新的材料，把尝试的方法记录下来，比一比，谁的方法多。

（如何向幼儿提出明确的要求）

（2）幼儿操作，教师观察并鼓励幼儿用多种方法。

（既表述清楚幼儿如何活动，又表述清楚教师如何组织引导幼儿活动）

（3）幼儿交流，教师贴出幼儿的记录，请幼儿介绍自己用了几种方法，哪种方法最好。

（表达要清晰，教师如何回应）

3. 延伸活动（区域活动，家庭中、生活活动）

树立大教育观；说明向哪里延伸、做什么和怎么做，可巩固什么经验或让幼儿得到什么新经验。

4. 活动反思

分析教学活动中的成功与不足，并提出有效对策。

第二节 区域活动

一、区域活动的含义与价值

（一）区域活动的含义

区域活动也称区角活动、活动区活动等，它是教师根据教育目标以及幼儿发展水平和兴趣，有目的地将活动室划分为不同的区域，如美工区、阅读区、表演区、科学区等，并投放相应的活动材料，由幼儿按照自己的意愿和能力，以操作摆弄为主要方式，进行的个别化的自主学习活动。

区域活动是以游戏为主的学习活动，幼儿通过对材料的操作和与同伴的交流合作实现自主学习。活动的类型是幼儿感兴趣的，具有多样化的形式和丰富的内容，幼儿是活动的"主人翁"，可以自己决定玩什么、怎么玩。因此，区域活动弥补了集体教学活动中难以关注幼儿个体差异和兴趣特点，主动参与性较少的不足，是集体教学活动的延伸和补充。

现阶段幼儿园中的活动区种类较多，按照区域活动的性质把区域活动分为三种类型：一是常规区域，如科学探索区、语言阅读区、美工创意区、角色表演区、建构区、益智区等；二是主题区域，是指根据主题教学活动中的目标、活动内容，在区域中投放与主题教学活动相联系的活动材料，让幼儿在区域的自主活动中，实现主体发展的目标；三是特色区域，是体现地域特色或本园、本班特色的活动区。目前我国多数幼儿园中较为常见的是常规区域。

（二）区域活动的价值

区域活动中教师积极创设出丰富多彩的、具有选择自由度的环境，让幼儿可以按自己的意愿自主地选择活动内容、活动方式和活动伙伴，并能按自己的学习方式、速度、习惯去操作实践，对促进每个幼儿身心发展起着重大的作用。因此，区域活动具有其他教育活动所不能取代的功能价值。

1. 有利于幼儿主动性、独立性和创造性的发展

区域活动不同于教师组织的集体活动，区域活动的计划、执行、完成都是幼儿自主决定和承担的。幼儿在活动中，按照自己的主体地位，决定对活动材料、伙伴、内容的选择。在这些活动中，幼儿没有压力，他们会根据自己想象的，去自由发挥。即使在活动区进行学习活动，幼儿所受的挫折感也会因为不是"上课"而有所缓解。幼儿处在这种操作和游戏的环境中，常表现出较强的激励特质，会迫切地希望尝试他们的新技能。活动的方式方法由幼儿自行决定，只有当幼儿可以根据自己的愿望与想法来使用游戏材料，才会有活动方式方法的多样性与灵活性，才可能使幼儿真正产生兴趣和自主体验感。

区域活动适合于任何年龄阶段的幼儿，并能使幼儿从中受益；不同的区域活动对幼儿的成长虽然有着不同的影响，但它们都能增强幼儿学习的主动性、积极性和创造性，提高幼儿的决策能力。

2. 培养幼儿的关键经验与动手操作能力

区域活动中，教师在活动区提供了大量可操作的玩具和材料。幼儿利用这些玩具和材料来设计、制作他们的作品。他们用积木搭出各种各样的建筑物；用剪刀、画笔、橡皮泥、泡沫制作形形色色的作品，幼儿就这样不断在活动中体验各种材料的特性，同时在操作、转换和组合各种材料的过程中发现事物之间的联系，增强自身的关键经验，锻炼自己的动手操作能力。

3. 促进幼儿社会性的发展

研究表明，儿童期是幼儿社会化形成的关键时期，而交往活动又是社会化形成的基本途径。

区域活动为幼儿交往活动提供了充足的机会。在这样一个"开放性"的教室里，语言和所有的学前知识、学前经验综合在一起，这并不是教师花费精力来源的东西，而是完全在真实自然的状态下幼儿自主获得的过程。区域活动为幼儿提供了一个开放支持的环境，同时也提供了与同伴、教师和许多不同材料相互作用的机会，他们想交流的愿望会自然地增长，幼儿会希望表达出与他们的活动有关的需要、情感和思想。区域活动中有大量的同伴交往，在活动区中，幼儿通过角色分配、角色扮演，承担一定的义务，遵守共约的游戏规则，从而培养了幼儿的责任意识和集体意识；同时通过活动，幼儿之间彼此交流，学会与人分享，摆脱幼儿的"自我中心"倾向；另外，幼儿在活动中需要大量的合作来共同完成游戏，同时会出现一定的摩擦和问题，幼儿就在这种轻松、自由的状态下，学会了协调、沟通、合作，也学会了自己解决问题，促进了社会性的发展。

小贴士　各活动区的核心价值（一）

科学探索区的核心价值

1. 激发幼儿对科学现象的兴趣，学习运用多种感官感知事物，发展观察力。

2. 活跃思维，培养分析、判断和推理能力。

3. 提供尝试、探究和实验的机会，实地操作，认真解决问题，获得知识，形成概念。

语言阅读区的核心价值

1. 练习听、说、读、写的基本技能，养成听、说、读、写的良好态度和习惯。

2. 培养阅读兴趣，掌握正确的阅读方法，形成良好的阅读习惯。

3. 在看、听、读的过程中，通过对图书中故事情节的感受、进行的模仿、学习和欣赏，培养幼儿的语言表达能力和审美能力。

4. 学习运用语言表达个人情感、需求、意愿和观点。

5. 促进幼儿间相互沟通、相互影响、相互学习、相互了解。

美工创意区的核心价值

1. 学习观察和感受周围事物，并用美工材料表达个人情感和思想。

2. 提供接触各种材料的机会，使幼儿了解各种材料的特性，学习利用工具进行立体造型活动。

3. 发展创造力、想象力和不拘一格的表现力，体验成功。

4. 训练小肌肉，手眼协调，培养动手能力和解决问题的能力。

建构区的核心价值

1. 发展幼儿的建构能力，学习建构技法。

2. 发展幼儿的空间知觉，认识基本形状及其数量关系。

3. 学习尝试各种不同的建构材料、方法、设计，激发幼儿的创造力、想象力。

4. 幼儿之间能分工合作，共同设计、建构，共同游戏。

5. 培养幼儿的社会性，发展幼儿与他人交流、表达的能力，以及掌握自行解决问题的方法。

📑 小贴士　各活动区的核心价值（二）

角色体验区的核心价值

1. 帮助幼儿了解人际关系，通过对不同角色的扮演，学习适当的行为方式，发展幼儿的社会性。

2. 帮助幼儿学习友好交往的技能，如轮流、分享、协商、互助、合作等。

3. 培养幼儿大胆表达个人意愿、情感、见解的能力，能相互沟通，实践和尝试自己解决问题的方法。

4. 发展表征能力，如能以物代物，激发想象力，以及能创造性地反映现实。

5. 学习适度表达个人情绪，了解他人情感的能力，能自我控制，调整与伙伴间的相互行为关系。

益智操作区的核心价值

1. 在摆弄、操作的过程中发展幼儿的感知觉，调动幼儿充分运用五官进行观察比较，感受物体形状，识别物体颜色，比较物体大小、长短、高矮、粗细，理解形体的等分等方面的欲望。

2. 在拼摆游戏、造型游戏中，幼儿的思维力、想象力、创造力得以充分发挥。

3. 在棋类游戏中，幼儿的分析、综合、推理、概括能力得到发展。

4. 在活动中激发幼儿的探究兴趣和求知欲望，以及细心和专心做事、独立解决问题的能力。

二、区域活动的环境创设与材料投放

严格地说，区域活动的设计，设计的不是具体的教育活动，而是活动的材料、环境，就是将教育意图或目标转化为活动材料和环境，通过创设环境来影响幼儿的活动，再通过幼儿的活动实现预期的发展。

（一）区域活动的环境创设

在幼儿园区域环境创设中，教师应当精心为幼儿准备一个开放的、动态的、能提供多种探索机会的环境。教师可以充分挖掘幼儿园的空间资源，充分利用教室、卧室、地面、桌面、墙面、空中等一切可利用的空间，为幼儿提供一个安全、舒适的区域活动环境，让幼儿充分参与活动，和谐发展。幼儿园的空间创设要注意以下问题。

1. 布局合理

区域活动只是幼儿园课程的一部分，幼儿园的教室要同时满足幼儿学习、游戏、生活等需要。活动区空间的布局合理与否，将直接影响到空间利用的效率与质量，也将直接影响到区域活动能否顺利有效地开展。合理的空间布局应注意和满足以下几方面的要求。

（1）动静分开

各区域的目标不同，有的区域需要为幼儿提供一个相对安静的环境，有的区域因幼儿之间需要相互交流合作，会发出一些嘈杂的声音。因此，为了减少甚至避免不同活动区之间的相互干扰，在安排不同活动区的空间位置时，教师要注意动静分开。例如，将比较吵闹且容易对其他活动区产生干扰的"表演区""建构区"安置在与其他活动区不易产生干扰的走廊上或休息室中；将需要安静阅读的"图书角"安排在安静、采光好的窗户边，并形成相对独立的活动空间。

（2）方便安全

区域活动中，因有些材料的特殊性，幼儿需要用到水，教师应将有需要的区域安排在靠近水的地方，以方便幼儿取水，同时又不会因操作不当影响到其他区域。

各活动区域尽量靠墙而设，保证"交通路线"畅通无阻，以避免幼儿在活动时产生拥挤、碰撞等情况。为此，活动室的中央和各个门口最好不要设置活动区。

出于安全方面的考虑，所有活动区都应在教师的视线范围之内，避免出现"死角"，同时这也有利于教师对幼儿区域活动的观察。

2. 分隔适宜

各活动区都应有自己相对独立的空间范围，教师根据活动的不同类别，用不同的分隔方式把活动室分隔成若干区域，将玩具和材料分别固定在各个区域里，便于幼儿自主选择区域进行游戏和自主学习。不过，各个区域的教育目标不一样，所需的环境也就有所不同。有的区域需要场地开放，有的区域需要场地相对围合。如表演区中幼儿要充分体现对美的表现力和创造力，就需要相对开放的空间让幼儿开放、自如地开展活动；而语言、科学等知识体系较强的区域，就需要幼儿有高度的专注力，因此需要相对独立的空间。这些都需要教师充分利用空间，合理使用适宜的区隔物进行空间设置。

幼儿园常用的区隔物有以下几种。

（1）矮柜。矮柜是幼儿园分隔空间最常用的区隔物。矮柜的柜面可以做操作台，柜子里还可以放置玩具和材料，矮柜的高度一般在 80 ～ 90cm，不会阻挡幼儿的视线，幼儿坐下去就是一个相对独立的空间，站起来又能接收周围活动区的活动信息从而与周围活动区产生积极的交流与互动。一般来说，用矮柜进行区隔的空间相对固定，经过一段时间以后，也可以将柜子重新组合，进行区域调整。

（2）屏风、布帘。这些区隔物的好处就是灵活通透。屏风和布帘可以作为某区域的门或墙，幼儿拉上布帘或推开屏风，使这个区域相对封闭，在里面独立进行游戏，也可以打开布帘或合拢屏风，使这个区域和其他空间相连，便于在游戏需要时进行区域间的交流。例如，"餐厅""娃娃家""美工组"三个活动区设置在一起，这样"娃娃家"要吃饭时，就可以向"餐厅"订餐，"美工组"做出的"食材"也可以送到"餐厅"进行加工。

教师在区域设置时，要利用这些物品的高矮搭配、物品不同摆放方向，或采用在两个区域中放一个隔断物等不同方法，根据区域需要的空间大小以及区域活动是否需要隐蔽、安静、开放等特点进行隔断划分。

3. 空间的拓展使用

教室里的空间面积是有限的，因为活动室除了开展区域活动外，还要进行正常的教学活动和一日生活常规活动。因此，教师要充分挖掘幼儿园各种显性的和潜在的空间，有效利用这些空间资源，还可以将区域的空间拓展到室外，充分利用走廊、阳台、楼梯等公共区域。这些空间的有效利用不但可以实现空间资源的价值，而且有助于幼儿之间的相互交流。

案例分析

某幼儿园小班的空间设置如图 3-1 所示。

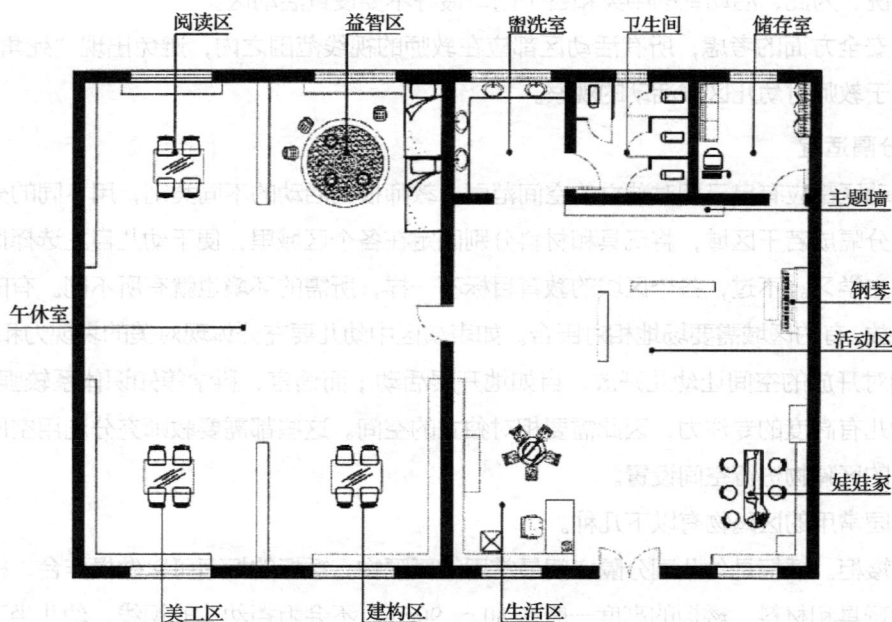

图3-1 小班的空间设置

图 3-1 所示的小班室内共设置了六种区域类型，由于午休室是独立的教室，所以分散布局的每个区域面积都相对很宽敞。幼儿的游戏材料全部放在玩具柜里，整齐摆放，不妨碍幼儿的午休。在非午休时间，教师将床重叠在一起，放在室内靠墙的一角，这样午休室的整个空间都可供幼儿进行区域活动。另外，从图 3-1 中可以看到两个教室的采光都很充足，每个区域都靠窗而设，这样窗户的位置被恰到好处地利用上。两个静态区域阅读区与益智区安排在一起，中间以玩具柜分隔，保证其空间独立；美工区和建构区以区域牌和垂吊的彩条作分隔，中间空留过道，也作为隔断，方便幼儿和教师行走，同时也方便两个区的幼儿交流合作。

（二）区域活动的材料投放

区域活动是否发挥了应有作用关键在于材料。一方面，它直接影响着幼儿的兴趣，使幼儿在玩耍中巩固学到的知识和技能，增强学习的效果；另一方面，教师也通过材料实现对幼儿区域活动的间接指导。总之，材料是幼儿隐形的教师，是幼儿认知的中介和桥梁，更是幼儿开展区域活动的重要物质基础。

那么，活动区的材料从何而来呢？

案例分析

幼儿园的材料种类丰富，来源主要有市场购买、教师收集和家长幼儿的主动参与三个途径。其中，教师收集、家长幼儿参与、教师幼儿共同制作的材料居多。这些材料来源于生活，用途较广泛，可供幼儿创造性运用和创作，且制作好的玩具玩法也比较多。因此，教师应善于发现，充分利用周围的现成材料，就地取材，变废为宝，如幼儿平时喝的酸奶瓶子、瓶盖、包装盒可投放到美工区、益智区或建构区，还可以带领幼儿一起收集材料，这样不但调动了幼儿的积极性，也体现了幼儿在区域活动中的自主性、主动性，从而真正成为游戏的主人，如表 3-2 所示。

表3-2　某幼儿园中班各区域材料来源表

区域名称	市场购买	教师收集	家长与幼儿主动参与
阅读区	绘本、靠垫、条凳	自制绘本	布偶玩具、绘本、自制图书
美工区	各类纸张、绘画材料、橡皮泥、胶水、固体胶等辅助工具	碎纸屑、大纸箱、绳子等	果壳、瓶子、豆类等
娃娃家	沙发、桌子等	自制房子、小家具	小电话、娃娃、毛绒玩具
益智区	棋牌、拼图、穿插板	自制数学感知游戏：排排乐、分分乐	瓶盖、纸盒等
生活区	炊具、调味料	自制厨师帽、纸屑、纸板食材	

区域活动中材料的投放既重要又复杂，它的重要性体现在缺少材料或材料不当，就会影响区域活动的正常开展；复杂性体现在既要满足幼儿的兴趣，还要保证达到教育目标。因此，幼儿教师在保证投放区域活动材料数量充足的同时还要遵循以下原则。

1. 安全性

幼儿年纪小，自我保护意识不强，身体容易受到损伤，易感染各种疾病，因此幼儿的身体健康是幼儿园一切日常活动的前提和基础。教师在活动区材料投放时首先要考虑的问题就是材料的安全性。教师在选用材料时应该从三个方面消除安全隐患。

首先，在选择材料时要回避可能影响幼儿健康的物品。教师选择的材料应符合国家的相关安全卫生标准，对幼儿身心没有危害，不存在安全隐患。另外，区域材料是幼儿每天都要接触的，一般情况下应定期进行消毒，尤其是在废旧材料的使用上，要对其进行严格的消毒。如有的瓶、盒、罐都是幼儿从家中搜集来的，里面可能还有残留物，时间一长会发霉。收集来的瓶、盒、罐等材料一定洗干净并消毒后方可投入使用，以免意外事故的发生。

其次，在投放材料前要尽可能排除会对幼儿造成伤害的因素。这些可能造成幼儿身体伤害的因素包括有的材料较尖锐，可能刺伤、划伤幼儿娇嫩的肌肤，如有的木制材料边缘粗糙，可能会有小刺，买回来后要进行打磨加工，有的过塑材料边角可能刮伤幼儿，要将边框剪平整，角要修成圆弧形；有的材料色彩过于鲜艳，会刺激幼儿的眼睛；有的材料的间隙可能会夹伤幼儿的手指等。

最后，帮助幼儿培养与提升应对材料中潜在危险的意识与能力。有些材料中隐藏的危险是幼儿成长过程中必须要面对的，如剪刀、铅笔、小刀等，如果幼儿能增强危险意识，在操作中小心正确地使用，就可以将危险系数降到最低。教师在投放材料时可以在可能带来危险的材料上做好统一且明显的警示标志，如贴上红色标志，让幼儿养成看到警示标志产生警觉的习惯，尽量减少伤害。

2. 层次性

个性化是幼儿园区域活动的基本特征。幼儿在区域活动中可以根据自己的水平，按照自己的需要与兴趣，选择自己喜欢的活动区、材料以及材料使用的方式与层次，获得一种个性化的学习与发展。这就要求教师在投放材料时要考虑满足不同发展层次的幼儿的需要，体现材料的层次性。

幼儿的年龄特点决定了投放材料的不同侧重点。小班幼儿以直观形象思维为主，他们的注意力持续时间短，缺乏持久性，因此为幼儿提供一些生动形象的材料，吸引他们的注意力，他们才愿意主动投入到游戏当中。中班幼儿逐渐从直观形象的实物转化到空间知觉、逻辑思维能力上，对数学的感知能力逐渐发展，可以为他们提供一些走迷宫、围棋等智力材料，或者是结构较为复杂的操作材料，也可以提供一些科学探索的材料。

同一年龄阶段的幼儿也存在着水平能力上的差异。教师要根据幼儿能力的不同提供操作难易程度不同的活动材料，以适应和满足不同水平幼儿的需要，促进幼儿在原有水平上不同程度地提高。

3. 探究性

活动区的材料应富于探究性，给幼儿留下大量参与和创造的空间，支持幼儿与活动环境的积极互动，引导幼儿根据自己的兴趣爱好对客观事物进行动手操作和动脑思考。

那么，什么材料更能激发幼儿的学习主动性、创造性呢？这就需要先了解材料的构成。

从材料的性质来看，材料可分为原始材料、半成品材料及成品材料。原始材料就是没有经过任何加工的材料，这种材料有多种操作方式，没有一定的操作界限，缺乏材料本身的指导性。成品材料是教师经过加工之后投放在区域活动中的材料，幼儿不需要对材料进行任何加工就可以直接使用，因此，幼儿只能简单重复摆弄材料，缺乏对材料操作的独立思考空间。半成品材料是经过教师加工，并将教育目标以及教育意图隐含在材料中，但同时又具有一定的开放性，留给幼儿想象与创造的空间、幼儿要经过思考、创造，才能将材料制成成品。

从结构上看，材料可分为高结构化材料和低结构化材料。高结构化的操作材料是指材料在操作时有一定的步骤、规则和方法，幼儿按照这个步骤、规则和方法就可以完成材料的操作，并且材料操作的结果比较一致。例如，模拟实物的、形象逼真的玩具，像餐具、炊具等。而低结构化的操作材料是指在操作过程中没有固定的操作步骤、规则和方法，但在材料中隐含部分操作的线索，需要幼儿进行创造性思考，形成独特的操作结果。低结构化的材料可来源于幼儿生活，如废旧用品。低结构化材料对幼儿的操作限制较少，幼儿可发挥自己的主观能动性充分地操作材料。

由上可知，教师在投放材料时应以自然材料、半成品材料、低结构化材料为主，以成品材料、高结构化材料为辅，这样才能真正地引起幼儿的兴趣，使活动具有持久性，也才能起到发展幼儿思考能力和探索能力的作用。例如，与其给幼儿几辆汽车模型，让幼儿找一找汽车有哪几部分组成，每一辆各有什么不同，不如给幼儿各种材料（汽车模型中的门、窗、轮子等），让幼儿自己拼出汽车。

教师在注重投放材料的结构性的同时，也要关注材料的不同组合方式，尽量充分挖掘与利用每一材料的多种潜在价值。对材料进行创造性的组合改变了原本材料的操作方式，创造了一种新的玩法，生成新的活动内容和游戏情境。如美工区有很多废旧的水彩笔，教师可以把它投放到益智区，用硬纸盒组合设计一个走迷宫的游戏，水彩笔帽就被充分利用上了。

4. 动态性

材料的提供不能一成不变，而要根据教育目标和幼儿能力的不断提高及时调整、补充材料。

首先要根据活动内容的需要来适当增添材料，拓展原本的知识空间，提高材料的探究性。例如，教师在益智区投放了不同种类的豆子，让幼儿数数和分类，时间长了，幼儿就会对这些材料失去兴趣，教师可以添加一些标着数字的不同颜色的小盒子，幼儿数出相应颜色豆子的数量后送豆子回家（盒子），这样就提高了任务的难度，幼儿的兴趣就重新被激发出来了。

其次，教师要根据幼儿的活动情况对材料做出调整。如果发现一些不经常使用的材料，那么教师要考虑原因。如果是幼儿不感兴趣的，要及时做出删减，不断地更新和创造新的材料来满足幼儿的需求。材料的动态性还体现在各平行班之间的互动上。各班教师应及时沟通、交流幼儿区域活动的情况，做到材料的互补，资源共享，让材料真正地为幼儿活动服务。

5. 丰富性

在区域活动中，为满足不同幼儿的发展需求，教师应投放丰富的材料。材料的丰富性体现在种类的多样性和数量的充足性上。

（1）种类的多样性

教师应为幼儿提供多种多样的材料，从幼儿发展的多种需要出发，投放丰富多样的区域材料，促进幼儿各领域的全面发展。如不仅要在阅读区提供大量适合的图书，还要有手偶、头饰、复读机等辅助材料，促进幼儿听、说、读、写能力的全面发展。幼儿在与众多材料的相互作用过程中，能充分运用自身的各种感官，看看、做做、试试、比比、想想，这样才能不断发现，不断思考与提高。

教师可以设置材料库，将各种平时收集来的和更换下来的材料分类摆放。当幼儿在活动中对某一活动显示出特别的兴趣时，教师就可以提供更多的相关材料，以鼓励幼儿进一步探索尝试。幼儿也可以根据自己的需要到材料库自选材料。这都体现了区域活动的个别化教育功能。

（2）数量的充足性

材料的丰富性还体现在材料数量的充足上，以满足多数幼儿自由选择的需要。幼儿喜欢模仿，常会因同伴操作材料的新奇有趣而产生对该材料的操作欲望，这就需要有一定数量的材料供幼儿自主选择、使用，以保证幼儿的操作活动可以顺利进行。

材料的具体数量要根据幼儿的年龄特点、个体差异、不同活动区要求、幼儿对材料的熟悉程度等来决定，如同一类活动，小班材料投放量应多于中大班的材料数量，因为数量偏少的材料能促使中大班的幼儿去探索材料的多种操作方式，并促使他们去互动交流。一般来说，材料的数量应满足大多数幼儿的需要。

三、区域活动中的教师定位和指导策略

（一）教师的角色定位

区域活动是一种个别化的教学形式，鼓励幼儿自主选择活动区并在其中与同伴、材料、活动环境积极互动，促使幼儿获得个性化的学习与发展。因此，教师的角色发生了很大的变化。

在区域活动中，教师从舞台的前台退居到了幕后，不再是教学的中心，从引领者的角色变为了尊重幼儿意愿的支持者和推动者，教师的角色定位应是一位观察者、指导者、合作者。教师是观察者，需要关注幼儿的发展水平、个体差异，观察幼儿自主学习的整个过程，当发现幼儿独立活动出现困难时，要给予适当的帮助。教师是引导者、参与者、协作者，将教育目标藏而不见，可以和幼儿在某个区域一起玩，并把握好介入及退出的时机和程度。教师要明确自身在区域活动中的位置和作用，才能更好地指导幼儿的活动。

1. 教师的观察策略

教师只有在充分观察的基础上，才能对区域活动情况做出正确的判断，有的放矢地进行引导，帮助幼儿获得发展，使活动得以延伸。

首先要观察幼儿，关注幼儿的活动，准确地了解幼儿在活动中的需要和表现，关注、了解幼儿已有的经验是什么，了解什么是幼儿喜欢玩的，什么是他们不喜欢玩的，然后根据观察所得，考虑在哪方面给予帮助，以便采取相应的措施，或向幼儿提出有效的建议。

教师可以采用整体环视观察的方法，了解和把握全体幼儿活动的进展和整体状况；也可以就某个区域进行重点观察，有针对性地了解一个区域中幼儿活动的状况；还可以对某个幼儿进行重点跟踪观察，以便对这位幼儿有更全面的了解。

教师还应该做好观察记录，在观察中可用观察记录表（见表3-3）、照片、录音、录像等形式进行。记录内容主要是从幼儿在活动区内的材料使用情况、情绪的变化及在整个活动中所表现出的积极性、探索性、自主性的具体行为。同时，教师还要记录幼儿在游戏中的同伴交往能力、语言表达能力、合作分享能力的发展情况。记录的应是幼儿在自然状态下的行为表现，而不是突发性的行为动作。

表3-3　区域活动观察记录表

区域		时间	年　月　日 时　分至　时　分
班级		观察者	
区域 材料			
幼儿姓名	游戏表现		分析与对策

2. 教师的指导策略

在区域活动中，教师主要借助于材料和自身两种媒介实现对活动的指导。关于对材料投放的指导，前面已有详细阐述，此处就只讨论教师以自身为媒介如何对区域活动进行指导。

区域活动的多样性、自主性、个性化等特点，决定了活动中教师的指导方式必然是以间接指导为主，直接指导为辅。

案例分析

（1）建构区里幼儿面对着酸奶瓶不知要搭建什么，教师走过去坐在幼儿身边，什么也没说，用酸奶瓶搭出了一座小塔。幼儿看见了，很快明白了，先模仿教师搭出了塔，随后又搭出高楼、火箭等。

（2）"厨房"里几位小厨师将料理台上的食材都摆弄一遍后，感觉无趣就脱下了厨师服。教师就以顾客的身份来到厨房向厨师点餐，故意说了一个料理台上没有的菜，厨师们就用原有食材重新组合做出了新菜。这下小厨师们来劲儿了，他们重新对人员分工进行了安排，有顾客有服务员，新的餐厅开张了。

分析：案例（1）中，教师在发现幼儿对活动区的材料不了解从而缺乏操作思路时，在幼儿附近用同样的材料进行活动，不直接介入幼儿活动中，而是利用自身的行为进行榜样示范，对幼儿的活动进行暗示引导。

案例（2）中，教师发现幼儿活动遇到困难时，以角色的身份进入活动中，就活动情节的发展提出相关问题，促使幼儿思考，最终实现对幼儿区域活动的指导。

另外，当幼儿在区域活动中出现严重违反规则的行为，或幼儿间发生激烈冲突时，教师应及时介入，直接对幼儿的行为进行干预与引导。

（二）区域活动各阶段的指导要点

在实践中，区域活动一般包括准备、初始、展开、结束四个阶段。在这四个阶段中，教师的指导方式有所不同。

1. 准备阶段

在区域活动的准备阶段，教师主要是要制订活动计划、环境创设和材料投放。环境创设和材料投放前文已有较详细的介绍，现主要谈谈区域活动计划的撰写。区域活动计划主要分为学期活动计划和月活动计划。

（1）学期计划

制订学期计划时，教师可以从班级情况分析、总体目标、具体方法和措施等几方面进行考虑。

班级情况分析：即针对本班幼儿在各方面的发展情况，本班原有活动区活动开展的情况及存在的问题做全面客观的分析。这一部分是计划的基础环节。

总体目标：根据本班幼儿的发展需要和本学期总的教育目标，拟订出本学期活动区活动的总体目标，也就是开设哪些活动区，在活动区中要完成哪些任务，需要达到什么水平。这一部分是计划的重点。

具体方法和措施：这部分应包括各区域设置、材料投放、活动组织、时间安排、调整方案、指导评价等方面的内容。

（2）月计划

区域活动月计划可以包括月教育目标、月调整目标、活动内容及调整、投放材料及材料调整、指导重点等五个部分。

目标制定：这是把学期目标分解到月目标中，使区域活动能有条不紊地按目标需要完成学期任务。例如，学期目标中"培养幼儿正确拿放图书的方法"可分解为第一个月"培养幼儿从哪儿拿的还哪儿去的良好习惯"，第二个月"培养幼儿整理书架"等。

目标调整：是指在月计划执行过程中，通过对活动的观察与评价，对目标中过深或过浅的问题进行及时调整。

活动内容及调整：根据不同活动区的特点、幼儿的兴趣，设计具体的活动及游戏内容。此外，区域活动内容有很多是在活动实施过程中生成的，随着幼儿身心发展变化、主题的变更、目标的调整，活动内容也要做相应的改变。

材料投放及调整：根据具体活动内容提供材料，并根据幼儿的要求和活动完成情况对材料进行及时的调整。

指导重点：每个活动区域都有一定的教育目标，教师在计划中可按幼儿的能力、材料的生疏、目标要求等方面，有侧重地指出要点。

2. 初始阶段

初始阶段是单次活动实施过程中的第一个阶段，包括教师介绍和计划活动两个基本活动。

在区域活动开展之前，教师和幼儿共同回顾上次活动需要改进的地方，教师介绍新的活动区域和材料，提出新要求（如果是初次活动，教师可以分次逐一介绍活动区内容和材料），提醒幼儿注意游戏规则（初次活动要先制定游戏规则）等。

在区域活动之前，教师应给幼儿一定的思考时间，让幼儿经过思考后，确定自己的区域活动计划，选择活动区，确定任务。

案例链接

教师看到小文、豆豆、浩哲等几个小朋友讨论了一番，就过去问他们："你们想好玩什么了吗？""我想到建构区搭停车场。"小文说。"我也想去。""我也是。"旁边的豆豆、浩哲都附和起来。教师说："好，那你们去玩儿吧，想一想搭停车场需要哪些材料，搭好后让老师和其他小朋友来参观。"听了教师的话，小文和几个小朋友高兴地到建构区去玩儿了。活动结束后，他们几个小朋友合作搭建了一座漂亮的停车场，里面能停好几辆小汽车。教师接着问："萌萌，你今天想做什么事情？"萌萌想了想说："上次看的故事书我还没看完，我想看故事书。"教师点点头并对她说："记得看书时先看封面讲了什么内容，要爱护图书，一页一页地翻看，你看完故事书后有时间把故事也讲给小朋友听。"萌萌听了教师的话高兴地点点头，安静地到图书区里看书了。

3. 展开阶段

区域活动的展开环节是幼儿操作各种材料以达成活动目标的阶段。在这一阶段，教师主要是认真观察幼儿活动，及时判断、捕捉幼儿的所需，为幼儿提供积极的支持，促使区域活动开展得更加深入。在幼儿的活动遇到困难时，教师要区分出其中哪些可以由幼儿自己独立解决，哪些需要得到教师的介入帮助，及时抓住介入时机，为幼儿提供有力支持，使其能顺利越过障碍，继续探索学习；幼儿在游戏过程中创造出新的玩法时，教师应及时给予积极回应，适度的鼓励和表扬能使幼儿更加投入，增强自信。教师还可以图像、文字方式做好记录。

4. 结束阶段

教师在区域活动时间快到时，提醒幼儿游戏时间快要结束了，组织幼儿收拾材料，放置在规定地方。活动结束后教师还应组织幼儿进行交流，对活动过程进行评价。小班以教师评价为主，中大班可以幼儿自评、同伴互评和教师评价相结合，就"今天玩了什么""会玩吗""玩得开心吗""遇到了哪些问题"等进行讨论，巩固学习的成果。在活动中，幼儿在原有材料玩法基础上有了心得发现或拓展时，教师要及时组织幼儿进行集体交流，促使新的内容得到共享；还可以搭建展示的平台，展示游戏中幼儿完成的作品，让幼儿体会到成功的喜悦。

四、区域活动的评价

评价作为开展区域活动不可或缺的重要环节，其目的在于更好地了解现状，进而提出针对性的改进建议或策略，最终促进区域活动不断完善，促进幼儿自身的进一步发展。区域活动的评价主要涉及幼儿、环境创设两个方面，其中环境创设主要涉及活动区的空间设置和材料投放，这些在前面已有相关阐述，此处就重点分析区域活动中对幼儿的评价问题。

《纲要》将幼儿园教育评价的功能界定为"是了解教育的适宜性、有效性，调整和改进工作，促进每一个幼儿发展，提高教育质量的必要手段"。因此，区域活动评价的核心就是对幼儿的评价。

对幼儿参与区域活动情况的评价，主要从幼儿参与区域活动的态度、幼儿在区域活动中的认知发展水平及社会交往水平三个方面进行评价。

1. 幼儿参与区域活动的态度

幼儿参与区域活动的态度表现在幼儿的规则意识、幼儿对活动的兴趣、幼儿对活动的坚持性三个方面。

幼儿的规则意识是区域活动成功进行的前提。评价幼儿是否具有规则意识，主要看幼儿是否理解规则并自觉遵守规则，可以依据以下表现。

幼儿是否能持进区卡进活动区？

是否能在活动结束后将材料放回原处？

是否能提醒其他幼儿遵守规则并以规则评价自己和他人？

评价幼儿的规则意识可以起到两方面的作用：一是检查区域活动的规则制定得是否得当；二是可以观察幼儿的规则养成程度，为幼儿养成良好行为习惯打下基础。

幼儿的兴趣主要看幼儿是否对区域活动充满期待、最喜欢进哪个活动区、最喜欢哪些材料、活动结束后是否还热衷于讨论关于活动的事情等。幼儿对活动的坚持性主要看幼儿是否能始终保持对活动的兴趣、遇到困难时坚持完成还是频繁更换材料或在活动区里游荡。

2. 幼儿的认知发展水平

评价幼儿的认知发展水平主要是观察活动区中幼儿的操作情况以及与同伴的交流情况。如幼儿所选的材料是简单的还是复杂的？幼儿是主动独立选择活动区和材料的还是服从或模仿他人的？操作方法是单一的还是在具有创造性的？是独立完成任务的还是在他人指导下完成的？

3. 幼儿的社会交往水平

幼儿的社会交往水平主要看以下表现：幼儿是喜欢单独活动还是常与他人合作？是否喜欢与同伴分享？在团队中处于什么位置？是否经常与他人发生冲突，怎么解决的？

五、区域活动中的常见问题

（一）区域活动中的活动区设置

实习教师以及新任幼儿教师在面对活动区设置时，往往不知该创设哪些活动区，或是迷惑于怎样根据幼儿的年龄特点和能力发展水平合理创建活动区和投放材料。

1. 活动区的种类

幼儿园的活动区种类大致可以分为户外活动区域和室内活动区域，教师最常面对的往往是室内活动区域的创设。班级内的活动区设置根据幼儿的课程发展方向大致可分为角色体验区、语言阅读区、科学探索区、美术创意区、益智操作区、建构区、表演区七个基础性区域。

（1）角色体验区

角色体验区是幼儿开展角色游戏的场所。在这一区域里，幼儿可以在虚拟的社会小环境中根据自己的意愿扮演各种社会角色，如爸爸、妈妈、医生、服务员等，这可以让幼儿唤起已有经验，试着走出自我，学会交往。

角色体验区包括娃娃家、超市、餐厅、医院、银行等。一般来说，角色体验区的材料可以分为三大类：一类是用于搭建基本框架的材料，如桌子、柜子和床等基本家具、餐具等操作工具、身份标识工具等；一类是用于丰富幼儿活动的半成品材料；一类是帮助幼儿发挥想象力创造象征类材料。

以娃娃家为例，教师经常投放以下材料：模拟小床、小衣柜、小餐桌等家具；冰箱、电视机等家用电器（可用大型积塑积木、纸板箱等制作装饰而成）；大的餐具、炊具（可用纸箱、泡沫塑料等制成）；碗、碟、锅、铲、奶瓶等（可用塑料玩具、废旧塑料瓶、瓶盖制成）；大小、性别不同的玩具娃娃；各种衣物和简单的床上用品（纸、布制成）；水果模型、饮料盒、点心模型；角色标识，如爸爸的领带、妈妈的围裙、爷爷的胡须、奶奶的老花镜等；其他自制小电话、小玩具。

（2）语言阅读区

人们很早就认识到，幼儿听说读写的早期经验的奠定对其终身发展有着极为重要的意义。语言阅读区的创设能激发幼儿对阅读和书写符号的兴趣，培养幼儿前阅读和前书写技能。语言阅读区一般设置成相对封闭的区域，适宜设置在光线充足、环境安静的地方，设备的安放要有利于幼儿一起阅读和交流，最好能同时容纳4～6名幼儿参与活动。语言阅读区中可开展的活动主要有听读、阅读、讲述、创编、写画等，需投放的材料一般包括：图文类，如各类图书、图片卡片等；表演类，如手偶、指偶、背景图等；工具材料，如录音机、CD、耳机、故事盒、语言棋、相册、固体胶、彩色笔等。

（3）科学探索区

科学探索区的创设对引发幼儿对周围世界的好奇、探索，养成初步的科学思维态度、习惯和能力是非常重要的。科学探索区包括两大类别：一是自然探索区，如种植植物、喂养动物并尝试初步记录；二是实验探索区，如认识简单的自然、科学现象，学习量与自然测量，识别形与体等。科学探索区比较适宜设置在廊檐、窗台等阳光充足、空气流通、取水方便的地方，便于动植物生长，也便于幼儿照顾、观察和实验。科学区材料投放的重点在于提供丰富的动植物标本、模型、图片、自然物品、实验材料等。

（4）美术创意区

美术创意区的创设给幼儿提供了自由表现的机会，让他们把自己的发现和情感用色彩、造型等不同的艺术形式表达处理。美术创意区包括绘画、手工、美术欣赏等方面的内容，教师一般可提供以下四类材料：一类是各种作画工具和材料，如纸张、油画棒、颜料、海绵等；一类是各种手工活动工具，如剪刀、固体胶、彩色纸、废纸盒等；一类是各种废旧材料，如鞋盒、饮料瓶、瓶盖、包装袋等；一类是各种清洁用具，如抹布、水盆等。

（5）益智操作区

益智操作区能激发幼儿思维潜能，有效促进幼儿思维能力的不断发展。益智操作区包括棋牌、迷宫、数学、拼图、电脑、动手操作等内容。益智操作区的材料包括感知操作类材料，如套筒、穿孔类材料、镶嵌板、拼图、迷宫玩具、触摸类材料、编织类材料；逻辑关系类材料，如棋类玩具、分类盒、排序推理玩具等。

（6）建构区

积木、沙土、纸盒、瓶瓶罐罐等都是幼儿百玩不厌的游戏材料，他们运用这些材料搭建自己喜欢的各种物品及情境，表现他们眼中的世界。建构区类型包括搭建类、拼插类、沙土建构类等。

建构区需要充足的场地以满足幼儿拼搭的需要，幼儿玩建构游戏时往往会发出比较大的声音，因此，建构区应远离语言阅读区等需要安静的活动区。

建构区中投放的材料主要包括：积木类，如彩色积木、拼插积塑；板材类，如各种塑料板、纸板、木板；工具类，如沙盘、桶、铲、勺；模型玩具类，如花草、树木、汽车、路标；废旧物，如包装箱、塑料瓶、易拉罐；连接材料，如夹子、纸、线。

（7）表演区

幼儿在表演区里，可以借助肢体语言去表现音乐和故事中所展现的形象，演绎他们心中的童话世界。表演区包括音乐区、戏剧表演区等。教师可在表演区投放各种风格的歌曲 CD、乐器、锅碗罐杯、手偶、指偶、头饰、服装、表演道具、小舞台等。

2．不同年龄阶段活动区的设置要点

不同年龄阶段的幼儿在身心发展水平、兴趣爱好、知识经验等方面都存在着明显的差异，现就简要分析一下不同年龄阶段幼儿活动区的设置要点，仅供参考。

（1）小班活动区的设置要点

3～4岁的小班幼儿处于具体形象思维的初级阶段，有意注意维持时间很短，注意力容易转移。他们好奇、好动，语言交往能力、生活自理能力、协调能力等较差。因此，在区域设置上，小班的活动区内容要少些，3～4个即可；为满足幼儿喜欢模仿的需要，小班角色区以幼儿熟悉的"娃娃家"为主，可安排两个；活动区的封闭性相对要强些，更有利于幼儿安静地操作和游戏，减少外来的干扰。

小班的活动区材料不宜太多太杂，3～4岁的幼儿对物品量的理解大概在六个以内，因此各活动区的材料数量应限定在3～6种，以免幼儿无所适从，分散注意力，妨碍活动开展。同种材料应准备多份，以满足幼儿喜欢模仿的心理，也避免幼儿间相互争夺。小班的材料应具有趣味性，这种趣味性应体现在两方面，一方面材料要色彩鲜艳、形象生动，如语言区里的各种彩色图片、建构区里漂亮的积木等；另一方面材料要有情景性，小班幼儿的生活经验较贫乏，材料应该来自生活，能给他们熟悉感，如娃娃家里的小床、小勺、小奶瓶等。

（2）中班活动区的设置要点

4～5岁的中班幼儿具体形象思维的灵活性和创造性得到了进一步的发展，专注时间相比小班幼儿有了明显提高。他们更愿意和同伴交流和分享，也开始尝试与他人合作，对活动的兴趣和自主性明显提高，但因幼儿的自控能力和规则意识还没真正建立，所以中班幼儿常显得更难管理。

在活动区设置上，教师应考虑更加细化的、固定的活动区。例如，娃娃医院可以细分为挂号室、内科、外科、手术室、药房、注射室等，幼儿可以扮演多种特征的角色，并玩出简单的较为连续的情节。

为中班幼儿准备的材料数量可适当增加，让幼儿在能力范围中进行比较、排序与操作，材料的形状也可略小于小班。应加大半成品材料的投入，与成品材料结合，尽量一物多用，体现层次性和递进性。中班活动材料中还可让实物材料与象征材料相结合，如幼儿可把一根小棒当作筷子、铲子、棒棒糖等，既可以满足幼儿游戏的需要，也是幼儿想象力与创造力的发展过程。另外，随着中班幼儿合作意识的出现，教师可有意识地提供需要两人以上合作才能完成的材料或活动。例如，在益智区里投放飞行棋等材料；提供纸板、黏土等材料，由美工区幼儿制作出鱼、面等食材送到餐厅，娃娃家的爸爸妈妈又可以把制作好的食物买回去给小宝贝吃。

（3）大班活动区的设置要点

5～6岁大班幼儿仍以具体形象思维为主，但已开始出现简单的逻辑思维，注意力品质有了很大的发展，独立意识不断增强。他们更愿意自主选择活动内容和方式，更乐于尝试自己去解决问题。大班幼儿乐于进行一些合作性、竞争性的活动，在交往中能通过初步协商解决彼此之间的冲突。

大班的活动区设置应体现开放性与可变性，能随时根据幼儿的发展与合作需要进行大小、封闭或开放的变换。

大班活动区的材料外形可以相对较小，如数学区用了学习数概念的材料可由原来的积木转换为小珠子、豆子等。材料以低结构化材料为主，让幼儿能探索玩法，尝试用不同方法解决问题。在种类上一般以每个活动区8～10种为宜，其中应有部分玩具材料是供两个或两个以上幼儿合作使用。

（二）观察幼儿的活动状况

在区域分组活动中，如何观察这么多组分别开展不同活动内容的幼儿，或出现观察的随意性大，不深入、不细致，或出现观察形式单一等都是困扰新任教师的问题。作为教师，应在活动中运用各种观察记录方式，收集幼儿行为过程和日常经验的资料，长期积累，综合分析，才可以对幼儿身心发展有尽可能全面准确的评价，促进幼儿个性化发展。

在区域活动中，一般每天都会安排一个重点区域进行指导，主、配班教师配合，一位负责指导重点区，一位负责巡回指导。两位教师的观察重点也有不同。

1. 进行分析性观察，掌握幼儿行为心理特点

在重点区域内，对幼儿在这个区域中的行为可以进行细致观察，教师可具体了解幼儿都说了什么，做了什么，有什么动作表情，对活动的兴趣态度如何，特别要了解幼儿是怎样开始活

动的，在活动中遇到什么问题，又是怎么解决的。教师要将观察到的幼儿行为特点和活动类型通过纪实性的语言记录下来，作为分析判断和评价幼儿活动的重要依据。要确保对全班每个幼儿都观察一次，两位教师各观察一轮，相互对照，增强观察的准确性。

2. 进行扫描式观察，动态把握幼儿活动情况

进行巡视指导的教师可以观察记录幼儿一天或一段时间内的活动，如表3-4所示。例如，要准确掌握幼儿每次活动所选活动区，可根据幼儿的年龄特点设计使用各种幼儿入区记录卡。在幼儿进入活动区时，按自己的活动顺序把自己的头像或名字粘贴在进入区的记录表中，如表3-5、表3-6所示。一天活动结束后，教师把以上信息记录在汇总表里。从统计表里，我们可以了解到以下信息：某一区域在一天内入区的人次，具体都有谁，去了几次；某一幼儿在一天内入区情况，包括去了哪些区域，顺序怎样；哪些幼儿一天内始终在同一区域活动，很少或没有到别的区域活动，哪些幼儿换区频繁，都去了哪些区；幼儿对哪些活动区的材料和活动感兴趣或缺乏兴趣等。

表3-4 幼儿活动区活动观察记录表

观察时间		班级		指导教师		幼儿姓名	
所在区域							
活动 行为 表现	对材料的选择和操作						
	典型行为						
	持续状况						
	言语与行为表现						
活动 情绪 表现	与教师关系						
	与同伴关系						
	能否主动发起活动						
	活动的专注 与持续水平						
总体评价							

表3-5 幼儿入区记录表

活动区域	幼儿入区情况
角色体验区	
语言阅读区	
……	

表3-6 ××区幼儿入区记录表

幼儿姓名	行为表现

（三）区域活动中教师的介入时机

案例分析

在科学区活动中，小玮和子闻发现磁铁的同极相斥现象，就趴在地上玩起了开火车比赛的游戏，开到了旁边医院区，吸引了很多其他区域的孩子前来观看助威。这时候，教师是应该上前制止还是静观其变呢？

在区域活动中，幼儿可能会遇到各种问题，有的幼儿会利用已有的经验和方法寻找解决办法，有的幼儿会在同伴的帮助下解决问题，有的幼儿在找不到解决办法时就会放弃活动。新任教师往往不知道在什么状况下该放手让幼儿自己思考讨论解决，什么状况下要介入指导。

一般来说，区域活动中，教师尽量放手让孩子自己思考解决问题的办法，即使发现幼儿在操作中遇到困难，教师也应有适度的等待，给幼儿自主探索的机会。但如果幼儿出现以下情况时，教师就需要巧妙介入，进行适宜指导。

当幼儿在一段较长的时间里表现得无所事事、对操作材料举棋不定时，教师应该根据该幼儿的发展水平，巧妙引导幼儿选择一些适合其"最近发展区"的活动材料，鼓励他完成。

当幼儿游离于活动团队之外，又总关注活动团队，教师应以参与者身份加入游戏，巧妙邀请该幼儿加入并引导其融入团队。

当幼儿反复操作同一份材料而没有结果时，教师应判断出是幼儿遇到了阻力。这可能是幼儿对活动区的材料不了解或缺乏正确的操作方法与技能，但幼儿没有放弃，教师应保护幼儿坚持探索的努力，采用平行干预的方法，或是在一边用同样材料进行活动，用自己的行为进行暗示引导；也可以以游戏角色身份参与游戏，引导幼儿顺利进行游戏。

幼儿在活动中四处张望、不断更换操作材料时，可能有两个原因：一是幼儿遇到了困难，想求助于教师，但又不知该如何开口，最终选择了放弃；二是幼儿还没有养成良好的区域活动常规，其耐心和专注力不够。如果是第一种情况，教师应果断介入，与幼儿交流，了解幼儿所遇困难，鼓励和引导幼儿发现解决问题的方法。如果是第二种情况，教师需要及时为幼儿提出合理化建议，强化幼儿的区域活动规则意识，帮助幼儿养成良好习惯。

幼儿想操作的材料被其他幼儿捷足先登，从而表现出强烈的失落情绪或与同伴发生冲突时，教师应及时介入，用合适的语言化解幼儿之间的矛盾，巧妙地引导幼儿找到合适的方法，达到彼此满意的结果。

案例链接

冰不见了

为配合"冬天来了"主题活动，教师在科学探索区投放了冰块、小碗、热水、冷水、吸管、棉手套等材料，引导幼儿开展"冰不见了"探索活动。

活动开始时，幼儿望着冰块碗，没有一个幼儿去拿其他操作材料。这时，教师拿起桌子上的吸管，开始对碗里的冰块吹气。幼儿照着教师的样子也朝冰块吹气，但教师又发现幼儿不知道每种材料怎么玩，如一名幼儿戴上棉手套又很快脱了下来，因为他发现无法触摸到冰块，一点都不好玩。

于是，教师问幼儿："真好玩，你们发现冰块有什么不同吗？"幼儿回答："有些变成了水。""我们一起试试用桌上的这些东西来帮助冰块变成水，好吗？"接着教师又进行了追问："这么多的东西，我们来玩一玩，看谁有办法可以使冰块融化得更快。"

幼儿开始积极探索：通过吸管用力地朝冰块吹气；把冰块放在取暖器下面；请教师打开吹风机呼呼地吹冰块；戴手套捂冰块，结果发现手套全变湿了。

这时，教师发现两名幼儿开始互相朝对方的小碗里用杯子浇水，一会儿浇热水，一会儿浇冷水，使得水都流到了操作台上。这时教师制止了他们的行为，并且请他们自己用抹布把水擦干。然后，教师向幼儿示范添加冷水和热水的方法，往一碗冰块里加热水，往另一碗冰块加冷水，引导幼儿仔细看会有什么变化。

案例分析：在此次活动中，教师很好地运用了介入策略，促进了幼儿探索活动的顺利进行。当发现幼儿只关注冰块碗，没有发现其他材料时，教师利用吸管进行操作，巧妙引导幼儿关注材料的运用；当发现幼儿无序摆弄操作材料，没有明确目标时，教师用提问的方式进行引导；当发现幼儿干扰了实验活动时，教师及时介入，制止了这种行为，并示范正确的操作方式。

（四）制定活动规则，培养幼儿规则意识

在区域活动中，需要建立一定的游戏规则，否则不利于活动目标的达成，也容易使幼儿养成一些坏习惯。活动区的规则主要有以下几个种类。

1. 限定人数的规则

设置活动区后，教师要根据区域的大小、材料的多少来限定入区的人数。如益智区只能容纳六个孩子，就可以在区域中挂上六个小手牌，入区时，摘下手牌带着手上，出区时将手牌挂回原处。

2. 取放、使用、收拾材料物品的规则

爱护各种材料、物品，轻拿轻放；

不抢占别人正在操作的材料；

会整理材料，将用过的材料、物品放回原处；

活动结束时快速收拾、整理物品；

会正确处理生活垃圾。

3. 相互交往的规则

活动时不影响和干扰别人；

爱惜自己和别人的作品；

学会协商、谦让、轮流和等待。

每个区都有不同的活动目标和要求，幼儿的身心发展水平也不同，规则意识也有很大差异，因此，教师应根据不同的活动区、不同的年龄阶段制定不同层次的具体规则。如小班的规则要简单明了、具体形象，对中大班的幼儿，教师可引导他们共同协商制定活动规则。

第三节　主题活动

一、主题活动的特点与价值

（一）主题教育活动的含义

主题教育活动是目前幼儿园普遍采用的一种课程模式。它是指在一段时间内，教师与幼儿围绕一个核心话题，即主题，开展多种活动的过程。由此可见，幼儿园主题教育活动与领域教学最明显的区别在于，它是围绕一个中心话题展开的，是由多个有关联的活动组成的，渗透多个领域目标的，让幼儿获得整体新经验的一系列活动的过程。

（二）主题活动的特点

1. 内容与幼儿的生活及兴趣紧密相连

主题活动的来源既可以是幼儿近期感兴趣的话题，也可以是幼儿日常生活中出现的一个问题或一种行为。它着眼于幼儿的现有生活，注重与幼儿已有经验、学习兴趣、发展需要紧密联系，从而积极促进幼儿的全面发展。

2. 是多领域、多内容、多形式的整合活动

主题活动的整合不仅是指不同领域教育内容的整合，又是指活动形式的整合，如主题活动与区域活动的整合、主题活动与户外游戏的整合等。

案例链接

在小班主题活动"好朋友"中，活动内容涉及不同领域，如艺术领域"找朋友"（音乐）、语言领域"一起玩"（故事）、体育游戏"抬花轿"、艺术领域"我的好朋友"（美术）、社会领域"好朋友生活乐"。

3. 内容是预设与生成的结合

主题活动的内容可以是教师事先预设好的，也可以根据幼儿的兴趣需要或扩充内容或减少内容。

（三）主题活动的价值

主题活动建立起各领域之间自然有机的联系，使幼儿零散的经验获得整合，使片段化的知识得到组织，幼儿可以从活动中学习事物的综合性关联，学习从不同角度去认识和表现事物，提高发散思维的能力。

幼儿主体性及个体差异性在主题活动中得到充分尊重，为其后续学习和终身发展奠定了基础。主题活动的主题都是贴近幼儿日常生活、幼儿感兴趣的话题。关注幼儿的好奇心和兴趣，重视幼儿的体验感悟，能有效调动多种教育元素与幼儿原有认知经验多角度建立连接，既适合全体幼儿的发展需要，又能满足个别幼儿的差异发展，促进每个幼儿在各自水平上的提高。

二、主题内容的选择与开发

"主题"是主题教育活动的核心，它表明幼儿将要参与的系列活动，又揭示他们将从中所获得的关键经验；它也是教师设计主题活动、组织开展活动的核心。因此，"主题"是单元主题教育活动设计的起点和灵魂。

（一）主题内容的一般来源

主题活动的来源多种多样，需要教师细心观察，抓住教育契机，实现教育价值。活动内容的来源大致分为以下几种。

1. 源于课程目标

幼儿园课程一般都是围绕《纲要》中提及的各领域实施教育，各领域的目标往往成为教师设计主题活动的基本来源。例如，《纲要》提出的"对周围的事物、现象感兴趣，有好奇心和求知欲"这一目标，我们就可选择利用"神奇的风""奇妙的种子"等活动主题来实现。

2. 源于幼儿的兴趣和需要

幼儿感兴趣的事物中可能包含有丰富的教育价值，可选作教育活动的主题。不过幼儿感兴趣的事物很杂，可能是一部动画片，也可能是新鲜玩具等，教师要善于观察，分析其教育价值，然后再决定是否生成主题。如孩子们在户外活动时发现了草丛里有蚂蚁窝，很感兴趣，教师就趁机设计了主题活动"蚂蚁"。

3. 源于幼儿生活中的事件

幼儿一日生活中遇到的事件很多，但有些材料每年都会有规律地呈现，如每学年的开始，小班幼儿入园，中大班幼儿升班，可以开展"快乐幼儿园""我升班了"等主题活动。另外，还有一些偶然发生的事件或幼儿遇到的问题也都可以生成主题活动。例如，幼儿园里突然停电了，可以生成"电超人"等主题活动；有幼儿换牙了，教师也可开展"我换牙了"主题活动。

4. 源于社会大背景

以社会大背景、大活动为资源生成的主题活动，需要特别注意的是，要选择幼儿能理解的内容、正面内容来拓展主题活动，如"小小宇航员"等。

（二）主题的选择依据

教师选择活动主题时，应该考虑一个问题：为什么要选这个主题？

首先，这个主题当前是否必要？幼儿是否有相关经验基础？这时开展活动是否适时？它蕴涵着什么样的教育价值？它可能有助于达成哪些教育目标？

一个幼儿喜欢的或能够调动起幼儿的参与积极性的主题，应该是幼儿当前关心的、与他们的生活相关的问题或事物。同时，一个有意义的主题应该蕴涵着多种教育价值，有助于达成多方面的教育目标。幼儿园课程要以增进幼儿身体动作、智力、社会情感、语言创造力等方面全面和谐发展为目标。因此，教育活动主题的选择要能支持、帮助、引导幼儿达到上述的发展目标。当然，有些目标可以直接达到，有些则可以间接达到，但无论如何，这些目标都应是这个主题本身所蕴涵的而不是牵强附会的。

其次，它的可行性如何？主题所需要的材料容易获得吗？是否容易转化成让幼儿直接参与的具体活动？

一个具有可行性的主题，其所需要的活动材料必须容易获得，必须容易转化成具体的活动，让幼儿能够直接参与其中。例如，"下雪了"这个主题对北方的幼儿是个不错的主题，但对南方的幼儿来说就不是一个好的选择，因为南方幼儿无法通过具体的雪天活动来学习。有些活动材料虽然可以获得，但如果花费昂贵，就不如选择可达到同样目标的其他主题。

最后，各单元主题活动之间的关系如何？是否有相关的经验进行衔接与连贯？

选择主题时，教师还应该尽量考虑到主题之间的连续性。

由于每个单元都是围绕一个主题来进行学习的，因此，一个主题活动单元与另一个单元之间在学习内容上常常没有什么联系。前后单元之间缺乏衔接与连贯性，是主题教育活动受到的主要缺陷。就目前情况来看，加强这种联系的方法似乎不在主题内容本身，而在幼儿前后学习经验和能力的衔接性和连贯性上。也就是说，后面的主题活动能否考虑到幼儿在前一个单元主题中所获得的经验和能力。只有考虑到前后的衔接和连贯才能做到，尽管主题变了，但课程组织还是符合幼儿前后的发展顺序的，还是前面经验的延续和提高。

三、主题活动的实施步骤

幼儿园主题活动的实施过程分为准备阶段、实施阶段、总结阶段三个阶段。

（一）准备阶段

这一阶段的主要任务是确定主题，收集资料，为具体组织实施做好准备。

1. 确定主题以及内容构成

（1）通过观察记录幼儿的表现，发现出现最多的问题后，组织幼儿讨论，倾听幼儿对新的主题活动的想法和需求，进行统计和提炼，在充分考虑了主题的必要性和可行性后，共同确定要开展的活动大主题，并为主题起一个名字。这个名字应该是幼儿熟悉、喜欢、易记的，并且容易引发幼儿探索与体验的名称，如"天气"改为"雨中看城市"。

（2）教师引导幼儿讨论：看到这个话题，你想到了什么？你最想知道的是什么？然后选出其中 4～6 个主要问题进行探讨。

（3）与幼儿一起制作主题网络图。教师从大主题开始，使用问题推进的形式，构建主题网络图。以大主题为中心，幼儿最想解决的几个问题就是小主题，小主题之下又有若干子主题，这些大大小小的主题都是围绕大主题而开展的。教师按内容分好主题后，将主题内容板书展示出来，就是主题网络图了。

主题网络图的呈现方式有很多种，常见的有以下几种，如图3-2、图3-3所示。

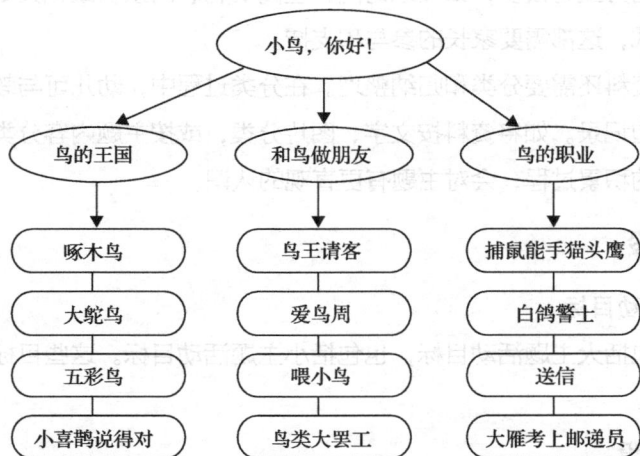

图3-2 树状结构

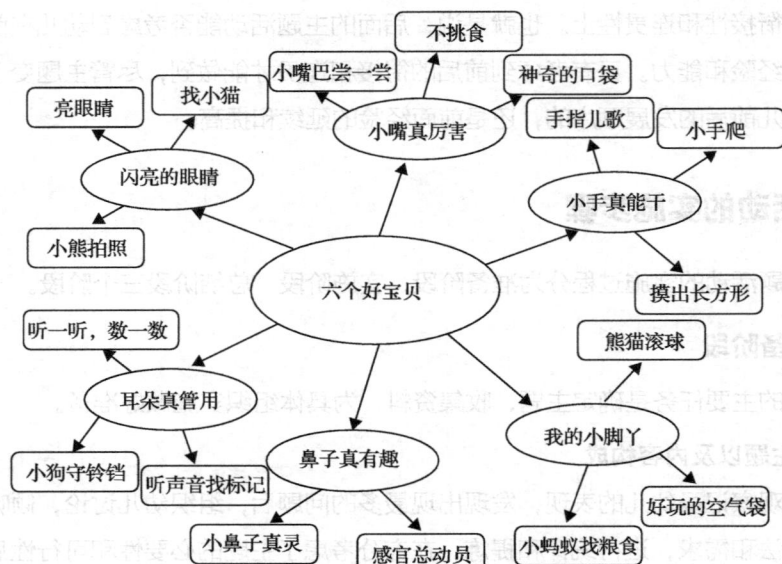

图3-3 网状拓扑结构

案例链接

一起玩玩具：①玩具真好玩；②汽车嘟嘟；③滚圆滚圆的球；④魔术瓶和百变箱。

2. 收集资料

（1）教师与幼儿根据主题网络，确定所要收集资料的类型和数量，可以是照片、视频、图画、实物、音频等。例如，在主题活动"我长大了"的准备工作中，就需要幼儿收集他们成长过程中的照片、衣服、手印和脚模、音频、视频等。

（2）收集资料的方式有很多，如实地访问、查阅书刊、向家长或相关专家请教、向教师请教、网上查找等方式，这都需要家长的参与和支持。

（3）收集来的资料还需要分类和归纳整理。在分类过程中，幼儿可与教师一起讨论，制定分类标准，边分类边记录。如将资料按文字、图片分类，或按主题内容分类。分类记录的过程使幼儿了解了知识的积累过程，会对主题有更直观的认识。

（二）实施阶段

1. 确定主题活动目标

主题活动目标包括大主题活动目标，也包括小主题活动目标。这些目标应准确明确，应渗透各领域。

2. 主题环境创设

主题环境创设主要指围绕主题内容提出的有关物质环境和精神环境的要求，包括主题墙为设计、活动区域设计、玩教具和有关材料的提供、区域活动指导等。

（1）主题墙的设计

主题墙相当于主题教育活动中的"隐性"课程，是主题活动环境创设非常重要的一部分，它直观地展示了幼儿在一个主题活动中的学习现状。作为一个开放的教育活动环境，主题墙能多角度、多层次地为幼儿成长和主题教育活动的开展服务。主题墙可以利用班级的墙面、走廊的墙面及立体画面等来进行整体设计。

主题墙的呈现内容应该包括主题说明，简要介绍为什么开展这个主题教育活动；主题网络图，以明晰的方式表明如何结合主题开展五大领域的教育；主题活动过程则以实物、照片、图片、作品等方式呈现主题活动的进展过程。应该注意的是，主题墙的呈现内容是不断变化的，应该有在准备阶段教师幼儿收集的资料，还应该有主题活动进行中的调查记录、幼儿探索过程的照片、操作实录资料、幼儿作品，以及主题进行后的拓展等。家长和幼儿从墙饰的变化中可以清楚地了解该主题的进展情况。因此，主题墙在初创时应留有余地，不要布置得太满，适当给幼儿生成的活动留出展示和呈现的空间。

主题墙的创设可让幼儿参与其中，充分体现幼儿的主体性。根据年龄特点，小班主题墙的结构设计应以教师为主，中大班可以逐步引导幼儿参与到主题墙的创设当中来。

（2）活动区域设计

区域活动是幼儿园教育活动中的一个主要形式，也是主题教育环境创设的重要组成部分。活动区环境创设上一节已有详细介绍，此处就如何将活动区的游戏活动与主视图活动相关联并整合在一起进行阐述。

区域环境的创设包括区域空间创设和区域材料投放。

区域空间创设可结合主题活动的内容和区域目标进行创设，教师与幼儿一起商量区域活动内容，并根据内容共同完成区域空间的创设。例如，小班开展主题活动"亲亲小动物"时，教师就在小班教室前的大厅设置了共享的主题活动区"小动物的家"，分班级创建了"熊猫家""小兔家""小猫家"。

区域活动的材料也要随主题教育活动的内容而变化。各个区域投放的活动材料要随主题教育活动内容的变化而变化，不能一成不变，要能支持主题活动开展，补充集中教学活动的内容，延伸和扩展主题教育的广度。例如，小班主题活动"我眼中的种植园"进行过程中，在美工区投放萝卜、蔬菜涂色画、收获的萝卜等，阅读语言区投放《我们的农场》立体书，生活区投放盆栽、水壶等。

3. 主题教学活动

主题教学活动是教师根据主题教育活动计划组织的相对集中的活动，一般会以全体或分组的形式进行。主题教学活动大多是教师在主题活动开展过程中的预设活动，涵盖了健康、语言、社会、科学、艺术五大领域的内容。

主题背景下的集体或分组教学活动要注意以下几点：

（1）教学活动目标要与主题活动目标相一致；

（2）教学活动内容要多领域渗透；

（3）教学的不同活动形式要有效融合；

（4）教学活动内容的设计应有序递进。

4. 家园共育

《纲要》指出："家庭是幼儿园的重要合作伙伴。（幼儿园教师）应本着尊重、平等、合作的原则，争取家长的理解、支持和主动参与，并积极支持、帮助家长提高教育能力。"教师应帮助和指导家长了解主题教育活动的内容和框架，以及如何创设家庭育儿环境，如何与幼儿园互相配合进行幼儿教育等。在主题活动中，家园共育的内容包括以下几个方面。

（1）家长参与主题资料的收集。教师应提醒家长协助幼儿完成资料收集工作，而不是代替幼儿完成。

（2）家长助教活动。教师可在准备阶段对家长的情况做一个简单的调查，根据主题活动需要请有能力或相关领域的家长担任"教师"，对幼儿进行教育，也可以在家中进行延伸活动。

（3）亲子活动。亲子制作、亲子阅读、亲子运动会等，都是主题活动过程中经常开展的家长参与的活动形式。家长的广泛参与，使主题活动更加丰富多彩。

家园共育的内容设计应具体而且具有可操作性，其需要的环境和材料应该是低结构且易于获得的。同时，教师对于家长的引导应该有一定的理论支持和说明，帮助家长结合主题教育活动目标有效地进行家庭教育。

（三）总结阶段

幼儿园主题活动总结阶段的主要任务是对主题进行总结、反思、资料整理归档、活动延伸等。总结阶段主要有以下几种活动形式。

1. 集体讨论活动

教师组织幼儿对主题活动开展情况做总体回顾，请幼儿说一说自己最喜欢哪一个活动或游戏，通过活动学会了什么，在这一过程中自己做了什么，自己哪些地方做得还不够好等。总结讨论可以帮助幼儿对已有经验进行梳理，使之更加条理化和系统化，培养幼儿的总结概括能力和自我评价能力。

2. 成果展示

在主题活动即将结束的时候，教师可以带领幼儿将活动中制作的一些美工作品、收集的资料等通过作品展示与分享、制作主题画册、表演等活动展示给幼儿园的同伴、家长、社区人员观赏，这样可以让幼儿体会到成就感，提升幼儿的自信心和对主题活动的兴趣。

3. 教师反思

在主题活动结束后，教师应及时总结反思。反思的主要内容有：活动目标的设计是否合理？是否适应幼儿的发展需要？过程中教师的指导策略是否适宜？教师有哪些感悟或发展？主题活动中还有哪些问题？等等。

四、主题活动设计方案的书写

主题活动设计方案的书写应包括大主题设计与教学活动设计两方面内容。教学活动设计前面已有详细介绍，本节就只对大主题设计方案进行分析。

大主题活动设计包括主题的产生背景、主题说明、主题目标、主题网络图。

（一）主题的产生背景

主题的产生背景其实就是阐明"我为什么要选择这个主题"开展活动，主要表述主题设计的出发点在哪里，幼儿的兴趣点在哪里，以及主题产生的过程。

案例链接

"一起玩玩具"主题的产生背景

玩具是伴随孩子们童年生活的亲密伙伴，是孩子们最心爱的宝贝，在他们眼中，眯眯笑的娃娃、蹦蹦跳的皮球、嘟嘟开的汽车……无不散发出奇妙的魔力，吸引他们去看看、玩玩。特别是幼儿在入园初期，熟悉的玩具能够陪伴着他们，带给他们快乐，还能够减轻他们与父母的分离焦虑。

幼儿入园后，供他们玩的玩具增多，玩伴增加，这让他们在一起玩玩具的过程中，获得了在家庭生活中所不能获得的快乐和满足。但是由于小班幼儿的年龄特点，他们还不善于体验共享的欢乐，有时在一起玩玩具的过程中容易发生纠纷。本主题"一起玩玩具"正是基于幼儿发展的需要和现状，让初入园的幼儿在与同伴一起玩玩具的过程中，学习和体验关注别人、认识别人、理解别人、模仿别人、影响别人，在认知和情感方面逐渐摆脱"以自我为中心"，学会和同伴一起玩。因此"一起玩玩具"中蕴涵着丰富的社会性教育的价值。

此外，幼儿玩玩具的过程也是他们探索玩具的玩法、性能，动手动脑的学习过程，是他们解决问题、积累经验的过程。玩玩具的过程还会涉及数量、分类、对应等初浅的数学知识。因此，主题"一起玩玩具"还蕴涵着宝贵的科学教育价值。

（二）主题说明

主题说明主要表述该主题教育活动主要是通过哪些活动内容和形式来完成的，幼儿在此方面的学习发展特点，开展主题大致需要的时间等。

主题说明要逻辑清晰、言简意赅，便于其他人看到后能大致了解主题的脉络与思路，对主题的内容及目标有一个心理预期。

"一起玩玩具"由"玩具真好玩""嘟嘟叫的汽车""滚圆滚圆的球"三个小主题组成。"玩具真好玩"首先让幼儿自带喜欢的玩具上幼儿园，在介绍和保管自己玩具的过程中，进一步分清自己的玩具和幼儿园的玩具，理解对自己玩具的管理权和支配权。在此基础上，教师可鼓励幼儿将自己喜欢的玩具和别人一起玩，享受分享的快乐，积累和同伴一起玩的经验，同时通过与同伴一起玩玩具的过程和集体教育环境的平行影响，使幼儿知道要爱惜玩具，学习整理玩具。"嘟嘟叫的汽车"和"滚圆滚圆的球"两个小主题是大主题"一起玩玩具"由面向点的深入。在玩的过程中，让幼儿探索汽车的简单构造、轮子和圆球的特性，获得有关物体形状和运动方面的经验，获得有关数量、分类、对应等初浅的数学知识，激发他们对事物的好奇心和探究兴趣，同时体验和同伴一起玩的快乐。

（三）主题目标

主题目标主要描述主题实施的预期结果，将主题的教育价值表述成具体目标，特别要注意目标的准确性、全面性，要归纳和概括地描述围绕主题开展的各领域教育活动的目标。

确定主题目标一定要涵盖各领域活动的主要目标，同时还要善于有机整合，不能只是将各教育活动目标简单拼凑起来，要围绕主题，体现出逻辑性、科学性和合理性，同时还要在目标中体现出学习品质、能力、习惯等智力因素，将它们作为不可或缺的目标之一并长期坚持培养。

中班主题活动方案"幼儿园的树木"总目标：

（1）喜欢和树做朋友，对幼儿园里的树感兴趣；

（2）能够主动提出有关树的问题，并能与同伴积极讨论；

（3）感知大树的生长变化，简单了解树对人和环境的作用；

（4）能积极与同伴一起探究问题，在探究中获得经验，并做简单记录；

（5）以树为主题进行美术创造，关注其色彩、形态等特征；

（6）感受幼儿园的美，激发爱树、爱幼儿园的情感，培养爱护环境的环保意识。

（四）主题网络图

主题网络图主要是拟定主题纲要，考虑主题教育活动都有哪些，涉及哪些领域……根据这些要素来编订主题网络图。它是由许多与主题有关的教育活动编织成的放射状图形，能够明确主题探索的范围，这往往由教师先设定出与主题相关的问题，然后再由教师和幼儿在主题探索过程中共同完成。主题活动展开的结果便是幼儿新经验的获得和主题网络的完成。真正的主题网络不是事先设计好的方案，而是事后的总结。完整的主题网络只能诞生于一个主题结束之时。

五、主题活动开展中的常见问题

（一）怎样设计主题和架构主题网络

幼儿园新任教师往往会为选择什么主题，主题该怎样发散架构而犯愁。我们就这两方面谈谈主题网络的设置。

1. 选择主题

教师可以自己选择设计主题内容，也可以从他人开发的主题中选择。自己选择设计的话，就可从以下几个方面考虑。

首先，可从幼儿的兴趣、需要及其教育价值入手。一般来说，教师往往以幼儿自身、自然和社会为主线，来确定主题内容。

从幼儿生理方面入手。关注幼儿身体的特征与功能、身体的发展与变化、身体的健康、安全与保护等。如"身体的秘密""我长大了""我有五宝""小小营养师""小小运动员"等。

从幼儿心理方面入手。教师可观察幼儿的兴趣、爱好、能力、情绪等，也可和其他小朋友做些友好的比较，从中发现幼儿最近的兴趣、情绪变化，以此为基础开展活动。如刚入园的小班幼儿出现哭闹现象，他对同伴不感兴趣，只是哭着要妈妈。教师为缓解幼儿分离焦虑，让他们尽快适应幼儿园的生活和环境，实现从家庭到幼儿园的顺利过渡，设计"我上幼儿园了"的主题活动。

从幼儿的社会环境入手。这方面可探讨的主要是幼儿的各种人际关系。随着其生活圈的逐渐扩大，幼儿的关注范围越来越扩展为对社会机构、社会角色、不同地域的人、不同文化等更大范围的社会环境的关注。有关的主题可以有"我的家""快乐的幼儿园""我的朋友""爸爸的工作""超市""警察叔叔辛苦了"。

与幼儿周围自然界的现象或变化内容相关的活动，也是幼儿非常热衷的。由此可产生的主题有"海底世界""动物怎样保护自己""奇妙的磁铁""珍贵的水""妈妈的助手——家用电器"等。

其次，可根据整合的教育内容和资源。有些学习内容和学习材料会有规律地呈现，如幼儿对四季变化的认识，对中国传统节日和国际公认节日的认识等，活动可按照节日和季节的变换展开。

再次，就是学前教育目标。这也是撰写活动背景时需要考虑的内容。例如，根据目标"培养幼儿热爱大自然的情感"，就是从让幼儿体验大自然的神奇，感受大自然带给我们的恩泽，唤起幼儿对大自然的爱这一背景出发的。

2. 主题架构

主题架构的主要方式有主题网络式和主题流程式两种。

主题网络的编制技巧主要采用头脑风暴式，即首先把与该主题有关的事物罗列出来，然后选择适合幼儿认识和操作的内容，按主次、先后的顺序建立起有机的联系。

案例链接

关于"水"的主题网络图如图 3-4 所示。

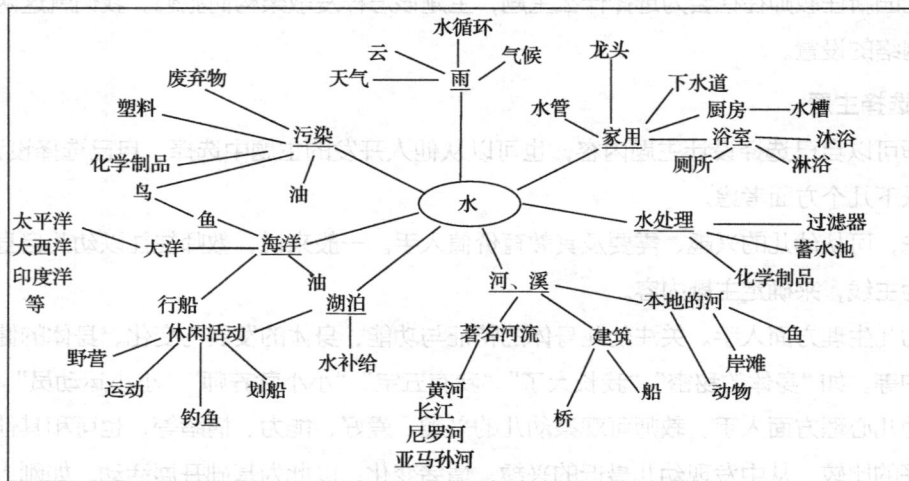

图3-4 关于"水"的主题网络图

主题流程式就是按主题发展的过程依次展开相应的活动。

案例链接

"美丽的农家小院"主题流程图如图 3-5 所示。

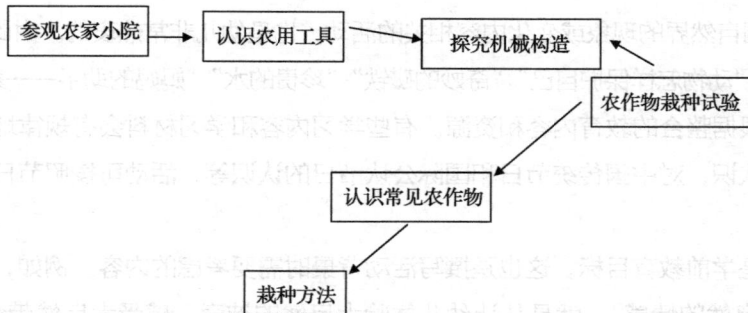

图3-5 "美丽的农家小院"主题流程图

（二）主题活动怎样生成新的活动

教师在主题实践过程中要密切注意幼儿的动向，观察其反应，发现其新的兴趣源泉，通过有意义的互动、协商与合作，采取适当的措施，及时更新、改进自己的教育教学活动内容和方法，与幼儿共同"衍生"出新思路或新方案，这就是主题教育活动的生成策略。

"生成"无所不在，日常生活中、教学活动中、游戏活动中……一般来说，生成课题可能出现在主题活动的任何阶段，如幼儿在参观农田活动过程中，看到路边的大果树，幼儿深感兴趣，教师与幼儿进行讨论，引导幼儿观察果树的生长情况，使主题活动内容得到进一步的拓展延伸。

幼儿年龄小，思维和表达能力还没有发展完善，他们无法表达出对主题的看法，这就需要教师充分观察和了解幼儿，从幼儿的兴趣出发，使活动的内容自然生成。教师在组织活动时，要密切注意幼儿的表情，善于倾听幼儿之间直接的对话、讨论或对某一件事情的争论、辩解、质疑，追踪了解幼儿的心思及行为背后的动机，引领他们自己找到活动的乐趣。教师要做的最重要的事就是判定其是否蕴涵着内在的教育价值，是否有利于幼儿的发展，如果答案是肯定的，就应生成新的主题，加入主题网络中。

第四节　游戏的组织与指导

游戏是幼儿感兴趣的、自发自主的、"重过程"的自娱活动。我国学者一般把游戏概括为"是幼儿主动发起、自愿参与，可在假想的情境中反映周围生活，并常伴有幼儿愉悦情绪的活动"。幼儿游戏没有社会实用价值和强制的社会义务，且不能创造社会财富。

国内外的大量研究表明，游戏对幼儿有着不可估量的价值，起着不可或缺的作用。我国《幼儿园工作规程》中特别强调幼儿园的教育应"以游戏为基本活动""游戏是对幼儿进行全面发展教育的重要形式"。因此，不难得出游戏成为幼儿在园一日活动基本形式的结论。那么游戏与幼儿的发展又有什么关系呢？可整理为以下三种：一是游戏反映幼儿的发展，幼儿的游戏行为作为观察指标，标志幼儿在各个领域的发展状况；二是游戏促进幼儿的发展，游戏作为一种主要的教育方法，为幼儿的成长带来积极影响，特别是在幼儿园的游戏，从设计到展开，其目的都是非常明确的，就是促进幼儿的发展，对幼儿身体发展、认知能力、情绪情感、社会性发展等都具有很大的价值；三是游戏巩固幼儿的发展，游戏巩固幼儿的发展性获得，其中包括知识经验的获得和行为技能的获得。

我国长期以来受到国外教育的影响，国外的学前教育理论一直强调把游戏作为实现教育目的的手段，强调游戏在幼儿园中的巨大教育作用。因此，我国常见的游戏分类中，也侧重于从游戏的教育作用角度对游戏进行分类。我国幼儿园在教育实践中也可从以下角度对游戏进行分类，具体分类如下。

创造性游戏，主要有角色游戏、结构游戏、表演游戏。

规则性游戏，主要有智力游戏、体育游戏、音乐游戏。

其他游戏，主要有亲子游戏、民间游戏等。

一、创造性游戏

创造性游戏主要是为了促进幼儿独立自主性和创造性的发展，其主要包括角色游戏、结构游戏、表演游戏等。

（一）角色游戏

1. 角色游戏的概念及价值

角色游戏是幼儿喜闻乐见的游戏，幼儿借助模仿与想象，通过扮演角色创造性地反映周围现实生活。角色游戏随着幼儿的心理发展到一定阶段自然产生，是一种典型的象征性游戏。两岁之前的幼儿游戏主要是练习性游戏，幼儿寻求并满足于感觉与运动器官的练习性快乐，也称感觉运动游戏，如幼儿不断敲打和摆弄玩偶、拨动铃鼓等。由于模仿和想象能力的发展，两岁以后的幼儿开始能够进行延迟模仿，即可根据头脑中的表象，在事后进行模仿。也正是这种延迟模仿的能力，使他们能在非真实的情境中模仿曾经历的或想象的生活情景，并展开新的游戏形式，即角色游戏。3～5岁的幼儿普遍喜欢角色游戏，6～7岁以后角色游戏逐渐减少并被规则游戏所取代。角色游戏能促进幼儿自我意识发展，摆脱自我中心，是使幼儿实现社会化的一个重要途径。

知识拓展　自我中心思维

> 幼儿以具体形象为主，只能理解事物的直接关系，具有很大的片面性，他们常常从自己的角度出发看问题，皮亚杰称之为"自我中心思维"。皮亚杰"自我中心"理论最先见于他所著的《幼儿的语言和思维》（1923年）一书中。皮亚杰用"自我中心"这一概念来指明幼儿不能区别一个人自己的观点和别人的观点，不能区别一个人自己的活动和对象的变化，把一切都看作与他自己有关，是他的一部分。

作为幼儿教育的基本活动之一的角色游戏被赋予了一定的教育目的，教师的作用必不可少。那么教师又该如何组织、指导角色游戏呢？教师可以从角色游戏的游戏前、游戏中和游戏后三个阶段展开。

（1）游戏前的组织指导

角色游戏前，教师的主要任务是为游戏的开展创设良好的环境和条件。一是提供充足的游戏时间，为保证幼儿角色游戏的深入开展，幼儿游戏所需时间一般都较长，每次一般不能少于30分钟。二是丰富幼儿的生活经验，有助于拓展角色游戏的情节。角色游戏是幼儿对现实生活的反映，幼儿的生活经验越丰富，认知经验越充分，角色游戏的材料运用和主题情节也就越充实、越新颖。三是提供材料丰富、富有趣味的游戏场地。幼儿园要为幼儿设置固定、有意义的角色游戏区，如幼儿普遍喜欢的"娃娃家"游戏，教师可在教室中划定相对封闭的一部分区域，通过相关玩具材料的摆放与陈列，尽量符合现实家庭生活的日常设置，诸如儿童床、电视机、厨房用具等，营造出一种"家"的空间感。其中值得注意的是，在物质材料的投放过程中，教师应支持幼儿使用替代性材料丰富角色游戏材料；当幼儿从用"沙子"替代"小米"发展到用"竹竿"替代"马"时，表明幼儿的象征性思维水平逐步得到了提高。教师要鼓励大班幼儿参与环境创设和游戏材料的准备，摆脱过去环境和材料由自己"包干"的做法，注意引导幼儿参与环境创设和材料准备的过程，使之产生教育价值。

（2）游戏中的指导

在幼儿角色游戏的活动过程中，在尊重幼儿主体性的原则下进行科学指导，教师协助幼儿按照自己的兴趣和意愿组织和进行游戏。需要教师指导的具体环节主要有游戏主题的选择与确定、角色的分配、游戏情节的深入与展开、游戏规则的建立与执行、游戏的合作程度等方面。教师可在观察的基础上采用询问、建议、启发、提供玩具和材料等指导方法来介入这些环节。

💡 小思考

角色游戏过程中，教师应在对幼儿游戏充分观察的基础上实施指导，并注意把握介入指导的适时性与适度性。那教师应该在什么情况下介入指导呢？

一般情况下，当幼儿在角色游戏中出现问题或困难时，当游戏需要获得提升时，当教育目标需要在游戏中完成时，教师需要介入幼儿游戏进行指导。

（3）游戏后的指导

让幼儿在愉快自然的状态下结束游戏，有助于保持幼儿下次继续游戏的积极性。教师注意做好游戏后的整理工作，整理收拾玩具为下次游戏做准备，也是培养幼儿良好的生活习惯的重要时机，教师不能包办代替。最后教师还应该对角色游戏进行讲评，可就幼儿游戏情节、游戏材料和玩具的制作与使用、幼儿在游戏中的行为进行讲评。在讲评中让幼儿分享、交流游戏经验、游戏体会，讨论游戏过程中的问题，归纳后做好游戏小结。

2. 不同年龄段角色游戏的组织与指导

（1）小班

小班游戏的特点：小班幼儿的社会性水平不高，在游戏中与同伴交往少，主要是独自游戏、平行游戏。小班幼儿的角色游戏很大程度上取决于游戏材料，他们对模仿动作感兴趣，角色意识较弱，他们适合玩主题单一、情节简单的游戏。

指导重点：教师对小班幼儿的指导重点应放在游戏材料上，提供给幼儿的材料种类要少但同种类的材料要尽量丰富。材料太多，幼儿选择较困难，且幼儿喜欢模仿他人游戏，所以，同种类材料应丰富。教师还应创造机会引导幼儿重复使用游戏材料，满足小班幼儿喜欢反复操作的需求。教师要以游戏者的身份参与游戏，有效激发小班幼儿的游戏兴趣并做适时指导。

（2）中班

中班游戏的特点：中班幼儿较小班幼儿的认知范围扩大，游戏主题、情节不断丰富但持续性差；社会性水平处在联合游戏阶段，有同伴交往的意愿但交往技能欠缺，游戏中常起纠纷；角色意识较小班幼儿增强，能按照自己的意愿选择角色并进行扮演。

指导重点：在游戏中根据幼儿的认识范围，投放种类丰富、时有变化的游戏材料，激发幼儿游戏兴趣，尝试不同的游戏主题；指导幼儿解决游戏中的矛盾和冲突，帮助幼儿学习同伴交往的策略，支持幼儿掌握社会规则和交往技能，鼓励幼儿独立解决问题；组织幼儿开展讨论等多种形式的游戏评价，促进幼儿游戏内容的丰富和游戏经验的积累。

（3）大班

大班游戏特点：游戏的内容、情节相对中班有很大的丰富和提升，大班幼儿喜欢合作游戏，乐于与同伴交往、共同游戏；游戏中能按照集体意愿对游戏主题做出选择，并能有计划地开展游戏；游戏中同伴间的合作意识强，能协商解决游戏中的纠纷和问题。

指导重点：教师对大班幼儿游戏的指导重点应放在培养幼儿的独立性和创造性上。在游戏前引导幼儿参与游戏准备，在游戏中激发幼儿的创造性，允许并积极鼓励幼儿在游戏中不断创新。同时，游戏结束时，教师要充分发挥讲评环节的作用，开展形式多样的讲评活动，让大班幼儿在分享中开拓思路，积累经验，提高游戏水平。

案例点评

角色游戏"服装公司"（大班）

游戏目标

（1）幼儿在动手设计、装饰、制作服装的过程中，体验到劳动的乐趣，懂得尊重劳动，爱惜衣服。

（2）发展幼儿的想象力、创造力，提高对美工制作的兴趣，培养健康的审美观。

游戏过程

（1）引发游戏主题。教师出示新衣服，请一个幼儿穿上，教师也当着幼儿的面穿上一件新衣，让幼儿观察新衣服，问："好看吗？衣服哪里来的？谁做的？"引出参观服装店及服装厂的话题和游戏主题。通过讨论使幼儿知道服装店的用途及商店的主要角色有经理、副经理、营业员等；而服装厂是专门设计、制作各种服装的，角色有厂长、设计师、缝纫工人等。

（2）角色分配。服装厂和服装店的游戏总是同时进行和发展的。服装店的服装要靠服装厂制作供给，所以是不可分割的游戏主题。教师根据游戏需要让幼儿按自己的兴趣报名担任游戏中的角色，尽情游戏。

（3）提供各种制作材料和半成品。教师鼓励幼儿设计、剪裁、装饰、制作各种"服装"，由"送货员"将成品送到"商店"出售，这样服装店的游戏也就开展起来。

（4）启发、引导幼儿发展和深化游戏内容。

（5）游戏结束，讲评游戏情况；指导幼儿收拾玩具材料。

指导方法

（1）增加感性认识是开展这个游戏的关键

服装是幼儿天天都要接触的，产生这个游戏主题比较容易。但如何使游戏内容丰富，就必须使幼儿了解服装生产工序，了解缝纫工人的劳动；了解商店进售货都由专人负责。教师引导幼儿观察服装的款式、图案花色等，指导幼儿展开想象，大胆地设计各种服装；指导幼儿学习一些剪、折等制作服装的方法，鼓励幼儿用绘画、涂染、粘贴、绣花等方法设计出式样不同的服装。

（2）丰富游戏内容，深化游戏主题是开展这个游戏的重点和难点

游戏开展后，教师要把指导的重点放在引导幼儿丰富游戏内容、深化游戏主题上。在"服装厂"里，教师可尝试用碎布剪一些衣服，如裤子、裙子等给布娃娃穿，以引起幼儿的制作欲望；也可以和幼儿一起剪剪画画，引导幼儿设计制作"服装"。

指导要点

在指导过程中还应注意，在游戏开始时教师和幼儿一起担任角色，由教师担任经理，给幼儿讲解营业员、采购员、送货员的工作职责，要求大家要热情参与，及时鼓励幼儿，以增加他们的信心和对游戏的兴趣。教师在"游戏评价"环节应重点讲评"营业员"和"顾客"之间的关系，使幼儿懂得要礼貌待人。

案例分析：通过呈现衣服实物，引发幼儿对日常物来源的思考，激发幼儿扮演服装厂和服装店情景的游戏兴趣。由于是大班幼儿，教师应注重幼儿独立性的培养，让幼儿自选扮演的角色，也可引导大班幼儿一起创设游戏所需的材料，锻炼幼儿的动手操作能力。幼儿游戏过程中，教师不断鼓舞激发他们拓展游戏情节、深化游戏主题。最后游戏结束，教师鼓励幼儿分享游戏体验，并就在游戏过程中发现的问题，和幼儿讨论解决。

（二）结构游戏

1. 结构游戏的概念及价值

结构游戏是幼儿园最常见的游戏类型之一，它是借助积木、积塑等结构材料创造性地建构物体的游戏，又称为建构游戏。结构游戏是幼儿创造性地反映现实生活的游戏。在结构游戏中，幼儿可根据自己的意愿、想法进行搭建、构造，表现一定事物的形态，而这些事物的形态都直

接或间接地来源于现实生活。结构游戏对幼儿想象力的发展具有一定的价值。首先，在结构游戏中，幼儿以自己对周围生活的感知印象为基础，通过亲手操作创造性地反映周围生活，是幼儿通过动手动脑，创造性地、自由再现物质形象的过程。在这个过程中，它既提供了发展幼儿感知和运动技能的机会，提高手眼协调性和手脑并用的能力，也使幼儿充分发挥想象力和创造力。在对建构材料的实际操作过程中，幼儿不仅认识了建构材料的性质、大小、颜色，而且获得了一些空间概念和数学概念等，可以说幼儿的结构游戏是丰富知识、发展智力的重要手段。其次，幼儿通过实际操作再现物质形象时，在颜色、形状、各部分比例中都尽量体现对称、协调和美观要求，是幼儿的一种艺术造型活动，这同样是培养幼儿审美能力、创造美的能力一种基本手段。

最后，一个成功的结构游戏，还需幼儿有较强的目的性，并勇于解决在游戏中遇到的困难，善于和同伴相互配合、协商。因此，结构游戏还可培养幼儿的目的性、坚持性和合作的良好品质。

2．不同年龄班结构游戏的组织指导

要想发挥结构游戏的最大价值，教师的指导不能少。在结构游戏中，幼儿从确定建构造型、选择建构材料、善用建构技巧，到建筑造型的构成，这些都需要教师的帮助和指导。因此，教师应明确自己在整个结构游戏过程中的主导地位。教师在游戏前应对整个活动的发展事先做好周密的安排，避免放任自流。但值得注意的是，教师的作用是指导，并不是指包办代替。教师应认识到，教师的指导是以幼儿为中心，紧紧围绕幼儿进行的，对游戏的指导的目的是为了让幼儿更好地游戏，从而更好地发挥游戏的教育作用。

在幼儿结构游戏中，教师的组织指导应从哪里入手呢？我们可从以下几方面把握：在日常生活中培养幼儿对物体和建筑物的感性认知；为幼儿提供结构游戏的相关材料、充足的时间和一定的场地；针对各年龄班幼儿的水平，帮助幼儿掌握基本的结构知识和技能；针对幼儿的发展水平培养建构活动的坚持性和目的性；引导幼儿养成对待建构成果的正确态度。

知识拓展　各年龄阶段幼儿应掌握的结构知识和技能

小班：幼儿应认识结构材料，能叫出其名称，如积木、积塑等，并认识结构材料的形状、大小、颜色，学习铺平、延长、围合、盖顶、加宽、加高等技能，识别上下、中间、旁边等方向，会用材料建筑简单的物体，能将物体的主要特征表现出来。

中班：幼儿应认识高低、宽窄、厚薄、轻重、长短、前后等空间方位，会选择利用建构材料，能正确地建构物体。

大班：幼儿会合作建造物体，技能上，要求幼儿建造的物体比中、小班幼儿更加精细、整齐、匀称，物体的结构更加复杂和富有创造性，会使用辅助材料装饰建造的物体。

不同年龄段的幼儿具有很大的发展差异性，教师必须根据幼儿的年龄特点，有针对性地进行指导。

（1）小班

小班幼儿主要关注建构的动作，建构前一般对于最后要搭建的物体没有预设，目的性和稳定性弱，选择的物质材料也较单一，游戏的持续时间不长。

指导要点：教师应引导幼儿认识建构材料，帮助幼儿学习基本的建构技能，提醒幼儿去给自己的建构作品命名，逐渐提高小班幼儿结构游戏的目的性和稳定性，帮助幼儿遵守基本的游戏规则，教幼儿学会爱护、收拾及整理玩具的方法。

（2）中班

中班幼儿相对于小班幼儿，结构游戏的兴趣更强，对建构作品的计划和目的逐渐明确，并且懂得在游戏中学会坚持，建构主题较稳定；中班幼儿大都能独立整理结构游戏的材料。

指导要点：教师应在日常生活中运用多种形式的活动丰富幼儿对建筑体的感知，引导幼儿在建构前对造型进行一定的想象和设计。教师在幼儿游戏中可以适当参与，丰富幼儿建构内容。教师通过示范讲解，提升幼儿的建构行为技能；鼓励同伴间的合作，提高幼儿的社会性水平。

（3）大班

大班幼儿建构的目的性、稳定性、坚持性增强，且建构过程中同伴合作意识明显加强，建构动作技能达到一定水平甚至比较成熟，幼儿可以根据游戏的需要生成新的建构主题，灵活性增强。

指导要点：教师应注重培养幼儿独立建构的能力，增强建构的目的性，有意鼓励其在制订计划的基础上进行建构；引导幼儿学会进行游戏评价，提高其评价能力；鼓励和引导幼儿加强同伴合作，共同设计，增强幼儿的社会交往能力。

案例点评

结构游戏"美丽的街道"

游戏目标

（1）学习对称建筑的方法，培养幼儿的造型审美情趣。

（2）发展手脑并用及合作能力。

游戏准备

（1）观察大街上的建筑物、车辆、岗亭、花坛、人行道、护栏等，并了解其特点。

（2）不同性质、大小不一的建筑材料及工具。

游戏过程

（1）幼儿参观大街后，教师通过谈话激发幼儿对建筑的兴趣，引出游戏主题。

（2）街道内容可分为两部分：一部分是马路上的交通设施和车辆，另一部分是街道两旁的楼房和绿化带。结合幼儿积极报名，教师给幼儿分配任务，将幼儿分成两部分：一部分盖楼房；另一部分做汽车，建交通设施。

（3）指导幼儿根据游戏需要先进行布局，按照布局搭建。

（4）游戏结束，教师和幼儿一起评价游戏。

指导方法

（1）引导幼儿仔细观察，掌握建筑物的主要特征，如有的屋顶是三角形的、有的是长方形的，教师要做必要的讲解，以便幼儿理解掌握。

（2）让幼儿学习一些粗浅的街道布局知识，画出楼房建筑区、马路及人行道，让幼儿在画好的区域内建造。

（3）建造时，教师要启发幼儿学会把自己建造的楼房和别人的楼房连起来，形成一条街。

（4）在游戏中应该随时注意幼儿的建构进展，只要发现有所创新就要予以鼓励。

指导要点

（1）此游戏难度较大，一开始不要要求太高，应分为几个阶段来进行。开始允许幼儿各建各的，并重点指导幼儿学会对称建构的方法以及使楼房稳固不倒的方法，使幼儿懂得对称建构的房屋更美观，同时学习通过各种建筑材料将楼房的特征充分体现出来的技能。

（2）当幼儿掌握了这些技能后，教师就应提出一些新的要求，即学会与同伴合作，共同建造楼房及其他物体。

（3）启发引导幼儿细致入微地观察和认真地模仿再现是游戏的关键。教师要自己观察细致，掌握一些建筑物的基本特征及建造技巧，这样才能启发、引导幼儿。

（4）不断补充新的内容。重复会使幼儿感到厌倦，教师应不断补充新的内容，激发幼儿继续游戏的愿望。多给幼儿准备一些辅助材料，让幼儿制作各式各样的车、电话亭、汽车站、花坛、树木及小人等，鼓励幼儿充分发挥他们的想象力，创造一条新颖美观的"街道"。

案例分析：本案例中教师通过带领幼儿参观街道，增强幼儿对街道模型的感性认知，激发幼儿对搭建街道的兴趣。由于该模型相对较难搭建，因此，在幼儿建构"街道"时，教师主要采用分阶段、分工合作式，先让幼儿画"街道"，再让幼儿各自搭建各自的楼房、花园、车辆等，锻炼其手眼协调性和动手操作能力。最后，教师将幼儿的搭建作品连接在一起，成为一条"街道"，从而使幼儿感受到分工合作的成就感。

（三）表演游戏

1. 表演游戏的概念及价值

表演游戏又称戏剧游戏，是指幼儿通过表演故事、童话等文学作品的内容和情节，运用语言、动作和表情进行的一种游戏形式，如儿童话剧、歌舞剧、木偶剧和皮影戏等都是表演游戏。幼儿通过创造性的表演，加深了对文学作品的理解，更加深刻体会人物角色，文学作品的熏陶和感染更容易培养幼儿的良好品质。表演游戏极大地提高了幼儿的表现力，从而增加了幼儿的自信心。

表演游戏组织指导的基本任务包括协助幼儿确定表演游戏的主题，为表演游戏提供物质材料，指导幼儿选定角色，指导幼儿提高表演技能和游戏水平等几个方面。

（1）协助幼儿选择表演游戏主题

幼儿表演游戏的主题主要来源于童话故事、寓言故事等文学作品以及儿歌等，还有的来自电视、电影，有的还可能来自幼儿的实际生活经验。选择幼儿易理解又具有表演性的作品，是开展幼儿表演游戏的前提。近年来，绘本深受幼儿教师和幼儿的喜爱，很多表演游戏的主题都来源于绘本故事。

知识拓展　绘本

绘本并不是一般意义上写给孩子的带插图的书。绘本是用图画与文字来叙述一个故事，表达特定情感、主题的读本，是通过交互使用绘画和文字两种媒介来讲故事的一门艺术。在绘本中，图画不再是点缀，而是图书的命脉，甚至有些绘本，一个字也没有，只用图画来讲故事。绘本的作者和画者，相当于电影导演，他们必须在有限的篇幅里，把故事讲得既好看，又清晰。一本优秀的绘本，可以让不识字的孩子"读"出其中的意思。绘本通过封面、扉页、正文以及封底构成一个近乎完美的整体。绘本阅读已经成为了当今世界儿童阅读的时尚。

（2）提供表演游戏的相应物质材料

教师可根据幼儿喜爱的角色，和幼儿一起来准备玩具、服装、道具及布景等，幼儿自己准备材料同样是一个愉快的学习过程，幼儿自己创设相应的游戏环境，更能激发和调动幼儿参与表演的积极性。

（3）指导幼儿选择扮演的角色

选择扮演角色时，教师应支持幼儿的自主选择。当角色选择发生分歧时，教师可用以下办法解决：轮换法，让两名幼儿自行商量或用猜拳、投币的办法确定谁先演、谁后演，然后依次进行表演；发现法，帮助幼儿发现扮演其他角色的乐趣，自愿谦让而选择其他角色，特别是像巫婆、大灰狼等总是被人打骂的反面角色，教师应引导幼儿发现这些角色在表演上的趣味性和挑战性，鼓励幼儿大胆尝试。

（4）指导幼儿提高表演技能、游戏水平

教师通过示范表演，激发幼儿的表演欲望，积累丰富的表演素材，帮助幼儿学习各种表演技巧。教师可通过自己示范表演，也可以请表演能力强的幼儿表演，让其他幼儿跟着进行表演。

教师可通过训练幼儿的表演技能，提高幼儿的表演游戏水平，幼儿的表演技能主要包括口头表达能力、歌唱表演和形体表演等。

2. 各年龄段幼儿表演游戏的组织指导

小班：小班幼儿在表演游戏上主要表现为表演欲望强，角色意识不强，交往欲望较低，表演能力弱等特征。教师应帮助幼儿选择感兴趣的故事作为表演游戏的内容。小班幼儿动作发展先于语言，选择表演的故事应该对话简洁，且可以重复，动作表现性强，场景单一，如"小猴偷西瓜"。对不利于表演的故事，教师可以适度改编。在角色扮演方面，教师应更多地给予示范，逐步放手帮助幼儿解决角色选择的困难。材料准备方面，小班幼儿更喜欢形状逼真的服装和道具。

中班：中班幼儿一般能在表演游戏中独立分配角色，但角色更换的意识不强；游戏的目的性差，人物意识不强，需要教师相应的提示才能坚持游戏主题。因此教师为中班幼儿选择的故事应有简短的对话、重复的动作，场景不宜过多且集中，这样方便布置道具。教师在选择故事前可先让幼儿讨论，明确故事选择的要求。在条件许可的情况下，教师可以为中班幼儿设置一个固定的表演区或小舞台，并保障幼儿有 30 分钟以上的游戏时间。为中班幼儿提供的材料要简易、易操作，一般以 2～4 种为宜，种类太多反而会转移幼儿的注意力，对游戏造成干扰。中班幼儿的角色轮换意识尚未形成，幼儿之间协调角色的意识和能力较弱，所以教师应在尊重幼儿意愿的前提下做好分组工作，讲解角色轮换原则，让幼儿自愿选择或接受角色。教师在游戏过程中可以以观众身份观察幼儿游戏，提醒幼儿坚持游戏主题。

大班：由于大班幼儿已经基本具备独立进行表演游戏的能力，所以教师在表演游戏的最初阶段，除了提供时间、空间和种类较多的基本游戏材料外，应尽可能地少干预，以发挥幼儿游戏的主体性。教师应该及时对幼儿的表现、塑造角色的能力提供反馈，指导幼儿注意使用语气、语调、动作、表情生动地塑造角色。教师还可以引发幼儿之间对于现有角色和情节进行讨论，通过多样的表现方式，如提供相关的视频资源等，使幼儿获得更丰富的游戏体验。

案例点评

表演游戏"小熊请客"（中大班）

1. 游戏主题的选择和意义

故事《小熊请客》是介绍小熊向大家发出邀请，小客人都带着礼物到他家做客，大家又吃又玩又唱歌，高兴极了的故事。小熊热情地接待小客人，小客人有礼貌地上门做客，表现了它们之间亲切友好的感情。而狐狸又懒又馋，它无礼地敲小熊家的门，想白吃东西，大家不欢迎它。故事的主线是小熊请客，小动物们做客；故事的场景是小熊家里、小熊家门口和小熊家附近，故事的主要情节和对话基本重复，幼儿容易记住，在重复的对话中也有些有趣的变化。

幼儿通过扮演这些角色，可以养成懂礼貌、互帮互助的优秀品质。

2. 游戏的准备

（1）游戏的角色：故事中有小熊、小猫咪、小花狗、小公鸡、狐狸。

（2）道具和布景：小熊家和小熊家附近的一棵大树。小熊的房子可用积木搭出来，也可用小椅子围起来，但要有门。家中有桌子、椅子。大树可用树枝代替。小客人送给小熊的三件礼物，可用蛋糕盒、食品盒包扎起来充当。小熊招待客人的三盆菜和向狐狸扔的石头，可分别用橡皮泥和泡沫塑料来制作。

（3）角色的装束：小熊和它的客人以及狐狸都有头饰或服饰。

3. 游戏的指导

（1）先让幼儿从听故事到会讲故事。每次听故事都要提要求，使幼儿从知道故事中的角色到熟悉故事内容和角色的对话，再到掌握故事的情节发展及角色的性格特征等。幼儿经过多次有目的地听故事后，就可以在教师的启发下完整地讲述故事了。

（2）启发幼儿表演出狐狸懒、馋、蛮横无理的形象。

（3）通过示范表演，让幼儿用不同的感情来表现角色的性格和故事的主题思想。

（4）用歌曲来表演小熊与小客人之间的亲切关系和友好感情。

故事中小熊与小客人之间亲切的对话，如能用歌曲的形式来表达，就更适合幼儿表演了。歌曲的旋律，既要便于幼儿记忆，也要便于幼儿进行动作表演。

二、规则性游戏

（一）智力游戏

1. 智力游戏的概念及价值

智力游戏是以增加幼儿知识、发展幼儿智力为主的游戏，是使幼儿在轻松愉快的情绪中进行学习的一种游戏。智力游戏主要由目的、构思、规则和结果四个部分构成，游戏目的来自一定的智力训练任务。游戏构思又称游戏玩法，是依据游戏目的和游戏本身特点而制定的。智力游戏的玩法可以由各种智力思维活动和有关的实践操作动作组成，如看看、想想、比比、听听、摆摆、找找等。智力游戏的规则是对游戏玩法的要求，为了更好地达成游戏任务，实现游戏目的，规则对幼儿的行为起着组织指导和调节的作用，同时适当的游戏规则还可以增加游戏的挑战性和趣味性。智力游戏的结果是指游戏目的在整个游戏过程中的实现情况。积极良好的游戏结果，可使幼儿获得成就感和愉快感，并激发他们继续游戏的兴趣。

幼儿的智力游戏需要在教师的指导下顺利开展，并实现一定的教育目的。教师对幼儿智力游戏的组织指导主要有以下几个方面。

（1）设计合适的智力游戏

教师在编选和设计智力游戏时，应充分考虑幼儿的接受能力和生活经验，既要符合大多数幼儿现有智力发展的水平，又要考虑幼儿智力发展的个体差异。控制游戏难度是关键，太简单激发不了幼儿的游戏兴趣，太难又会使幼儿望而却步，感受不到成就感，因此设计游戏时应将智力游戏的难度控制在幼儿经过一定的努力能达到成功的程度，即"跳起来能够得到的高度"。

（2）引导幼儿正确地开展游戏

要达成教育任务，需要幼儿遵循游戏玩法与规则。因此，幼儿必须掌握游戏的玩法和规则。教师要用简明生动的语言和适当的示范，将游戏目的、游戏要求、游戏玩法及规则介绍给幼儿。有些游戏可以把讲解和动作示范相结合，如"百宝箱"游戏，教师可边演示操作边讲解。某些需要有操作技能的游戏，教师应事先教会幼儿一些相关的技能，对于难度较大的游戏可以分阶段练习。游戏中教师可鼓励幼儿互教互学。教师要督促幼儿遵守游戏规则，要求他们按既定的玩法规则去完成任务，并对幼儿的游戏行为进行表现性评价。

2. 各年龄阶段幼儿智力游戏的组织与指导

小班幼儿智力游戏多是依靠玩具材料进行的。小班幼儿智力游戏的玩具和材料应该颜色鲜明、品种简单、形象生动，同一种材料可投放相同的若干个便于幼儿探究材料的玩法。教师首先要考虑的是选择玩具、教具来激发幼儿的游戏兴趣，顺应幼儿的游戏需要，因势利导让幼儿体验成功的乐趣。

中班幼儿的智力游戏材料应有一定的趣味性和挑战性，一份材料可以是用一种方法进行操作，也可以鼓励幼儿探索其他玩法。中班幼儿仍需教师对智力游戏的玩法和规则进行讲解和示范，熟悉了玩法和规则以后，他们便能自己独立地玩游戏了。因此，教师应根据幼儿的智力发展水平制定恰当的游戏规则，鼓励幼儿努力争取好的游戏结果。

案例点评

锁在箱子里的答案

我们班益智区有一份破译电话号码的智力游戏材料，幼儿并不感兴趣，玩的人很少。怎样让幼儿对它感兴趣呢？利用他们好奇心重的特点，我尝试将答案锁在了一个小小的箱子里，幼儿需要寻找到匹配的钥匙才能打开箱子，取出答案检验自己破译的电话号码是否正确。这下，幼儿有兴趣了，越是被藏着、锁着的东西，他们越要一探究竟，于是，锁着的箱子促使他们去开锁，从而激起了破译密码的热情。当他们掌握游戏方法后，我又让两名幼儿自愿组成小组，合作玩游戏，一个人将自家的电话号码编成加减题，让另一名破译号码，然后两人交换，继续破译，就这样，简单的材料因多种玩法增色不少。

大班幼儿对思维运算水平要求高的智力游戏如棋类游戏更感兴趣，喜欢参加带竞赛性的智力游戏。教师可相应地投放带有一定挑战性的游戏材料，同时要注意经常更换和增加新的玩具材料。教师还可以根据游戏的需要，鼓励大班幼儿共同制作或收集游戏材料，如自己画棋盘等，这样能使幼儿感到更亲切，更能提高幼儿参与游戏的积极性。

智力游戏"找小鸡"（小班）

游戏目的

训练幼儿听音、辨音的能力。

游戏准备

带响声的玩具一个，鸡妈妈、小鸡头饰各一个。

游戏方法

组织者请一名幼儿做鸡妈妈（戴上母鸡的头饰暂时离开集体活动的地方），然后组织者请其他幼儿坐成一个圆圈，并指定一人当小鸡。然后请"鸡妈妈"进来找"小鸡"。"小鸡"双手放在背后摇动带响声的玩具，"鸡妈妈"根据响声去找"小鸡"，找到"小鸡"给他戴上头饰，请他唱歌或跳舞。接着，更换角色，游戏继续进行。

游戏规则

当"鸡妈妈"找"小鸡"时，大家都要朝"鸡妈妈"看，嘴里不能发出声音。

指导要点

教师要牢记该游戏的训练要点，通过幼儿循声找目标来训练幼儿的能力，游戏中要强调规则，"鸡妈妈"必须靠声音找到"小鸡"。当"鸡妈妈"找"小鸡"时，大家保持安静。

案例分析：小班幼儿还不能很好地做到听音、辨音，通过游戏帮助幼儿提高听音、辨音能力对小班幼儿很有必要。教师通过游戏的方法训练幼儿循声找物，让幼儿在轻松愉快的游戏过程中提高自身能力。

（二）体育游戏

1. 体育游戏的概念及价值

体育游戏是在娱乐竞赛的运动中发展动作，以促进身体正常发育和动作技能协调发展的游戏。幼儿园的体育游戏有自主体育游戏和体育教学游戏两种主要形式。教师的指导工作主要包括体育游戏的设计、游戏前的准备、游戏的组织和教学、游戏中的指导，游戏的结束五个环节。

2. 体育游戏的组织与指导

（1）游戏的设计：设计体育游戏应注意循序渐进、由浅入深、由易到难的原则。幼儿正处在身心迅速生长发育的阶段，因此，游戏内容应关注幼儿身体的全面发展，全面地进行锻炼，能使幼儿身体各个器官和感官系统及活动能力得到均衡发展。游戏的安排还要注意新授内容和复习内容交替进行。

（2）游戏前的准备：教师应提前告知幼儿玩什么体育游戏，让幼儿做好思想准备，还可提前安排幼儿学习掌握与游戏相关的儿歌。在游戏前材料的准备和制作过程中，教师还可邀请幼儿一起参与。

（3）游戏的组织与教学：集合幼儿一般可用铃鼓、响铃、哨声，教师还可用儿歌集合，如教师唱："一二三四五六七，我的朋友在哪里？"幼儿答："在这里，在这里，你的朋友在这里。"教师应进行讲解和示范，一般是口头语言结合动作示范进行，以便使幼儿能一边听、一边看。教师应注意角色分配的合理性，应尊重幼儿的自主权，只有发挥幼儿的积极性和主动性，游戏才可以顺利进行。

（4）游戏中的指导：游戏时教师应注意把握幼儿适当的活动量；提醒幼儿遵守游戏规则和游戏玩法；注意幼儿游戏时身体姿势和动作的正确性；注意幼儿的安全。

（5）游戏的结束：把握合适的结束时机。游戏结束时教师应及时讲评，公布游戏结果，对游戏中的优点进行肯定，指出存在的问题，和幼儿一起讨论出改进意见。

案例点评

体育游戏"跳马"（大班）

游戏目的：发展幼儿的跳跃能力。

游戏准备：一半幼儿做马，一半做跳马人。

游戏方法：两个人一组，单号幼儿做马——在场地一端把腿分开，双手牢牢地把在膝盖附近处，头向下低着。双号幼儿做跳马人，利用助跑，掌握时机撑着"马"的背部越过。往返两次后，单双号幼儿转换角色。

游戏规则：跳马的幼儿把手放在马背上，当马的幼儿不可抬起身体或倒下去。

案例分析：体育游戏"跳马"锻炼了幼儿的腿部大肌肉的发展和身体的协调性，从而达到游戏目标，发展大班幼儿的跳跃能力。同时，体育游戏有助于培养幼儿勇敢坚强的个性品质。

（三）音乐游戏

1. 音乐游戏的概念与价值

音乐游戏是在音乐伴奏或歌曲伴唱下所进行的游戏，是以培养幼儿兴趣、陶冶幼儿性情为主的游戏。音乐游戏可以发展幼儿的音乐能力，幼儿在共同的音乐游戏中，也锻炼了社会同伴交往能力、合作意识和自控能力。音乐游戏还可通过艺术陶冶培养和丰富幼儿的情感。

> **知识拓展　幼儿艺术教育的目标和教育要求**
>
> 目标：能初步感受环境、生活和艺术中的美；喜欢艺术活动，能用自己喜欢的方式大胆地表现；乐于与同伴一起娱乐、表演、创造。
>
> 教育要求：引导幼儿接触生活中美好的事物和感人事件，丰富幼儿的感性经验和情感体验；引导幼儿欣赏艺术作品，激发幼儿表现美和创造美的情趣；提供自由表现的机会，

鼓励幼儿大胆运用不同的艺术形式表达自己的经验、感受和体验；指导幼儿利用身边的物品和废旧材料制作各种玩具、工艺装饰品，体验创造的乐趣；为幼儿创造展示自己作品的条件，引导幼儿相互交流、理解和欣赏。

2. 音乐游戏的组织与指导

（1）介绍音乐游戏的名称及主要内容

在开展音乐游戏前，教师要先让幼儿了解这个音乐游戏的名称是什么，游戏主要是怎么玩的。如自由主题音乐游戏，其中有什么游戏情节，有哪些角色，这是指导幼儿开展音乐游戏的第一步。

（2）熟悉游戏中的音乐，学会其中旋律

音乐游戏是随着音乐进行的游戏，幼儿必须熟悉其中的旋律，才能顺利进行游戏。

（3）教师示范，让幼儿学会音乐游戏中的动作

音乐游戏是幼儿随着音乐做动作，游戏中常用的动作有兔子跳、鸭走路、小鸟飞等，有些需要教师做出示范给幼儿看，指导幼儿学会这些动作。例如，在"老鹰捉小鸡"的音乐游戏中，教师先示范"小鸡走"，才能引导幼儿顺利进行游戏。

教师在音乐游戏中的指导主要有调动幼儿游戏的积极性，强化游戏的规则，对游戏中个别幼儿的表情、动作等有针对性的指导。

案例点评

音乐游戏"找朋友"（小班）

游戏目的

（1）培养幼儿大方、主动的个性，体验幼儿园的快乐生活。

（2）鼓励幼儿与同伴交往，随着音乐找到朋友。

指导要点

（1）全体幼儿坐成半圆形，跟随律动练声。

（2）谈话活动："你的好朋友是谁？在哪里？"激发幼儿找朋友的兴趣。

（3）请五个幼儿做邀请者，1—2小节，边唱边拍手踏步走到所要邀请的幼儿前。3—4小节，邀请者向被邀请者做邀请动作，左右各一次；被邀请的幼儿则站起。5—6小节，相互敬礼、握手。7—8小节，两人手拉手互换位置，邀请者坐在被邀请者的位置，被邀请者成为邀请者，游戏继续。

（4）幼儿一边学习歌曲，一边开始游戏，教师要鼓励幼儿大胆、主动地去找朋友。

（5）游戏结束时请中班的哥哥姐姐一起进行"大带小活动"，组织幼儿"找朋友"的游戏活动。

案例分析：在幼儿园开展同伴互动的游戏活动，有助于提高幼儿同伴交往水平，通过音乐游戏，鼓励幼儿在节奏欢快的音乐当中大胆自信地去找朋友，对刚入园的小班幼儿适应新环境有着积极的影响。

三、其他游戏

（一）学前儿童民间传统游戏

1. 民间传统游戏的概念及价值

民间传统游戏经过一代又一代人的流传和发展，已成为优秀民族文化的一部分。丰富多彩的民间游戏不仅促进了幼儿身心的健康发展，而且给幼儿的童年带来了无限的快乐。作为一种幼儿感兴趣的游戏形式，民间游戏对于幼儿成长具有多方面的教育价值。传统民间游戏不仅对幼儿身体发育大有裨益，而且为幼儿心理品质的发展提供了有效的载体和宽阔的平台。传统民间游戏的教育意义不仅体现于促进幼儿身心各方面发展的重要价值，还是培养幼儿本土文化认同感和民间精神的有效形式。

要发挥传统民间游戏对幼儿的积极作用，就需要把传统民间游戏落实到幼儿园的各项活动中去，贯穿于幼儿的一日生活中，让幼儿有机会了解。幼儿园可充分利用零散时间开展传统民间游戏。传统民间游戏在幼儿园实施主要有以下基本途径，如表3-7所示。

表3-7 传统民间游戏实施途径

零散时间	适合开展的民间游戏	游戏目的
来园后	七巧板、挑棍棍儿、抓子	获得愉悦的心情和体验，发展幼儿的小肌肉群和手眼协调能力
分组喝水，午餐前	翻绳、东南西北、拉笋笋	训练幼儿的创造力
户外活动时	攻城、骑马、跳皮筋、丢沙包、斗鸡、跳房子	促进幼儿大肌肉的发展，训练幼儿的控制能力和协调意识
离园前	弹豆豆、拍手游戏	保证安全，让幼儿学会安静、有序地离开活动室，稳定情绪

2. 民间传统幼儿游戏的选择与改编

民间传统幼儿游戏的教育价值毋庸置疑，但任何事物都有两面性，民间传统幼儿游戏也不例外。有些民间游戏在发展演变中难免受到一些不利因素的影响，如有些游戏内容不够健康向上，有些游戏存在安全隐患，有些游戏脱离幼儿的生活等。因此，教师需要从中选择合适的民间游戏，或者需要根据时代要求和当代幼儿的特点等进行改编。改编的常用方法有变换游戏玩法（包括替换儿歌、童谣，更换游戏场地）、改变游戏规则（如以下案例中的新"木头人"玩法）、替换玩具和材料等。

案例点评

木头人

1. 传统游戏方法

参加者两人念儿歌，"活人活人木头人，不许说话不许动"。儿歌念完后，立刻静止不动，不说不笑地对视，谁先忍不住或笑了，就算输。

2. 创新游戏玩法

集体玩。一个小朋友扮"熊"走在前面，其他小朋友跟在后面走。游戏开始，小朋友们一起说："活人活人木头人，不许说话不许动。"儿歌念完后，"熊"转身，其他小朋友可以立定站好，也可摆出各种姿势，"熊"走到每个小朋友面前，与他对视或引逗他，但不允许碰小朋友的身体，谁忍不住动或笑了，就算输，会被"熊"吃掉。

案例分析：改编后的"木头人"游戏不仅保留了原有游戏发展幼儿自我控制能力的功能，还呈现以下多方面的功能。第一，由"两人玩"变成"集体玩"，参与的幼儿数量增加了，提高了幼儿参与团体游戏的积极性。第二，由单纯的"不说不笑地对视"变成"对视或引逗"，增加了游戏的多样性，更有益于发展孩子的自我控制能力。第三，由"两人对视"变成"可以立定站好，也可以摆出各种姿势"，增加了游戏的趣味性，提高了孩子参与游戏的兴趣。第四，增加了"熊"的角色，通过游戏让幼儿了解熊的特点。

（二）亲子游戏

随着我国人民生活水平的提高，家庭结构的变化，亲子游戏受到了更多家长和各托幼机构的广泛关注。亲子游戏不仅可以增进亲子感情，可以促进婴幼儿的动作、语言、认知、情感、社会性等多方面的发展。幼儿园亲子活动是由幼儿园创造一定的条件，以亲缘关系为基础，以教师为主导，教师与家长共同组织幼儿活动的一种幼儿园教育方式。《纲要》也指出："城乡各类幼儿园都应从实际出发，因地制宜地实施素质教育，为幼儿一生的发展打好基础。"亲子游戏积极引导家长与幼儿亲密接触，形成互相关爱的感情氛围，为幼儿的全面发展创造良好的环境，为幼儿一生的发展奠定基础。

从游戏对婴幼儿身心发展作用研究角度进行分类，我们可将亲子游戏分为身体发展亲子游戏、情感发展亲子游戏、社会性发展亲子游戏、认知发展亲子游戏、语言发展亲子游戏。

案例点评

钓瓶子

适宜年龄

4～6岁

游戏目的

（1）促进幼儿手部小肌肉群的发育及精细动作的发展。

（2）培养幼儿动作的准确性，发展手眼协调能力。

（3）激发幼儿的探索欲望，发展幼儿的思维力。

游戏准备

自制钓鱼竿、空矿泉水瓶。

游戏方法

用钓鱼竿将瓶子钓起，家长与孩子比赛，在规定的时间和范围内，看谁钓到的瓶多。

游戏指导

（1）可变换游戏形式，如钓起瓶后，用钓鱼竿钓着瓶子走到指定的地点，再把瓶放下，继续游戏，这样还可以发展幼儿的平衡能力。

（2）每个家庭都有一些废旧瓶子，这样大大小小的空瓶，只要稍加设计和利用，就可以和幼儿玩各种有趣的游戏，既有利于提高幼儿各方面的能力，又能促进亲子感情。如给瓶子宝宝排队、打保龄球、装入豆子后当作打击乐器进行伴奏、自制玩具等。

案例点评："钓瓶子"是可以促进幼儿身体发展的游戏，同通过"钓"这个动作锻炼幼儿小肌肉发展和手眼协调性，通过和家长比赛互动增进亲子感情，通过身边常用物体的不同玩法，启发幼儿不断探索，从而发展幼儿的思维力。教师告知此游戏目的，可让家长认识到和幼儿游戏互动的积极影响。

本节对创造性游戏、规则性游戏及其他游戏的概念和游戏价值进行简单梳理，分别概述了各年龄阶段幼儿游戏的特点和教师的指导重点，有助于实习教师或者新教师更好地认识了解幼儿园游戏的价值，从而更好地引导幼儿开展游戏。

【本章小结】

教学实习是整个实习的重点之一，集体教学、区域活动、游戏活动是幼儿园的常规教学活动，本章重点介绍了各类教学活动的设计和实施策略，一方面帮助实习教师认识不同教学活动的特点、价值，另一方面帮助实习教师掌握集体教学活动、区域活动、主题活动、游戏活动的设计和组织方法。

【本章思考与实训】

一、思考题

1. 区域活动中的材料投放应遵循哪些原则？

158

2. 在幼儿园的游戏开展过程中，教师应以幼儿为主体，结合幼儿园实习经历，思考幼儿教师应具有怎样的幼儿观和游戏观。

二、案例分析

乱糟糟的娃娃家

娃娃家里一团糟，小被子在沙发上，买来的菜堆在桌子上，碗筷掉在地上。"叮咚……"老师按响了门铃，"请进。"颜廷筠和马茹芸同时迎了出来，"我来找娃娃家的'妈妈'一起去美容，'妈妈'在吗？"老师问道。"我们有两个'妈妈'，你找谁去？"熊罡问道。"一个家怎么会有两个'妈妈'？"老师继续问。

"马茹芸是妈妈，颜廷筠是'假妈妈'。"张子琪说，"她把我们家弄得乱七八糟。"听到琪琪说这话，筠筠一下子大哭起来了。

如果你是这位教师，你会怎么做呢？

小丁是在游戏吗

某幼儿园区域活动时，小丁选择了"小医院"游戏。在平常的活动中，小丁比较活泼、调皮，自控力差，教师分配给小丁的角色是"挂号员"，由于"病人"来挂号看病的很少，小丁在游戏中显得无所事事。游戏结束了，教师评价游戏时表扬小丁能"坚守岗位"。

讨论：

1. 你认为小丁是在游戏吗？教师在该游戏中的指导是否合适？如果是你，你会怎么做？
2. 你在实习当中还有哪些类似事例可以说明以上问题？

三、章节实训

请以"过新年"为主题，设计一份适合大班幼儿的主题活动方案，要包含区域活动设计方案，并且选择一次集体教学活动进行试讲。

第四章

学写观察记录和实习日志

本章知识结构

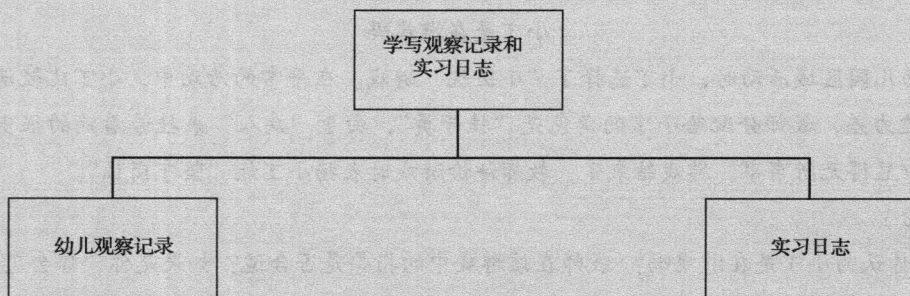

```
            ┌─────────────────┐
            │ 学写观察记录和    │
            │   实习日志        │
            └────────┬────────┘
          ┌──────────┴──────────┐
┌─────────┴─────────┐   ┌────────┴────────┐
│   幼儿观察记录      │   │    实习日志      │
└───────────────────┘   └─────────────────┘
```

【导入案例】

　　一个三岁左右的小男孩正在和小伙伴玩旋转陀螺，如果同伴的陀螺转得比他的时间久，小男孩就会拿棍子去打同伴的陀螺，或者发现自己的陀螺马上要停下来了，就立即拿起自己的陀螺要求小伙伴重新开始。

　　问题：男孩到底为什么会这么做？幼儿教师能从孩子行为的背后发现什么教育契机？这就要求幼儿教师要学会观察幼儿，学写幼儿观察记录。作为一名实习幼儿教师，还需学写实习日志，那么如何进行两者的写作？让我们进入本章的学习。

【本章学习要点】

　　1. 学写幼儿观察记录；

　　2. 学写实习日志。

第一节　幼儿观察记录

　　实习中对幼儿的观察非常重要，它是"读懂幼儿"的基础。因此，实习教师要着重掌握观察的意义、观察记录的基本结构以及观察记录的方法等知识。

一、观察的意义

　　观察是一种有目的、有计划、比较持久的知觉活动。世界著名的生理学家巴甫洛夫写下了"观察、观察、再观察"的名句，以强调观察对于研究工作的重要性。观察在幼教实习中同样有着重要作用，它是实施幼儿教育的依据和前提，是幼儿教师走进幼儿世界、直击幼儿心灵的主要手段。而写好幼儿观察记录是幼儿教师分析幼儿行为背后深层次原因的有效通道，是幼儿教师提升自己专业能力的重要途径。

　　幼儿教育中的观察不仅要用眼睛看，更需要幼儿教师带着一定的目的仔细察看，然后进行记录，并及时调整教学方法及相应的教育策略。对于初涉幼儿教育的实习教师来说，观察具有重要意义。

1. 促进每个幼儿在不同水平上的不同程度的发展

　　意大利著名教育学家蒙台梭利曾说："唯有通过观察和分析，才能真正了解孩子的内在需求和个体差异，以决定如何协调环境，并采取应有的态度来配合幼儿成长的需要。"观察可以帮助幼儿教师了解每个幼儿的个性、习惯和独特兴趣等，能为教学策略提供线索，从而能够制订出有针对性的教学方案和计划。观察还可以告诉我们幼儿是否需要帮助，无论是生理还是心理上的需求，教师通过观察可以及时给予幼儿关注，并满足他们的需求。另外，通过观察，教师可以发现适宜幼儿的教学时刻，在观察基础上提供材料、活动和机会，拓展幼儿的学习场景，促进幼儿的发展。

2. 观察可以为制订适合幼儿发展的教育教学计划提供依据

教育就是搭桥连线，是一个将新知识和旧知识联系起来的过程，教师就必须设计一些习得活动。观察能够帮助幼儿教师制订合适的教育教学计划和方案。教师通过有目的、有计划地观察，可以在教育过程中及时把握幼儿发展状况，发现幼儿发展与教育目标的差距，可以适时地改进教法，调整教育内容，保证教育目标的落实。

3. 观察有助于实习教师掌握教学实践能力

教学见习与实习是培养未来教师的教育教学实践能力的一条最重要和最主要的途径，其结果将直接影响教师入职适应工作岗位的速度与质量。实习教师通过对原任教师的教学活动的细心观察，能掌握更多的教育教学技能。学会观察幼儿也是实习教师加快自身专业成长、提升专业素养最直接、最便捷的方式。由于幼儿自我调控力差，情绪易外露，其内心活动、身体状况经常通过表情、动作或简短语言表现出来，幼儿的任一动作都能反映出幼儿真实的内心活动。所以观察能力强的教师更易理解幼儿的心理和需要，更有利于指导教育教学活动，更有利于教师发挥教育机智。

除此之外，观察在课程计划设置、评价幼儿等方面也有着重要作用。有效的观察还有助于实习教师了解幼儿园的环境和相应制度，有助于加强实习教师与家长以及原任教师之间的交流合作。

二、观察记录的基本结构

一般来说，观察记录包括以下几个部分。

1. 观察的基本情况

基本情况包括观察对象、观察目的、观察时间、观察地点等。在写观察记录之前，要先确定好观察的对象即目标幼儿。每个幼儿都有自己的个性特点，都是独立个体，教师到底该如何确定哪个或哪些幼儿作为观察对象呢？实习教师可以从以下几个方面着手去选择：①从发生的事件中选取目标幼儿。有些事件的发生需要教师进行积极处置或提前预防，如乱吐口水、说脏话等。有些事件体现了幼儿行为的里程碑式变化，如第一次分享、第一次发言等，可以把这些事件中的幼儿作为观察对象。②从开展的集体活动中选取。在集体活动中，一些幼儿可能会出现不听指令、捣乱或走神等现象，幼儿教师可选定这类幼儿，去分析其行为背后的原因和特殊需求。③从容易被教师忽视的幼儿中选取。在一日活动中，有些性格内向、不爱说话的幼儿容易被忽视。但他们同样希望自己被关注、被认可，教师可以选定此类幼儿。观察对象可以是单个的，也可以是整体的，观察时间可以是某个时间点，也可以是连续几天的观察。

2. 观察内容

观察内容即是观察过程实录，幼儿在活动中各个方面的表现都可以作为观察的内容。对幼儿的观察一般涉及两大方面：一是观察幼儿在各领域的发展状况，包括幼儿身体动作、语言表达、智力发展、情绪情感与社会性互动等；二是观察幼儿的活动，既包括教学活动、游戏活动和生活活动，又包括幼儿的敏感期、兴趣、好恶、特长、与同伴的关系、与教师的关系等。但不同的观察目的应选择不同的观察内容，如要想正确了解和解决幼儿之间的冲突，可以选择一个易与其他人发生冲突的幼儿在游戏活动中进行观察，挖掘其易发生冲突的深层次原因，以鼓励、引导幼儿正确与同伴交往。

3. 观察分析

分析就是要科学看待观察实录内容，同时对幼儿的某些行为、生理、心理和情感的变化等做准确合理的分析。分析要以幼儿为主体，以遵循保教规律为前提，以科学的儿童发展理论和学前教育观为指导，以幼儿身心发展阶段特点为根据，对照《指南》解读幼儿行为。最主要是看幼儿在特定阶段是否达到预定水平或者不能达到什么水平。要根据幼儿成长经历、环境等方面，分析幼儿行为背后的深层次原因。

例如，拼图是幼儿喜欢的活动之一。五岁的幼儿对于简单有底图的 16 拼、20 拼基本能掌握，他们显然更喜欢选择带有一定挑战性的拼图，如无底图的 40 块拼图。但有时由于难度大，导致幼儿难以完成，从而失去了对拼图的兴趣，出现半途而废的现象。如果益智区的活动不能让幼儿投入，那么区域活动就形同虚设从而丧失了它的价值。

另外，教师还可适当联系自己的工作实践经验来分析观察记录。

4. 实施的策略

单纯的记录是没有任何意义的，写记录的目的就是发现其中的教育价值。无论幼儿在观察过程中表现是好是坏，教师都要科学分析，进行教育反思。要考虑当时具体情境，根据幼儿的个性特征、家庭教育等因素，深入思考如何更好地满足幼儿需求，制订或调整相应的教育计划，从而有针对性地促进幼儿全面健康发展。制定的策略应符合幼儿特点，具有可行性，应尽量考虑周全。如一则观察记录的实施策略："适时地满足环境需求对幼儿所带来的内在影响。"只有简短模糊的一句话，并未真正达到教育效果。

三、观察记录的方法

观察记录是指用自然的方法观察幼儿，如实记录幼儿的行为表现，分析、评估、理解幼儿各方面需要，有效地运用评估结果，制订幼儿进一步发展的指导方案，为幼儿学习、活动和发展提供有价值支持的一种方法。实习教师在进行观察记录时，有多种方式，但受条件限制，笔录仍是其主要的记录方法。一般来说观察记录有以下几种方法。

（一）叙事记录法

叙事记录法是对幼儿进行记录时最常用的一种方法，即用客观文字描述幼儿的行为，主要包括轶事记录法和连续记录法。

1. 轶事记录法

轶事记录法是指在某一时间，观察者用描述的方法记录幼儿的某些重要行为表现，在随机观察和局部观察中经常使用。轶事记录强调客观性，注重记录事实，描述的内容包括事情是何时何地发生、如何发生的以及被观察对象的言行等。它常常没有预先计划，教师可以选择一个角度，在保持情境、对象的真实性和完整性的基础上记录。它主要包括两个要素。

（1）原始的记录。观察者首先必须保持一个事件的原始记录，尽可能客观、具体和直接引用。记录者在原始事件中不应当对观察对象的动机和感受妄加揣测，而应当追求直观性、客观性。

（2）记录者的观点和感受。轶事记录除了要原始记录外，也要有观察者的感受和评价。教师对幼儿及其行为的观察和信息收集，都有自身的理解和判断。观察者的判断、推理和感受可以用结尾分析点评的方式出现，或者以加括号注解和旁注的形式。如下文所举的"让'益智区'真正益智"就是一则轶事记录。

观察对象：邓慧灵

观察年龄：五周岁

观察时间：2016 年 8 月

观察地点：益智区

观察内容：一早，邓慧灵就发现益智区投放了新拼图。她选择了无底图 40 拼，对照图纸《丰收》非常专注地开始拼图。她动作娴熟，迅速把蓝色的天空、绿色的草地和鲜艳的瓜果拼好，可是当拼图剩下一堆黄色时，她不由自主地皱起了眉头：树叶和小朋友的衣服都是黄色的，左试右试总是不对，她急得直抓头，"不玩了！"她一边嘟哝一边丢下那块摆放了半天也找不到合适位置的图片正准备离开，在一旁观察的砲砲兴奋地叫了起来："这块应该是衣服上的，你仔细看，这里有衣服上的小梯子。"邓慧灵十分高兴，两人商量着，很快就完成了《丰收》拼图。

轶事记录能让读者有真实现场感，可以为教师提供幼儿的有关信息，促进教师及时反思。但轶事记录的取样是单纯的一次事件，行为的完整性难以保证，需教师辨别分析。

2. 连续记录法

连续记录法是指按照事情发生的先后顺序，将幼儿的有关行为以记述的方式详细地写下来，可以是几分钟，也可以是一整天里不间断的记录。连续记录和轶事记录的内容容量是不一样的，前者是将所有行为都记录下来，而后者只是记录观察者选择和要了解的部分。另外，前者是即时记录，后者是事后记录。

下面是一个连续记录的案例。

观察者：园园

观察对象：超超

年龄：四岁

性别：男

观察时间：上午 9:20

观察内容：人际交往

观察记录	解释和评语
1．超超来园比较晚，其他小朋友已经坐在自己的位置上玩橡皮泥了，超超来后喃喃自语："我也想玩橡皮泥。"但只站在边上看着。	超超很希望融入小朋友之中，但是缺乏主动性，还是有些被动。
2．老师搬来凳子让超超坐下和小朋友一起玩，老师拿来橡皮泥，可超超打不开包装袋，超超没有选择向老师寻求帮助，而是自己用牙齿咬开。	超超有向老师寻求帮助的打算，但是不敢告诉老师……
3．……	

除此之外，如果按照观察的时间划分，记录还可以分为现场记录、事后回忆记录、现场和事后相结合记录。

（二）取样法

取样法指观察某些幼儿行为样本，以发现某一特定行为发生的频率、持续的时间或何时发生，一般包括时间取样法和事件取样法。

1．时间取样

观察者需要记录的是在一特定时间内，某个幼儿或一组幼儿某种行为发生的频率。因此其行为必须是显露出来的而且是较经常出现的（至少每 15 分钟出现一次）。例如，幼儿"打人"或"哭闹"的行为是可以计数和被察看到的，因此可以作为观察记录的对象。又如，某幼儿一天中发脾气的次数、自主游戏中幼儿与其他幼儿交谈和寻求帮助的次数等也可以作为观察记录的对象。

2．事件取样

这是观察者等待某种预想行为的出现，然后再记录下来的方法。该方法主要用来了解行为出现的条件，如咬人，以此找到控制该行为的方法和手段。

（三）表格记录

表格记录法要预先设计好表格，再对观察对象的行为表现进行判断。这一观察记录方法的好处在于重点突出、目标明确，兼顾个别观察和全面观察，具有简洁直观性。根据观察目的、时间跨度和长度可以划分为"常规性、长期性和连续性记录表格""主题性、阶段性和连续性记录表格""研究性、定期性和间断进行的记录表格"三种。常见的有等级尺度表和检验表，如表4-1和表4-2所示。

等级尺度表是将幼儿可能出现的每种行为的程度，标记在一个从低到高（从高到低）的连续尺度上，观察者要判断幼儿的行为表现程度应该落在该尺度哪一个点上。检核表一般用是（√）、否（×）来评定某一幼儿的特定行为是否出现。

表4-1　幼儿园区域活动幼儿协作性等级尺度表

类目	项目	经常	一般	很少	从未
协作性	能与同伴进行交流				
	能与同伴协作完成任务				
	会遵守游戏规则				
	会轮流使用投放材料				

表4-2　幼儿独立行为检核表

序号	幼儿独立行为	是（√）	否（×）
1	自己到点起床		
2	自己穿好衣服		
3	自己刷牙		
4	自己吃早餐		
5	到园后主动向老师问好		
6	主动向家人告别		

四、幼儿观察记录的写作注意事项

1．明确观察目的

对幼儿的观察并不是漫无目的的，具有明确目的性的观察才是有效的。观察之前，实习教师应认真思考"我最需要了解哪些幼儿？""我最想要了解幼儿什么？"教师应根据自身实际和了解幼儿的需要，明确观察的目的，对自己的观察范围和目标进行明确的界定，弄清自己为什么观察、观察什么和期望解决什么问题，以使观察真正取得实效。例如，实习教师小张想了解幼儿出现行为问题的原因，于是他选择了有过打人行为的幼儿贝贝，观察贝贝日常生活中的社会交往，包括贝贝与同伴交往时的语言、动作和情绪，从而分析贝贝的过激行为是一贯表现，还是特殊情境下的偶尔表现，以采取相对应的措施，及时干预幼儿不恰当的行为。

凡事预则立，不预则废。教师在明确观察的目的后，就要制订详细的观察计划，包括观察的时间、对象、观察记录的方法和过程。只有预先做好充分的准备，才能使观察顺利进行，并取得实际的意义。

2．观察记录的语言要具体、平实

观察记录的语言要尽量避免使用抽象语言、概括性和总结性的词语，而要具体，要清楚表述。如在写观察实录时"倩倩很快地吃完了午饭"，到底是多快？这个"快"的标准是什么不好界定，这样模糊的语言在观察记录中是要避免的，应该说"倩倩用 10 分钟的时间吃完了午饭"，这样的表述就清楚多了。另外，观察记录的语言要平实、自然，避免使用一些带有主观性的词语，要客观真实地描述当时的情境。如这样的观察语言"小男孩嘟嘟走到娜娜的面前故意抢走了她的玩具，并不怀好意地扔在地上。"我们应该用描述性的语言"小男孩嘟嘟走到女孩娜娜的面前，没有说话，拿走了娜娜的玩具，并把玩具扔在地上。"在记录过程中，教师要真实记录幼儿的表现，不要将自己的想法强加进去，以免影响观察的客观性和效果。

第二节　实习日志

国学大师季羡林曾说："坚持写日记可以培养一个人的真诚感。"优秀儿童文学作家金波也曾赞美过："日记是向自己讲述故事的忠实伙伴；日记是催人反省的香醇美酒。"日记是作者每天思想和生活的记录。实习日志要求实习教师把自己一天工作中的主要实习内容、心得体会或收获、建议有条理地记下来。坚持写实习日志对实习教师来说有着重要意义。

一、实习日志的作用

1．锻炼自己的观察能力和分析能力

实习日志记录的内容一般是和幼儿园工作相关的一些信息，可以是一次原任教师的教学活动，可以是对幼儿园生活作息制度和常规要求的记录，可以是对某种教育现象的思考，也可以涉及当前工作存在的问题和未来努力的方向等。无论记录什么，都要求实习教师做生活的有心人，善于观察实习工作中的方方面面，善于发现问题、提出问题、分析问题。一篇实习日志，不能是"流水账"，应具有实习者的理性思考。在不断的日志写作中，实习教师的观察能力和分析能力可以得到有效提升。

2．提高自身对幼儿教师工作的认识和感悟

在实习活动过程中，实习教师一方面从总体上认识和把握幼儿园和幼教工作，另一方面不

断思考总结实习工作的心得体会。实习日志正是实习教师把理论与实践知识结合的有机点，是实习教师发现问题、思考问题、解决问题的阵地，是感性认识和理性认识的碰撞，进而提高实习教师对幼教各方面工作的认识和感悟。以下是一则实习日志的节选。

"小班的幼儿年龄比较小，又是刚刚新入园，没有在幼儿园生活的经历，他们更容易产生分离焦虑。今天趁着晨间自主活动的时候，我分别问了小朋友的名字和昵称，亲切地呼唤他们的小名，我发现小朋友都更愿意与我亲近，我很快就取得了他们的信任并融入他们。这让我明白，在幼儿园中叫小朋友的小名，会让他们有一种在家里的感觉，能增加幼儿与教师之间的亲密度，有利于减少分离焦虑。"

日志中实习教师很好地进行了思考，加深了在幼儿教育过程中的感悟。

3. 帮助自己在思想上不断进步，培养毅力和韧性

在写日志的时候，白天发生的事情，实习教师要在脑海中进行回放和筛选。今天做了什么？学会了什么？体会到了什么？等等。这个过程需要实习教师不断去反思和总结。例如，白天的实习工作中领导批评或表扬了你，实习教师要去思考自己错在哪里，哪些地方还存在不足，或者告诫自己要戒骄戒躁，继续努力。另外，日志要求每天记录，半途而废是不可取的。写实习日志对于提高思想境界，培养实习教师的毅力和韧性大有益处。

4. 日志是素材积累

坚持写实习日志，为实习教师日后写实习总结和实习报告提供了材料和依据。因为日志是对之前实习工作的如实记录，实习教师可以翻看之前的日志内容，做到有事可写、有话可说，不会出现脑袋一片空白。

二、实习日志的结构和写法

实习日志的格式要求相对比较简单，包括开头和正文。

1. 开头

一般在第一行注明时间和天气。时间包括年、月、日和星期。天气情况有晴、阴、雨、雪、多云等。刚开始写日志或者新的一年的第一篇日志需要写明年份。有的日志还会加一个小标题，表明本篇日志的主要内容和中心思想。举例如下。

2013 年 9 月 1 日　星期一　晴

实习第一天

今天是我正式实习的第一天，我带着对幼儿教育工作的热爱和向往，来到了实习单位。刚来到我所实习的幼儿园还有些紧张，因为在这里我有了一个新的角色——幼儿教师。我该如何与小朋友相处？我会遇到哪些难题？心里千头万绪。这时我走进所实习的小一班，孩子们的天

真和活泼感染了我，紧张的心情逐渐平复，紧张感也慢慢散去……

在给日志添加标题的时候要注意，题目应准确、新颖和简洁，要确切表达日志的思想内容，不宜过长，几个字就能提携全文，如"幼儿舞蹈学习""让幼儿在游戏中得到发展""当幼师的快乐"等。

2. 正文

第二行空两格开始写正文。正文内容可以是一天实习的所见、所想、所做、所感。如原任教师的一次区域活动展示课、幼儿园生活一个侧面、对幼儿教育的感触等。正文内容应充实丰富、多姿多彩，但并不是事事都要在日志中体现，切忌"流水账"似的实习日志。如下面这篇实习日志。

早晨 7:30 到幼儿园，打扫了卫生，和入园的小朋友问好。8:50 小朋友在教师的带领下做了早操，大家都跳得非常认真。9:30 幼儿园开展了观察大蒜发芽的活动，大家观察得很仔细。中午的午餐是香菇炒肉和胡萝卜……

此篇实习日志只是对一天实习内容进行简单复述，重点不突出，无实质意义。实习生要对实习内容有选择地进行记录，真实地记录下那些有意义的事情，反映内心真实的思想感受。例如以下这篇实习日志。

××××年×月×日　　　星期三　　阴

今天，我组织了一次家长会，前期通过家长微信群告知了家长会的时间，所以大部分的幼儿家长都按时到园，家长会也如期举行。在家长会还没正式开始之前，我和个别家长做了简单的交流，如幼儿的自理能力、交流能力等。家长会上，我除了将近期幼儿园主要活动告知家长外，对表现优秀的幼儿还进行了表扬，最后对家长的支持给予了感谢。

通过这次家长会，我初步了解了家长会的流程以及和家长沟通的技巧，也深深体会到教师只有多了解幼儿、关注幼儿，才能向家长正确反馈，也更容易得到家长的支持。幼儿的教育和发展需要家、园的有机合作。

日记正文还要对所写的内容做一个总结，可以写自己的心得体会，或者是自己从此事件中收获了什么，还可以是对某件事情的看法和意见。但日记内容必须真实，是自己的真实感受和体会。

日记写作的表达方式比学生作文要灵活，几种基本表达方式可以变通运用。如果是写一次有意义的教育活动就是记叙文形式，如果对幼儿的行为或对话进行观察就是描写式，如果是对某些教育现场发表自己的意见和看法就是议论文形式，这都要根据所写内容进行形式选择。另外，正文的篇幅可长可短，长可以写成千字，短可以只写一两句话，这要根据自己所写的内容来决定。如果要详细地记下一件事，既要把事情的前因后果交代清楚，又要把事情的经过写得具体，那篇幅就要长些。总之，只要把该记的写清楚就可以了，可短的不要勉强拉长，可长的不要生硬缩短。

三、实习日志的写作注意事项

实习日志是实习教师对一天实习工作生活的回顾，认真写好实习日志对实习教师有重要作用。要写好实习日志，除了需要掌握实习日志的基本格式和写法之外，还需注意以下几点：一忌罗列事情，无意义；二忌主观编造，不真实；三忌只重叙述，无体会；四忌重复事情，无新意。

【本章小结】

幼儿园实习是学前教育专业学生成功走向工作岗位的必经之路，学写观察记录和实习日志对实习教师有重要意义。

（1）观察记录的基本结构包括四个部分：观察的基本情况、观察的内容、观察分析、实施的策略。

（2）观察记录的方法有叙事记录法，包括轶事记录、连续记录；取样法，包括时间取样和事件取样；表格记录，包括等级尺度表和核检表。实习生要根据实际需要选择合适的方法进行观察并记录。

（3）注意观察的目的性、客观性，要使用客观、具体的语言，要学会分析并采取相应的教育措施。

（4）学写实习日志要注重行文格式和具体写法，注重日志内容的真实性。

【本章思考与实训】

一、思考题

1. 观察的意义是什么？

2. 简述观察记录的方法有哪些。

3. 实习日志的格式要求有哪些？

二、案例分析

如何正确培养幼儿的交往能力

在一次晨间活动中，肉肉在玩滑滑梯的时候不小心撞到了前面的俞沛雯，肉肉挺有礼貌地对俞沛雯说："对不起，对不起俞沛雯，我不是故意的。"然后准备走开，可是俞沛雯却不依不饶，对肉肉说："你干什么撞我？你是坏孩子，我又没有说没关系！"肉肉这时委屈极了，小声地说："我不是和你说对不起了吗？你为什么还这样说我？"

根据以上观察实录分析两个孩子的行为，并写一写教育反思和应对措施。

三、章节实训

1. 到附近的幼儿园，对幼儿园小班的幼儿进行细致的观察，并利用轶事记录法写两篇观察记录。

2. 利用在幼儿园实习的机会写五篇实习日志。

第五章

实习工作总结

本章知识结构

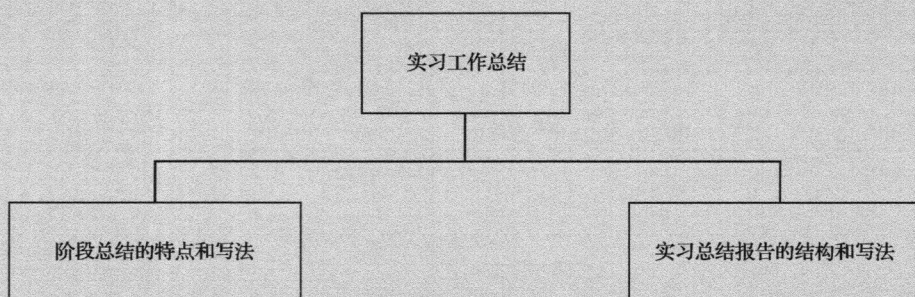

```
                    ┌─────────────────┐
                    │   实习工作总结    │
                    └────────┬────────┘
              ┌──────────────┴──────────────┐
    ┌─────────────────────┐      ┌─────────────────────────┐
    │  阶段总结的特点和写法  │      │  实习总结报告的结构和写法  │
    └─────────────────────┘      └─────────────────────────┘
```

【导入案例】

四个月的幼儿园实习生活转瞬即逝，在实习期间，本人获得了宝贵的经验，取得了意想不到的成绩，但是实习过程中仍存在一些问题。现就本次实习做如下总结：

一、取得的成绩。

二、存在的问题和教训。

三、今后设想和打算。

问题：作为实习教师，实习期间写阶段总结，结束时写实习总结报告是必需的，对已做过的实习工作做出回顾和总结可以用来指导实践，提高实习教师对幼教工作的认识水平和能力。那么，上文导入案例的结构安排合理吗？如何写实习总结和实习总结报告？让我们带着问题进入本章的学习。

【本章学习要点】

1. 学写阶段实习总结；
2. 学写实习总结报告。

第一节　阶段实习总结

一、实习总结的含义

总结是指单位或个人对某一阶段的工作、学习、思想中的情况进行回顾分析，做出带有规律性的结论，以明确今后努力方向的一种应用文体。所谓阶段实习总结，是指把一个时间段的实习情况进行一次全面系统的检查、评价和研究，总结成绩，分析不足和经验的一种文体。按照时间长短来分类，阶段实习总结可以分为学年总结、学期总结和月度总结等。

二、阶段实习总结的特点

1. 真实性

实习总结是对前一段实习工作的回顾、检查，是从自身的实践活动中去收集材料，是以实习教师实习的具体工作过程为依据，就这决定了总结具有很强的客观性。所以其中的典型事例必须准确可靠，数据必须确凿无误。主观臆造和随意杜撰都会使总结失去价值。

2. 说理性

实习总结既要介绍前一段实习活动的基本情况，又要从材料中提取观点。因此，总结不仅要有叙述，更要发表议论。要以辩证唯物主义和发展的眼光认真地评论实习中的收获和不足，对事实材料进行科学理性的分析和思考，使感性认识上升为理性认识，揭示出带规律性的结论。能否进行理性分析，能否找出带有规律性的东西，是衡量一篇总结写得好坏的重要标准。

3. 经验性

实践是检验真理的唯一标准，总结必须从理论的高度概括出经验教训。只有正确揭示客观事物的实质，得出正反两方面的经验认识，以指导今后实践活动的方向，才能达到总结的目的，增强未来工作的自觉性和主动性。

三、阶段实习总结的结构和写法

实习教师写实习总结大多会依据学校给出的实习总结表格。表 5–1 所示是较为常见的实习总结表格。

表5–1　实习总结

姓名		性别		班级		时间	
实习单位							

实习总结一般由标题、正文和结尾组成。

（一）标题

实习总结的标题写法主要有三种：一是公文式标题，由"单位名称（个人）＋时间限制＋实习内容＋文种"组成，如《×××2012—2013 学年度第一学期 ×× 幼儿园实习工作总结》。这类标题在构成要素上可视具体情况而减少文字，如省去单位或个人名称，直接是"时间期限＋主要内容＋文种"，如《2004—2005 学年度下学期幼儿园实习工作总结》。二是文章式标题，有的实习总结只是对内容的概括，不标明"总结"字样，但一看标题就知道是总结，如《浅谈对幼师的职业认识》。三是双标题式的，正标题点名文章主旨或侧重点，副标题说明单位或个人名称、文种等，如《关注幼儿、读懂幼儿——××× 幼儿园教育实习总结》。

（二）正文

总结的正文包括引言、基本工作情况、成绩、经验、存在问题、教训、今后工作的设想或努力方向等内容。但总结并无硬性格式，这些内容不必面面俱到，可以根据实际情况或总结的侧重点进行省略或合并。

1. 引言

这是总结的开头，主要用来概述实习工作的基本情况，包括实习单位的名称，在何时做了何种工作，实习背景、实习的指导思想是什么，担负的主要工作任务和工作要求是什么，是侧重保育还是教育实习，或者是概述整个实习情况、主要的体会，或者说明总结的目的和必要性，或者提示总结的主要内容和中心思想等。引言的作用就是让人对整个实习工作有一个基本了解，作为开头部分，要注意文字的简明扼要，切不可繁冗过长。以下是一份实习总结的引言部分。

一学期即将结束，我的实习之旅也将暂告一个段落。这学期在学校教师的带领下，我来到××市第一保育院小一班实习。这次和幼儿的亲密接触，让我更加了解孩子，了解幼师这个职业。通过实习，我学习到了很多课本中学不到的知识，受益匪浅。这次实习，不仅扩充了我在教学上的知识，更让我爱上幼师这份光荣而幸福的职业。现将实习中的经验和不足做如下总结。

这则引言主要介绍了自己在实习中的体会，富有真情实感。

2. 成绩、经验

这是总结的中心和应该重点阐述的部分，所以所占篇幅会较大。这部分着重写实习期间做了哪些有事情，取得了什么成绩，采取了什么有效的措施和方法，如获得了良好的教学体验、获得了何种奖励。有数据的就用数据说话，有典型事例的就举例子，切忌空洞和说大话。另外，总结的目的要肯定成绩，更要归纳实践经验，分析成绩取得的主客观原因，总结出行之有效的成功经验和方法。先说明成绩是基础、后归纳经验是重心。以下是一位实习生的实习总结中成绩、经验的一部分。

在各位前辈的指导下，我学会了如何使幼儿安静下来，懂得了培养幼儿生活常规的重要性，学到了在上课的时候如何吸引幼儿的注意力等。

简单的几句话点出成绩，上下文并未用有效事例来证明，也缺乏经验的提炼，这在实习总结中不可取的。

3. 存在的问题、教训

这部分是总结不可或缺的，主要是把实习工作中的不足、没有得到解决或没有妥善解决的问题列举出来，对于严重突出的问题，还可作为重点和核心内容来写。写明实习工作中的缺点和失误，以及带来的不良后果和影响，进而总结出教训。写存在问题和教训的目的就是为了时刻提醒自己，在今后工作中注意这些问题的解决，避免犯错误，少走弯路，做好今后的工作。这部分对于实习教师来说也有重要意义。存在的问题不可泛泛而谈，要深刻有实际意义。请看下面一则案例。

组织活动方面，我仍存在问题和不足，主要有几点：首先，表情、动作不丰富，放不开，不能吸引小朋友的注意；其次，对小二班的小朋友还不是很了解；再次，小朋友随意走动，纪律比较乱，我不知道该用什么有效方法来解决。

案例中实习生对教学中存在的问题只是宽泛地点出几个问题，并没有具体说明问题及产生的不良影响和教训，这是不可取的。

4. 今后的打算和努力方向

这是正文的结尾部分。这部分主要是针对目前实习工作中存在的问题，提出切实有效的改进措施，提出新的设想，设定新的奋斗目标，表明决心和信心，明确今后的道路等，如今后要加强专业理论水平，丰富幼儿教学手段等。设想和打算应具有可行性，不可说大话。

正文部分的结构可以按照以下三种形式来写。

（1）贯通式。这种结构安排不用数学符号、序号作为外部标志进行分层，而是用各个分段来表示，每个段落的内容会有侧重，全文是贯通式的，适用于篇幅短小、内容比较单纯的总结，如单纯的幼儿园保育总结。

（2）序号式。将总结的内容按主次轻重和性质逐条排列，各层用"一、二、三……"类似序号排列，层次分明。

（3）标题式。将内容分为若干块，每部分以小标题的形式标出，突出重心，叙述有条理，如读懂幼儿、尊重幼儿；理论联系实际、保教并举；吸取经验教训、展望明天。

（三）结尾

结尾处要署名并写明日期。姓名写在正文右下方，有些写在标题下面，如果之前已写，就不用在末尾处署名。日期另起一行写在署名之下。

四、总结写作注意事项

阶段性实习总结除要掌握写作的结构和写法外，还需注意以下几点。

（1）要实事求是。总结写的是自身的实践活动，万万不可主观编造，不切实际，内容一定要真实。对取得的成绩不随意夸大，对所犯的错误不任意缩小，客观理性分析，冷静独立思考。

（2）要详略得当，突出重点。写总结忌"眉毛胡子一把抓"，重点内容不突出，要根据实习教师的实践和总结的目的，选择重点。

（3）要条理清晰。有些实习教师写总结时只讲收获而没有对问题进行剖析，或者只突出存在的问题和不足，没有经验总结。实习总结要按照格式内容，既要有收获，又要有不足之处的分析，还要说明下一步的设想和打算。

第二节　实习总结报告

一、实习总结报告的含义和意义

所谓实习报告是指各种人员在实习结束后，对实习期间的工作和学习经历进行总体书面描述的文本，它是应用文写作的重要文体之一，又叫"实践报告"。幼儿园实习总结报告是指学前教育专业学生在幼儿园实习结束后，将实习过程有条理地小结之后向学校书面汇报的文体。它同样是在实习的基础上完成的，内容同样必须真实，能真实反映实习单位的情况及本人实习的情况、体会和感受。但是实习总结报告比实习总结更加全面细致，它要求学前教育专业学生运用专业基础理论知识结合实习资料，进行比较深入的分析和总结，让别人知道你在实习这一时间段的具体情况和体会。实习总结报告具有纪实性、总结性、汇报性等特点。

实习过程是一个理论用于实践的过程，实习总结报告是对实习工作的总体记录，它要求学前教育专业学生运用专业理论知识分析实际工作中遇到的问题，总结工作经验教训，是一个实践走向更深层次理论的过程。它具有以下重要意义：①有利于提高学前教育专业学生的写作能力及实践的总结能力；②有利于学前教育专业学生了解自己的知识结构，发现自身工作能力的优势和不足，为今后正式走上幼教工作岗位打下基础，做好知识上、心理上的准备；③有利于学前教育专业学生提高思想认识，培养对本专业的热爱之情。

二、实习总结报告的结构及写法

实习总结报告一般由标题、提纲、前言、正文、结尾五部分构成。

（一）标题

报告的标题比较明确，一般可在第一页最上方中间统一写实习报告。还有一种形式是"发文主题＋文种"，如"关于×××的实习报告"，如《关于幼儿园教育工作的实习报告》。标题要简洁明快，让人一看就知道是什么内容、什么文种。

（二）提纲

提纲是实习总结报告构成的蓝图和基本逻辑框架，是写作思路合理逻辑的体现。编写提纲就是先给报告搭一个骨架，即根据实习报告的特点、格式和结构原则，把要写的内容用极简明的语言逐条记录下来。认真拟写提纲，做好写作规划对于实习教师来说非常重要，这是写好报告的前提。具体内容可以有：

（1）标题；

（2）实习时间和地点；

（3）实习目的；

（4）实习内容；

（5）实习效果评价。

（三）前言

前言部分概括实习的基本情况，包括实习起止时间、实习任务、实习地点、实习的指导教师等，或用高度概括的语言概括出实习过程的感受、结果，以引出正文内容。前言要简洁明了，常以"特做如下报告"一句话结尾，开启正文。

实习是一个极为重要的实践性教学环节，是职场生涯的开始。自 2013 年 9 月 1 日至 2014 年 2 月 3 日，在 ×× 幼儿园一个学期的实习工作已经结束。实习生涯让我更加了解幼教工作，学到了很多书本上学不到的知识，也认识到了自身仍有很多不足。为总结实习经验，做好今后工作，特做如下报告：

有时或将以上项目列成条款式的，以封面形式出现。

实习时间：20×× 年 × 月 × 日至20×× 年 × 月 × 日
实习单位：×× 幼儿园
指导教师：×× 教师
实习班级：小一班

（四）正文

正文是实习总结报告的主体部分，它主要包括实习目的、实习单位简介、实习内容、实习效果评价四个方面。

1. 实习目的

实习目的指的是本次实习想要达到什么目标，想要取得怎样的效果。实习是实习教师理论联系实际，应用和巩固所学知识的一项重要环节，是增强实习教师实践能力、培养实习教师提高分析问题和解决问题能力，综合运用所学基础知识的重要手段。幼儿园实习总结报告有自身具体的特点，以下是一则实习总结报告的"实习目的"部分。

（1）熟悉和适应幼儿园工作，了解幼儿园一日生活常规，加深对专业的理解和对幼教工作的热爱。

（2）通过实习掌握幼儿园教育和保育工作的基本内容和一般特点，培养初步的幼教实际工作能力。

（3）将所学的理论知识和技能运用于实践，巩固和加深所学的理论知识。

2. 实习单位简介

具体如实介绍实习单位的名称、性质、发展概况、荣誉、办园特色等基本情况。需要实习教师事先和在实习过程中做好材料收集，单位简介要实事求是，有所侧重地介绍。

3. 实习内容

实习内容就是指实习过程，包括实习教师在实习单位做了哪些事情，完成了哪些工作，工作表现及态度如何，在实习中学到了什么知识和技能……要求内容全面、层次清晰。写作时，我们可以按以下两种结构来进行内容安排。

第一，纵式结构，即以事物的纵向发展、延伸进行安排的一种结构形式。可以按时间先后来安排内容介绍，每个时间阶段实习内容是有所侧重和不同的，实习教师可以分阶段按时间顺序进行写作。这种结构可以使人了解实习教师的经历和实习生活的全过程，比较容易突出重点，给人以深刻、完整的印象。但写作时需要注意时间起止，有详有略，重点突出，切忌流水账。

第二，横式结构，即用板块的形式，多角度地表现实习内容的结构形式。实习教师可以把实习内容分成并列的几个方面，每个方面都完成了哪些工作，详尽道来，并尽可能做到全面，不遗漏主要内容。例如，幼儿园实习工作可以分为保育工作、教育工作、家园联系等方面。如以下一则案例：

保育工作。我再次学习了幼儿园卫生保健制度，并细心观察保育教师每天的工作，逐渐熟悉幼儿园的保育工作。每天早晨到园后，我首先开窗通风，保持教室内的空气流通。然后进行各方面的消毒工作，包括对玩具、图书、餐具等进行消毒。保育员的工作不只是清洁卫生消毒那么简单，还要配合教师管理幼儿生活。孩子吃饭的时候，提醒孩子细嚼慢咽，不要浪费。孩子午睡时，帮助他们盖好被子，不着凉。另外，要协助教师组织活动，小朋友户外活动的时候，确保孩子们的安全。保育实习，让我知道要想成为一个合格的幼儿教师，幼儿的保育工作也十分重要。

这是一篇实习总结报告中"实习内容"的一部分，该篇报告实习内容共分为"保育工作""听课见习""课堂教学""家园联系"四个方面。这种结构最大的特点就是内容让人一目了然。

4. 实习效果评价

实习效果评价指的是，在对整个实习过程进行介绍后，就自己取得的成绩、收获和不足进行分析阐述。

（1）先阐述成绩和收获。这个部分是汇报的主要内容，包括对自己实践过程的总体评价，实习工作给予实习教师哪些启发，有哪些值得肯定和表扬的东西等。感受和体验可以分条写出，也可以从不同角度去阐述。感受应真实，发自内心，实事求是。

（2）再阐述不足。这部分指的是实习过程自身存在的问题、遗憾等。如幼儿园区域游戏中缺乏观察意识、给小朋友授课还缺乏经验等。与写成绩一样，写不足之处必须也是实实在在，不随意夸大，不随意缩小，要求条理清楚、逻辑性强。除写明不足之外，还可根据不足之处指出今后应努力的方向。

（五）结尾

结尾处实习教师可对实习单位和指导教师表示感谢，也可对全文进行总的概括。一般报告结尾用惯用语来结束，如"特此报告"。落款在报告正文结尾段的右下角处，写明"报告人：×××"，再在报告人正下方写上年、月、日。一般实习总结报告的字数为不少于3000字，这个要视实习派出单位的具体要求而定。

三、实习总结报告写作注意事项

（1）广泛收集材料。丰富的材料是写好报告的基础，从实习工作开始时，实习教师就要注意广泛收集各种资料，收集的材料可以是多方面的，如专业知识在工作中如何灵活运用；如观察原任教师是如何处理幼儿问题的；又如集体教学活动如何有效开展等。收集的材料要以各种形式记录下来，如写实习日志就是其中一种，实习教师还可利用手机、摄像机等媒介记录自己的所见所闻。

（2）描述要真实。实习总结报告也是从实习教师实习材料中去提取信息，实习教师要在实践的基础上去进行汇报，把自己的所见、所闻、所感真实地描述出来。从网上任意摘抄，抄袭他人，扭曲事实的做法都是不可取的。

（3）要有理有据。在进行内容介绍、效果分析时最好用具体事例说话，附上必要的图表和数据，使说明的内容有所依据，避免空谈。

【本章小结】

总结是指单位或个人对某一阶段的工作、学习、思想中的情况进行回顾分析，做出带有规律性的结论，以明确今后努力方向的一种应用文体。

实习阶段总结具有真实性、说理性、经验性等特点。

实习阶段总结一般由标题、正文和结尾三部分组成。总结的正文包括引言、基本工作情况、成绩、经验、存在的问题、教训、今后工作的设想或努力方向等内容。

幼儿园实习总结报告是指学前教育专业学生在幼儿园实习结束后，将实习过程有条理地小结向学校书面汇报的文体。

实习总结报告具有纪实性、总结性、汇报性等特点，它有利于提高学前教育专业学生的写作能力及实践的总结能力，有利于学前教育专业学生了解自己的知识结构，培养对本专业的热爱之情，为今后的幼教工作奠定基础。

实习总结报告一般由标题、提纲、前言、正文、结尾五部分构成。

【本章思考与实训】

一、思考题

1. 实习阶段总结的含义。
2. 实习总结报告的含义。

二、章节实训

1. 利用去幼儿园实习的机会，写一份实习阶段总结。
2. 幼儿园实习结束后，写一份实习总结报告。